古代歷史文化研究輯刊

三一編

王明蓀 主編

第19冊

曖昧的歷程
——中國古代性別亞文化研究
（第二冊）

張 杰 著

國家圖書館出版品預行編目資料

曖昧的歷程——中國古代性別亞文化研究（第二冊）／張杰
著 -- 初版 -- 新北市：花木蘭文化事業有限公司，2024〔民
113〕
目 6+216 面；19×26 公分
（古代歷史文化研究輯刊 三一編；第 19 冊）
ISBN 978-626-344-671-7（精裝）
1.CST：同性戀 2.CST：性別研究 3.CST：社會生活
4.CST：歷史 5.CST：中國
618   112022534

ISBN-978-626-344-671-7

古代歷史文化研究輯刊
三一編　第十九冊　　　　　　ISBN：978-626-344-671-7

曖昧的歷程
——中國古代性別亞文化研究（第二冊）

作　　者　張杰
主　　編　王明蓀
總 編 輯　杜潔祥
副總編輯　楊嘉樂
編輯主任　許郁翎
編　　輯　潘玟靜、蔡正宣　美術編輯　陳逸婷
出　　版　花木蘭文化事業有限公司
發 行 人　高小娟
聯絡地址　235 新北市中和區中安街七二號十三樓
　　　　　電話：02-2923-1455 ／傳真：02-2923-1452
網　　址　http://www.huamulan.tw 信箱 service@huamulans.com
印　　刷　普羅文化出版廣告事業
初　　版　2024 年 3 月
定　　價　三一編 37 冊（精裝）新台幣 110,000 元

曖昧的歷程
——中國古代性別亞文化研究
（第二冊）

張杰　著

目

次

第七節　盡顯：清代

　　清代是中國歷史上同性戀史料最為豐富的時期，從數量上講是從先秦到宋元所有類似史料的總和的數倍。清人記述同性戀並沒有多少顧忌，各種態度：批評的、勸誡的、中立的、同情的都有充分表達；各種形式：筆記、小說、戲曲、詩詞都進行了詳盡反映。當時，在主要涉及異性戀的著述當中，同性戀問題會經常地被不時提出，並且出現得相當自然，彷彿這類事情司空見慣，人人熟知一樣。史料豐富的原因是多方面的，在此只強調一點，即即使單純從語言發展的角度來看，漢語對社會現實的反映能力也有一個從簡單到複雜逐漸提高的過程。把先秦和清代的語文做對比，前者詞彙相對貧乏，語法相對生硬。因此，清代的同性戀面貌如果用先秦語言方式來表達，那麼，許多細節問題就會被簡化或省略。反過來，先秦時代如果已經發展出清代的文字表達方式，那麼我們對當時同性戀的認識就會豐富、具體許多。由於清代同性戀資料最全面、最具體，其面貌因而也就最顯露無遺地展示在了今人的面前。

一、帝王男風

　　清朝入關後的第一位皇帝是順治帝福臨，他在位時間不能算長，24 歲就早早去世。今人對其最深刻的印象，一是佞佛，二是對董鄂妃的極度寵愛。而與這兩點相對應，其實第一，順治對於天主教也曾給予過優待，第二，他還有斷袖龍陽之好。德籍耶穌會修士湯若望（Johann Adam Schall von Bell）明末已經居京，憑其高深的天文曆算學識，清初甚得順治帝尊重，稱其為瑪法（滿語「爺爺」的意思），被賜予通玄教師之號，任欽天監監正。在德國魏特（Alfons Vath）《湯若望傳》中，順治「肉感肉慾的性癖尤其特別發達」〔註453〕。因此：

> 　　湯若望一開頭起所最努力奮勉的，就是在他這位被保護者在道德方面的改悛。當在順治在他結婚之前，曾做了一件無道的事情。湯若望向他呈遞一封諫書，並且向他親口說了些規正的言詞。可是皇帝在敬聆他讀諫書時，竟羞怒了起來。因此湯若望就走開了，可是他又登時被呼回，皇帝向他說，願改過自新，並且將來仍願聆諫受勸。即在皇帝結婚後，人們仍聽得到，他的在道德方面的過失。

〔註453〕《湯若望傳》，第 261 頁。

因此瑪法又親自向皇帝讀他所上的諫書。皇帝一開始頗強言護短，然後皇帝面色慚赤，退入於內室中去。繼而他又走了出來，以平靜的聲音向湯若望問說：「瑪法，那一種罪過是較大的，是吝嗇或是淫樂呢？」若望回答說：「是淫樂，尤其在地位高的人們。因為這是一種惡劣的榜樣，所引起的禍害，更要多更要大的。」〔註454〕

湯若望的勸諫與道德上的淫樂有關。顯然，年輕皇帝的後宮嬪御成群，麗色滿前，但中國帝王向來如此，順治不會因此就「羞怒了起來」、「面色慚赤」。相較之下，對於男色龍陽之好終究是要做些掩飾的，湯若望若因此進諫，順治帝難免會臉色有變。

《湯若望傳》所述語意模糊，而《韃靼中國史》就寫得非常明確了：

宮廷中出現謠言說皇上有失尊嚴，幹一些極不正當事。事態十分有害，不祥和侮辱的傳聞與日俱增，據說在這場謠傳和醜聞中皇帝受到一個著名伴侶的引誘而行為不檢。不顧危險，信賴上帝的湯若望神父去見皇上，想據理說動他；全身跪倒在地，雙眼流淚，向皇上呈送一份奏章；奏章用真誠和嚴正的言詞指出宮裏有關皇上生活作風的傳聞，請給予改正。皇上當即明顯地臉色改變，羞愧不安，但沒有表現出不快。他命令神父起身，簡短說：「事實不如傳聞。」沒有再說，叫神父離開。但此事中他確實變色及沉默，多少做出了很好的回答。

朝廷的一位大員卻未能受到這樣的接待。歸納起來中國人有三件放縱和行樂之事，這就是肉慾之害、宴饗之樂和賭博遊戲。就這樣耽於聲色歌舞，宮中充滿瘋狂、淫猥男童的醜行和鬧劇。他們得到皇上的寵愛，十分驕狂，醜聞傳遍皇宮，直到莫名其妙地傳到后妃的宮室。韃靼人不願見到這種狀態，其中一個大膽的、官階最高的人，承擔起責任向皇上進諫。適值皇上駕臨湯若望神父的住宅，在居室內親切交談，這個韃靼人趁機進入，向皇上跪拜，呈上一份奏章。皇上接閱後十分生氣，用下面的話作答：「你等竟敢以些須小事打擾我！若我有錯，這位善良長者作為我之庇護者，向我進言和勸誡，我視彼若我之父。」韃靼人回答說：「陛下不止一位臣屬，而有許多忠實者。」皇帝的話就止於此，不再多說，馬上命令

〔註454〕 《湯若望傳》，第 282～283 頁。

他離開御前。〔註455〕

　　《韃靼中國史》的作者魯日滿（Francisco Rogemont）是比利時〔註456〕籍
耶穌會修士，順康年間在中國江南地區傳教。康熙初年鼇拜等四大臣輔政，在
衛道而驕妄的士人楊光先的鼓動下，於康熙三年（1664）以圖謀不軌、邪說惑
眾、曆法荒謬等罪名將湯若望等教士逮捕，是為著名的「曆獄案」。案件追查
過程中，外省傳教士數十人包括魯日滿在內都被押解至京。當時湯若望肢體痿
痺、口舌結塞，未必與魯日滿有過深談。不過作為湯氏不可或缺的助手，同為
比利時人的南懷仁（Ferdinand Verbiest，順治十七年（1660）至京）神父與魯
氏則多有交流，曾請他將教案經過記錄下來。因此，有關湯若望就男色問題勸
諫順治帝的情況，應是魯日滿得自南懷仁的親口告知，這已接近於湯若望的親
歷親述，可信度是相當高的。〔註457〕

　　魯日滿還記載了傅達理之死的前因後果：

　　　　北京城裏有一個出身於韃靼大家族的少年，年約二十五歲，備
　　受已故皇帝〔註458〕的寵幸。其情愛係因他年齡相當，風姿綽約，尤
　　其具有魅力。因此在皇帝死的那天，太后把這個少年叫去，說：好
　　啊，你竟敢活著！不幸的少年臉色蒼白，因為他知道太后簡短的話
　　是何意，他對皇帝的忠貞需要他去跟死者作伴。少年跪在地上回答
　　說：謹遵太后旨意。說完返回家裏，一整天就在悲傷中度過。第二
　　天太后得知可憐的少年還活著，便派手下兩個大員攜一個鍍金盒
　　子，作為禮物，其中盛一根類似韃靼人攜帶的弓弦，並且命令他們
　　必須親手了結此事。終於就在這天，少年被絞死在自己父母的家裏，
　　就這樣韃靼和中國最美之花凋謝了。〔註459〕

　　魯日滿未提這位美少年之名，《清史稿·聖祖本紀一》曾載：「順治十八

〔註455〕《韃靼中國史》，第269～270頁。
〔註456〕當時比利時尚處於西班牙統治之下，是西屬尼德蘭的一部分。
〔註457〕葡萄牙籍耶穌會修士安文思（Gabriel de Magalhaes）與湯若望同時居京，據
　　　　其反映，湯氏自己也有男色之好：「他（湯若望）愛僕人（潘盡孝），僕人也
　　　　愛他，將此人在愛情、忠誠及一切方面凌駕於本會神甫及修士之上。」（見《湯
　　　　若望私生活之爭議考》，金國平、吳志良撰，《學術研究》，2004年第9期。）
　　　　安氏所言如果屬實，那麼我們對魯日滿轉述的內容就可存疑，因為不守戒與
　　　　不誠實是易於相關聯的。
〔註458〕順治。
〔註459〕《韃靼中國史》，第277頁。

年四月，予殉葬侍衛傅達理祭葬。」可見，美男應即傅達理。他身為御前侍衛隨扈於皇帝左右，不禁讓人想到了漢哀帝時的董賢。起初賢曾為太子舍人，「哀帝立，隨太子官為郎。二歲餘，賢傳漏在殿下，為人美麗自喜，哀帝望見，說其儀貌」〔註460〕，遂加寵幸。想來傅達理與順治之間也是相似的一種情形吧。

《清史稿·聖祖本紀一》的開始還有另外一句簡短的記載：「順治十八年二月，誅有罪內監吳良輔。」按：吳良輔所犯之罪是交通外官，受賄干政。這確實屬於死罪，不過順治生前對此是很清楚的，而張辰《平圃雜記》則曾記曰：「辛丑正月，世祖皇帝賓天。予守制禁中，凡二十七日。先是正月初二日，上幸憫忠寺，觀內璫吳良輔祝髮。初四日，九卿大臣問安，始知上不豫。初五日又問安，見宮殿各門所懸門神對聯盡去。初七晚釋刑獄，諸囚一空。傳諭民間毋炒豆，毋燃燈，毋潑灰，始知上疾為出痘。初八日各衙門開印，予黎明盥漱畢，具朝服將入署，長班遽止曰：『門啟復閉，止傳中堂暨禮部三堂入，入即摘帽纓，百官今散矣。』予錯愕久之。蓋本朝制度，有大喪則去纓。詎上春秋富，有此變也。」張辰幾乎是逐日記載順治崩前數日的朝廷情形，皇帝最後的公開活動是觀看吳良輔披剃落髮。我們知道，順治帝佞佛，董鄂妃香消玉殞後曾痛欲出家，只是由於孝莊皇太后厲阻才未成事。那麼，吳良輔的「祝髮」何嘗不是在替皇帝完成他的未了心願？君臣相感相知的程度不言而喻。前面魯日滿曾講：「據說在這場謠傳和醜聞中皇帝受到一個著名伴侶的引誘而行為不檢。」此著名伴侶應即吳良輔，他既得斷袖之寵，誘發「宮中充滿瘋狂、淫猥男童的醜行和鬧劇」，那麼侍寵納賄也就在情理之中了。

順治之後，歷康熙、雍正，乾隆年間出現了中國歷史上最著名的侍寵納賄者，吳良輔與其相比就是小巫見大巫了，此人就是世所共知的和珅。

和珅，乾隆帝寵臣，《清史稿》本傳謂其「字致齋，鈕祜祿氏，滿洲正紅旗人。少貧，為文生員。乾隆三十四年，承襲三等輕車都尉，尋授三等侍衛，挑補黏杆處。四十年，直乾清門，擢御前侍衛，兼副都統。次年，遂授戶部侍郎，命為軍機大臣，兼內務府大臣。四十五年，擢戶部尚書、議政大臣。四十六年，兼署兵部尚書。四十七年，加太子太保，充經筵講官。四十八年，賜雙眼花翎，充國史館正總裁」〔註461〕。可以看出，和珅的升遷之路是非常順暢

〔註460〕 《漢書·卷九十三·董賢傳》。
〔註461〕 《清史稿·卷三百十九·和珅傳》。

的，他由毫不起眼的三等侍衛做起，乾隆四十年開始與皇帝有較多接觸，四十一年即被拔擢為軍機大臣，其時年只二十七歲。和傅達理一樣，這不禁使人又想起了斷袖故事的主角董賢。和珅固然聰明，但終究不具卓越的政治才能，出身也並非特別顯貴，因此他的非常受寵最可能的原因是和皇帝有異乎尋常的君臣私交。在各種相關記載當中，《批本隨園詩話批語》裏的一段文字比較樸質：「和珅起自寒微，其家雖有輕車都尉世職，其父長保曾為福建副都統，累世武秩，皆無蓄產。和珅襲職後，充當上虞備用處侍衛。家貧而貌美，性淫，為同人所不齒。侍衛例有幫御轎左杆之差。一日，純皇帝（乾隆帝）因官事自誦《論語》云：『虎兕出於柙，龜玉毀於櫝中，是誰之過歟？』問之隨從大臣，皆不能對。和珅率爾而奏曰：『典守者不得辭其責。』上大悅，立挑入御前侍衛，此乾隆四十三年事也。未半載，即用為御前大臣、戶部侍郎、九門提督。和珅為人身材停妥，粉面朱唇，聲音脆亮，不矜威儀，喜詼諧，內外如一，無一毫妝模作樣之處。其侍上左右，記性極好，應對如流，雖在天威咫尺之前，而舉止自在，上視之亦如嬰兒，不甚拘束之也。」〔註462〕

　　而某妃轉世的說法最為人們所熟知。《清稗類鈔‧異稟類》：「世宗（雍正帝）朝某妃，貌姣豔。高宗（乾隆帝）年將冠，以事入宮，過妃側，見妃方對鏡理髮，遽自後以兩手掩其目，蓋與之戲耳。妃不知為太子，大驚，遽持梳向後擊之，中其額。高宗覺痛，遂捨之。翌日為月朔，高宗往謁孝聖后，后瞥見其額有傷痕，問之，高宗隱不言。嚴詰之，始具以對。后大怒，疑妃之調太子也，立賜妃死。高宗大駭，欲白其冤，逡巡不敢發。乃染朱於指，迅往妃所，則妃已繯帛，氣垂絕。亟以指朱印妃頸，曰：『我害爾矣。魂而有靈，俟二十年後，其復與吾相聚乎？』乾隆中葉，珅以滿洲官學生入鑾儀衛，選昇御輿。一日，駕將出，倉猝求黃蓋不得，高宗曰：『是誰之過歟？』珅應曰：『典守者不得辭其責。』高宗聞而視之，則似曾相識者，驟思之於何處相遇，竟不可得，然心終不能忘也。既回宮，追憶自少至壯事，恍然於珅之貌與妃相似。因密召珅入，令跪近御座，俯視其頸，指痕宛在。（圖142）因默認珅為妃之後身，倍憐之。不數年，遂由內務府總管而驟躋相位。迨高宗歸政時，謂珅曰：『我與汝有宿緣，故能若是，後之人將不汝容也。』嘉慶己未，仁宗果賜其死。」人當然不能轉世，所以這段記載明顯有荒誕之處，但它生動反映出了一種比較普遍的看法：和珅之獲寵是由於他的巧言令色、機變媚

〔註462〕見《隨園詩話》，第867～868頁，《批語》作者可能是乾嘉年間的舒仲山。

柔。《清朝野史大觀》卷二在敘述相同故事時更是明確寫道：高宗「因默認珅為妃之後身，倍加憐惜，遂如漢哀之愛董賢矣」〔註463〕。細做一比較，和珅的經歷與漢代董賢確有不少相似之處。董賢的驟然貴寵是由於他得到了漢哀帝的斷袖之愛，那麼和珅呢？我們不能講《野史大觀》的說法就一定是憑空臆測。

乾隆皇帝繼承了乃祖康熙〔註464〕、乃父雍正為他立下的基業，生逢其時，成了中國歷史上為數極少的既有圓滿政績，又能風流放誕的帝王。他和他的祖父都曾六次南巡，但人們對康熙談論的是他如何辛勤操勞於江南民瘼，而乾隆雖然也把政治目的放在巡視的首位，後人卻很注意他在此過程中窮奢極欲的種種故事。所謂乾隆下江南，這在乾隆當時就已經成了一個眾口騰播的話題，其中口耳相傳的當然少不了他是怎樣地迷戀於蘇杭佳冶、寧邗嬌娃，不過有時也會把男色和他相關聯。《南巡秘記》除去認為他和和珅存在同性戀關係〔註465〕外，還曾記載：

〔註463〕《張氏卮言》中有一則《葉先生冥緣》故事，屬於民間的再世奇緣。講的是康熙時以進士官內閣中書的葉舒崇（字元禮）當其少年之時，「以迎入學，騎馬過彩樓下，有閨秀見而慕之，欲以為夫，單思染病，臨絕始告父母，乃召先生永訣，先生亦嗚咽不自禁。十六年後，公車計偕，至山左，於途中得一俊童，不告父母，隨至輦下，歡愛之篤，過於伉儷。後俊童病亡京邸，先生哭之幾絕。未及半年，亦沒於都下，一時鍾情眷戀，轉女成男，尚膠漆相投如此！死時人共見所歡俊童現形至床前，共握手而逝。噫！在葉元禮止一世耳，而此閨秀者已經再世矣。昔為葉死，今又為彼死，忽女忽男，冥緣相續，皆此愛心不忍捨割之所致也」。

〔註464〕康熙皇帝於男色似無沾染，皇太子允礽就是由於同性戀等原因而被他廢黜。意大利來華傳教士馬國賢（Matteo Ripa）曾記康熙五十一年（1712）允礽第二次見廢的情形，謂：「到達北京附近的行宮暢春園的時候，我們懷著巨大的驚恐看到，在正大光明殿前的花園裏，八個，或者十個官員，還有兩個太監跪在地上，光著頭，雙手被綁在背後。離他們不遠的地方，皇子們站成一排，也是不戴帽子，手則被縛在胸前。不久，皇帝坐著一架敞開的轎子，出了宮殿，來到皇子們正在接受懲罰的地方。到達這一地點後，他的暴怒如老虎般發作了，一頓責罵降臨在既定的皇位繼承人身上，太子和他的家人及宮人，都被禁閉在自己的府邸。皇帝在隨後的公開聲明中，以謀反嫌疑廢黜了不幸的太子的繼承權，並向國人說明他沒有統治能力。在其他被控事項中，還有說他殘暴地沉溺於冒犯行為，中國的法律雖然由異教者頒布，但卻對這類事件懷有極大的厭惡。」（《清廷十三年》，第72～73頁。）所謂「冒犯行為」是天主教的說法，指雞姦男色冒犯了上帝。

〔註465〕見《南巡秘記·補編·朱印聾緣》。所寫內容與《清朝野史大觀》結論相同，但情節有異，更加曲折複雜。

　　杭紳某巨公，謝傅儔也，東山絲竹，藉娛暮年。家蓄聲伎，菊部優妙，皆一時上選。每奏演，遠近播其新聲，海內惟廣陵鹺商家或可與之角，金閶昆阜、京津關陝咸不及也。乾隆某歲，南巡令下，官紳聚謀所以悅宸衷、博天笑者，僉曰「微某公之小櫻官不可」。「小櫻官」者，某公家樂所謂豔菊班中之青衣旦，東南第一名腳色也。某公寵之甚，非上客不出奏伎，餘則惟名士及得意門生至，始許捧觴。有吳中玉魷生者，以驚才絕豔受知，公嘗以比小櫻官，謂平生二愛，築玉櫻仙館，刻篆章曰「二愛老人」。以故玉魷生至，必出小櫻官獻絕藝，舞衫歌扇，詩酒流連，作十日歡，恒令小櫻與玉魷俱遊，曰「才色固宜使之沆瀣也」。玉魷生喜甚，歲必兩遊杭，春秋佳日，捧杖履跌宕畫船簫鼓間，載檀板金尊、擁綺齡玉貌，望之若神仙。玉魷曾有詞詠此事，又有《櫻花詩》百首，中多狎語。某公非特不之罪，且笑誦之以取樂焉。自是櫻官雖庇某公宇下，而與玉魷如鶼鰈，事某公如慈父焉。無何，某公受官紳屬，歸而以告小櫻，小櫻不肯，曰：「妾是庶人，不樂宋王。儂知主公及玉郎而已，不知何者為帝王之尊。」某公嘉其傲骨而懼當事之相詰責，以懸玉魷使為計。玉魷方挾小櫻與諸名士賞海棠花於西泠某詩社，驟聞之驚惋，既而從容言：「事誠在我。」乃酌酒顧小櫻而語之曰：「吾兩人之因緣，渥恩厚澤，實惟某公為之天，古人所謂生死肉骨蔑以過之。然則感激知己，宜如何方足言報稱？吾聞子之名已達天聽，一旦候騎臨門，迫促就道，使公有欺罔隱匿之名而子失蒲輪幣聘之譽，孰得孰失，聰慧人盍自辨之。小櫻躍然起曰：「某少失學，不能以才事貴人，乃承某公及吾君不棄，是以及此。今雖略經閱歷，而童頑未化，微君言，幾陷某公於罪以自取辱，無識甚矣！請自懺悔，願竭菲才以俟春風之噓植。苟有利於某公，則媚茲一人，儂自當糜頂踵以赴。」玉魷大喜，立罷宴遄返以候命。逾日駕至，警蹕甫入行宮，而中旨已下，召豔菊班入供奉，並指名索小櫻官。於是百官咸候於某公之門，推某公領班入覲祝釐，以錦障繡幰飾小櫻官入。是晚即演《壽山福海》等劇，天顏大喜。

　　「花迎劍佩星初落，柳拂旌旗露未乾」，早朝詩也，西湖行宮內亦有是景。而是日則於晨曦朝露間官吏憧憧，更形忙碌，或俯首聚

商，或流汗相屬，或扼腕有難色，或矯首作遐思。中官傳宣，急如星火；驛騎待發，聯若駝城。中禁事秘，莫知其緣，但聞天子有命，選精騎一百人，用日夜六百里兼程往熱河取物而已。及次晚，旨命某公入宮侍宴，並賜聽劇，而小櫻官之粉墨登場，大獻厥藝，其公亦得躬逢其盛，帝意若許與主人同樂然者。又命特賜佳餚一簋，某公稽首謝恩，雅不知此一肴何以如是之鄭重也。及中官持下，私請曰：「私心有疑，願總管為之剖晰。」中官問所疑，某公曰：「此一味耳，何故如許隆重？雖天顏咫尺，微物皆寶，而等威之辨原不能無，獨此一肴居眾寶上，是以疑之。」中官曰：「惡，是何言歟！此係純陰中之微陽所發生。皚皚冰雪之上有奇花蕾鋪秀吐豔，則此物紛紛而來，其體翅頗巨，異於常種，採花、釀蜜色色皆同，特其尤異者則頭有雙角色黃，去其翅可入食品，味既鮮雋，而食者得其先陽之氣，健脾胃、益心智、壯人道，功大於參茸，力雄乎龜鹿，蓋經歷試而不爽者。土人以其類蜂，故名之曰『蜂』。皇帝前歲獵於熱河，發見此品，甚珍愛之，等於漢武之慎恤膠。顧此蜂不宜蓄於他所，縱生捕之，一二小時即斃，斃則性減，味亦立減。必於該地生致之，以小土盎藏弆，外覆樹葉，中置冰塊，方能留養一二日。急足至京師，猶恐其先時而殞也，往往十不得六七。嗣乃於熱河至京師西苑間設特別驛傳，選精騎急遞，加緊求速，始減短一日至一日二三時，幾如費長房之縮地術。於是乃能盡得生鮮之蜂，味美而功力完足，皇帝嘉之，賜名『仙蜂』。今子以一閒散之舊臣驟得膺此寵錫，其為異數可知。」某公見中官娓娓不倦，乃進而密詢曰：「聖上行在不攜妃嬪而必需此者何也？」中官笑曰：「爾既自獻艾豭矣，尚假惺惺作不知耶？」某公瞠目不解所謂，中官曰：「爾一忠厚長者，故以情盡告。苟爾許報我以此間錦繡百純，吾必舉中禁事以釋子惑。特宜秘之，泄則俱得禍，爾且族矣。守口如瓶，庶幾可哉。」某公諾之。中官曰：「自爾家小櫻官入宮，奏對皆稱旨，凡飲食坐臥必令其坐足前矮几上，或說故事，或奏小曲，或為胡旋舞，聖心悅豫，有逾恒態。是夕小櫻已於侑酒後退宿外舍矣，忽宣召而入，命宿帳中。小櫻官錦襖繡襦，頰映裶紅、鬢髮蟠領，美婦人無其麗也。無何，皇上命取石綿廣褥，中涓皆驚愕，蓋以行在久不御女，此褥竟

未預備，相顧惶惶，莫知所措。嗣有某總管者乃於揚州畫舫中留得此褲一二具。蓋褲雖可經用數次，而遇壓則漸薄，不能如原狀之豐盈。皇上意取恬適，故不宜再進。惟某總管之所留者，則確未經御用，於是某總管乃獨得聖眷，命在帳前伺候。予以與某總管契合，亦得汲引直帳前。久之，聞帳中吃吃作笑聲，心灼爍不敢窺也。（圖143）破曉，聞上語小櫻：『除非此物可濟事，子亦宜知此味。』小櫻笑曰：『有此妙物，願賜一嘗。』後遂喁喁耳語不可聞，逾一小時而特遣加緊驛騎發熱河取黃角蜂之命下矣。是日，小櫻奏技益洽聖意，常加諸膝以表寵愛。比蜂至，天顏益喜，命先將冰盒內生蜂呈御覽。上笑以示小櫻，小櫻詫曰：『此非蜂也，竟似小鳥，其巨可知。』上笑語小櫻曰：『此味之雋永，非北方之駝與南方之江瑤柱所可比倫，而其功用又巨如此，故為可貴。以視卿之才色力俱備者，差足相擬。雖然，朕之得卿，實原於某某，亦有此樂乎？』小櫻跪而奏曰：『奴才實感主恩，其為人慈愛而敦篤。歲晚無子，然精力已衰，雖姬妾滿前，猶虛車也，何況奴輩。』上悠然曰：『據卿此奏，某實可憫。此蜂最宜養老，且能為健男，朕當與之同樂，且當時時周恤之，以慰卿意，卿其願否？』小櫻頓首再三曰：『如是則覆載之恩皆出望外。奴才不敢請耳，出自聖裁，歡躍莫喻。』奏罷，上命立賜某，並令明日入謝。」中官語畢，某公伏謝聖恩。既退，中官遽謂之曰：「詰朝陛見，幸勿有語漏洩。」某公唯唯。歸以告玉虯，玉虯陽若喜悅，而中多懊喪，然無如何，鬱伊而已。某公既服食所賜之蜂，殊有奇驗。自是小櫻遂供奉御駕返京師，越三年始遣還，而玉虯竟先一月以相思死。小櫻哭之慟，聞某公獲佳兒，破涕為笑曰：「奴負玉生，尚幸得報主恩也。」〔註466〕

在《聖朝鼎盛萬年青》中，乾隆沒有徵選男色，而做的是觀察男色現象。他在蘇州微服出遊，獨自一人來到夜市。「是時，三街六市，一齊點著各式各樣玻璃洋燈，五彩輝煌，如同白日。就那剃頭鋪點得如燈店一般，間間都是上中下三層坐滿了人，剃頭招牌上寫著『向陽取耳，月下剃頭』字樣。聖天子心中詫異，難道這蘇州地方，日裏都不剃，定要晚間剃的麼？隨向旁邊一位老翁請教這個緣故。老者道：『原來客官初到敝地，不曉我們此處晚上剃頭的規

〔註466〕《南巡祕紀‧補編‧黃角蜂》。按此書是作於民國年間，對其內容不必全信。

矩，待老拙說與你知道。這蘇州日間剃頭有兩等行情：若剃葷頭，都是那班相公們做摩骨修癢的工夫，把客人的邪火摩動，就是妓女一般，做那龍陽勾當，所花的銀子，或數兩或一二兩不等；若剃素頭，剃頭、打綹、取耳、光面、摩骨修癢，五個人做五層工夫，最省不過也須每人給錢五十文，手鬆些的或一百或二百不等。所以動不動剃一回頭，費卻一千八百，不以為奇。故而日間剃者甚少。這晚上不論貴賤，都是十六個銅錢剃一個頭打一條辮，其餘一概不做，故而這些人均是晚上剃的居多。」聖天子聞言，點頭微笑，拱手道：『多蒙指教。』轉身向著那邊走來，更加熱鬧。」〔註467〕有些剃頭徒弟兼事龍陽，這是當時蘇州及全國其他地區的實際情況。雖說《萬年青》是文學作品，乾隆逛街是出於作者虛構，但其中至少可以反映當時民眾的一種傾向性認識：皇帝有許多國家大事要進行處理，像男風這樣的個人私情他是無暇去管也不必去管的。

記載當中，同性戀方面的傳聞也涉及到了乾隆以後諸帝。關於乾隆之子嘉慶，《梨園影事‧劇談》曾載：「嘉慶帝即位，某班中有名福官者，甚得寵。帝曾以俄國新進之狐裘二件，取一較佳者賜之，而以所餘之劣者賜大阿哥（道光帝）。事為阿哥所知，欲以己者與福官易，福官強不允。因觸阿哥怒，迨彼即位，宮中遂無伶人之足跡矣。」辻聽花《中國戲曲》：「時供奉之優伶有福官、祿官、壽官、喜官四人，年少貌美，技皆驚人，就中祿官最獲仁宗（嘉慶帝）寵愛。」「宣宗（道光帝）亦好戲劇，惟因祿官有特別問題發生，帝怒逐四大徽班出宮。」

關於嘉慶之子道光帝，《梵天廬叢錄》曾載：「清宣宗好男色，內監之有姿首者，頗得幸御。既復為娶婦，居南府中。萬機之暇，時幸遊焉。各內監恃寵而驕，時多非分之請，上悉涵容之。傳聞清初定制，鑒於明朝內官專橫，故事事加以裁抑，即章服亦不得過六品。一日，南府諸監固請進秩，上既以情不可卻，又不敢擅改祖制。乃特創一種白玉頂戴，凡幸御各監，均得用之。事傳於外，故一時浮梁子弟互相戲謔，有白玉頂戴之語。」〔註468〕道光帝對內監的寵幸達到為市井所知的地步，此事似有一定的可信性。但道光總不至於為內監娶婦，若娶，則應是南府中的民籍優伶。而據史實，這些民優卻是不大為皇帝所喜，以致於道光七年被全部革退。所以，對於像《梵天廬叢錄》這類書籍中

〔註467〕《聖朝鼎盛萬年青》第十八回。
〔註468〕《梵天廬叢錄‧卷十七‧白玉頂戴》。

的稗史逸聞，我們最好是採取亦信亦疑的態度，要結合多方記載對所探究的問題進行多方面的考慮。

　　關於道光之子咸豐帝（文宗），《清代野記・文宗批答》：「咸豐季年，天下糜爛，幾於不可收拾，故文宗以醇酒婦人自戕。其時有雛伶朱蓮芬〔註469〕者，貌為諸伶冠。善崑曲，歌喉嬌脆無比，且能作小詩，工楷法。文宗嬖之，不時傳召。有陸御史者亦狎之，因不得常見，遂直言極諫，引經據典，洋洋數千言。文宗閱之，大笑曰：『陸都老爺醋矣！』即手批其奏云：『如狗啃骨，被人奪去，豈不恨哉！欽此。』不加罪也。文宗風流滑稽如此。」

　　而咸豐帝的兒子同治（穆宗）則和乾隆一樣是清帝中又一個同性戀的可能性較大者。民國黃濬引費行簡《慈禧傳信錄》和李慈銘《越縵堂日記》，對此是基本予以指實的，謂：「晚清諸帝，以穆宗祚最短，童昏沉湎，遘惡疾以終。其十餘年間國事，皆賴其母那拉后將持，帝德無足稱也。近人沃丘仲子費君行簡所著《慈禧傳信錄》，至穆宗致病一節，云：『穆宗雖不學，而敏銳悉朝野情偽。其清文謜達愛仁伊精阿，暇頗拾市井間情狀與帝。同治中初，強符珍導之出遊。珍，榮安固倫公主夫婿，時亦行走內廷者也。珍膽薄，慮致禍，往往避帝。迨載澂入伴讀，出少勤，然不過酒肆劇館，未敢為狎邪遊也。又有奄杜之錫者，狀若少女，帝幸之。之錫有姊，固金魚池倡也。更引帝與之狎，由是溺於色，漸致忘返。』（圖144）予又案李越縵日記：『同治十三年十二月酉刻，上崩。上幼穎悟，有成人之度，天性渾厚。自去年親政，每臨大祀，容色甚莊。而弘德殿諸師傅，皆帖括學究，惟知剿錄講章性理膚末之談，以為啟沃，上深厭之。乃不喜讀書，狎迎宦豎，遂爭導以嬉戲遊宴。蒞政以後，內務府郎中貴寶、文錫，與宦官日侍上，勸上興土木，修園御。戶部侍郎桂清，管內務府，好直言，先斥去之。耽溺男寵，日漸羸瘠，未及再稘，遂以不起。哀哉！』兩者皆相發明，而穆宗初受病乃在男色，此說予早聞之，似尤可徵信也。」〔註470〕（圖145）

　　按同治帝載淳年僅十九歲就忽然崩逝，這在當時給朝野造成了極大震動，也引起了後來的廣泛猜疑。同治所患絕症有人說是天花，有人說是梅毒。如是天花，他就死得清白；如是梅毒，便顯齷齪。但眾說紛紜，迄無定論，如不開陵驗骨可能便要永為疑案。假設他是因梅毒而夭亡，一般人當然會認為是

〔註469〕本書第594～595頁對他有記述。
〔註470〕《花隨人聖盦摭憶・補篇》。

由微行嫖妓所染。同治年間北京並非無妓，此說可能成立。但若講時風，狎優是明顯盛於狎娼，優伶（相公）的吸引力是明顯強於妓女的。當時娼妓還沒有什麼局面可言，後來民國年間豔幟高颺的八大胡同在咸同時期正是相公們的聚居之地。士大夫若去狎優，那是名士風流的一種表現，而狎娼卻會為同人所不齒。在這樣一種風尚當中，同治帝若在小臣的導引下出宮狹邪，他首選的將是相公堂而不是女妓寮。因此，他因男色而染毒的可能性並不比女色小。

多種傳聞都對同治的同性戀活動有所反映。《梵天廬叢錄》謂其與宮中太監有染。卷二：「穆宗殺安德海，母子遂不合。後穆宗生毒瘡，西太后稔其好男色，特選少年美宦侍之，病遂革。崩後，陽根已腐爛過半矣。此范肯堂（范當世）聞諸李文忠（李鴻章）者。」卷六：「陳〔註471〕改戍黑龍江，將軍遇之頗優。逮穆宗以惡疾崩，凡太監為所嬖幸者均獲罪有差。重者刑至死，輕者亦發黑龍江給披甲為奴。故事，給披甲為奴乃發予充軍者執役也。各太監出入宮闈，且為嬖幸，豈能操作？故均各挾鉅資為行賄計。將軍以一監予陳，監聞陳性暴悍，栗栗危懼，未見即先呈巨金為壽。陳怒斥之曰：『老子的皇上被他們弄死了，老子要替皇上報仇，要他的錢幹甚？』卻鉅金不受。及監既來，即令人褫其衣，痛鞭之，且數之曰：『八大胡同逛得好麼？』如是日令鞭一次，著為例。」

《清代野記·詞臣導淫》曾載同治帝與翰林王慶祺的關係，謂：「穆宗朝，有翰林侍讀王慶祺者，順天人，生長京師，世家子也。美丰儀，工度曲，擅諧媚之術。初直南書房，帝愛之，至以五品官加二品銜毓慶宮行走。寵冠同儕，無與倫比。日者有一內監見帝與王狎坐一榻，共低頭閱一小冊。太監偽為進茶者，逼視之，則秘戲圖，即豐潤縣所售之工細者。兩人閱之津津有味，旁有人亦不覺。此內監遂出而言於王之同列，同列羞之，相戒不與王齒。或又曰：帝竟與王同臥起，如漢哀董賢故事。是則未為人見，不能決也。」

《清稗類鈔》曾載同治帝與名優侯俊山的關係，謂：「侯俊山，（圖146）即老十三旦，同光間在京聲震一時，穆宗殊嬖之。」〔註472〕既是旦角又被殊

〔註471〕陳國瑞，咸同間清軍名將，後因罪遭遣戍，光緒八年死於戍所。
〔註472〕《清稗類鈔·優伶類·侯俊山顧盼自喜》。《伶史》卷一載有侯俊山與男色的一些瓜葛：「侯俊山者，張家口人也。幼時貌極姣好，聰穎絕倫，雖大家閨秀無其娟潔。以家貧，輟學而習優，角為小旦。十三歲即有聲於時，號曰十三旦。及長，聲益震，因來京師。京師顯貴見之，驚為僅有。大都顛倒迷離，忘其所以。有斷袖癖者，則故飾美姬以餌俊山，冀遂所欲。顧夫人已賠而俊山終不可得。」

嬖，侯俊山與同治帝之間就有些不大清楚了。在《異辭錄》中，為帝所嬖之某伶佚名：「同治末有某伶者，相傳曾為上所幸。伶生於二月初旬，而死於三月中。或挽之云：『生在百花先，萬紫千紅齊俯首。春歸三月暮，人間天上總消魂。』」〔註473〕

至於同治堂弟光緒帝，一般都認為他的女色之念比較淡薄，以至有天閹的傳聞。不過光緒喜歡看戲，據《清朝野史大觀》卷二、《菊部叢譚・燕塵菊影錄》等的記載，名伶余玉琴（小名莊兒）曾經很受賞識，但「雖有浮議，而亦影響之談」〔註474〕也。

宣統帝溥儀是光緒之侄，在位僅三年清朝便在辛亥革命中覆亡。此後他仍然生活於北京紫禁城，1925年去天津，1931年赴東北，後在長春被日本扶植為偽滿傀儡皇帝。溥儀對女色異性也無甚興趣，這是他自己承認了的，因而難免會引起人們同性戀方面的懷疑。對此，賈英華先生的總結比較全面：

在《我的前半生》1962年6月的書稿中，溥儀敘述道：「在我剛剛進入少年時期，由於太監們的奉承討賞，他們教會了我斲傷身體的自瀆行為。在毫無正當教育而又無人管束的情形下，我一染上這個不知後果的惡習，就一發而不可收拾，結果造成生理上病態現象。在新婚的這天，我感覺不到這是一種需要。婚後，我和婉容的生活也不正常，至於文繡和在偽滿時另外兩個妻子，更純粹是我的擺設，這四個妻子全過的守活寡的生活。」此外，他坦白承認：「在我這個15歲少年的精神領域裏，由於師傅們的教導，也染上另一種病症，這就是除了復辟之外，就沒有更能佔據我思想的東西。生理上的摧殘和對異性沒有興趣，正好讓我全神貫注地想我未來的寶座。」

我在與《我的前半生》的執筆人李文達先生交換看法時，他傾向於有某種聯繫，同時還向我講述了他所掌握的另外史料，如溥儀曾親口講述他讓太監喝他的尿等，這就跟「性」方面聯繫更為密切了。

是不是可以這樣分析？溥儀自己的回憶資料，或多或少地反映

〔註473〕《異辭錄》卷二。據《桐陰清話》卷六、《懷芳記》、《餘墨偶談》續集卷八，此伶名翠琴，但《懷芳記》、《餘墨偶談》未言翠琴與同治帝的關係，《桐陰清話》則謂他是病逝於咸豐七年（1857）。據《冷眼觀》第五回，此伶是為滿洲某大老所嬖。

〔註474〕《慈禧傳信錄》。

了溥儀「性慾倒錯」的痕跡？溥儀在 1964 年 3 月正式出版的《我的前半生》中，是這樣描述的：「按著傳統，皇帝和皇后新婚第一夜，要在坤寧宮裏的一間不過十米見方的喜房裏度過……我覺得還是養心殿好，便開開門，回來了。」至於夫妻性關係，他寫得再明確不過了：「對家庭生活更沒有一點興趣。我先後有過四個妻子……如果從實質上說，她們誰也不是我的妻子，我根本就沒有一個妻子，有的只是擺設。雖然她們每人的具體遭遇不同，但她們都是同樣的犧牲品。」

英國著名學者愛德華在他的著作中，引述了溥傑（溥儀之弟）先生的話：「在以後的生活中，他（溥儀）被發現，從生物學觀點來看是不能生殖的」之後，他又論證了溥儀的性人格傾向：「他們談到了溥儀對同性青年日益感到興趣，談到了皇宮大院裏半僕人、半情人的成年人……」他進一步引證溥傑之妻嵯峨浩的話說：「溥儀有個情人是他的童僕……現在我瞭解到皇帝對一個男童僕有一種不應有的情愛，他被劃入『男妃』一類。我懷疑，可不可能正是這些性慾倒錯的癖瘾，驅使他的皇后吸食鴉片？」愛德華認為：「既然她書中的其他部分十分精確，這個報告似乎不可能是只根據道聽途說而寫的。」〔註 475〕

以上引用的一些著述，無非是想向人們提供一種參考。溥儀的性人格及行為方式，有待於更新的史料佐證。

在一個深秋的季節裏，我來到了什剎海畔的廣化寺。在辨認過斑駁脫落的碑石之後，我信步來到忘年摯友——最後一個太監孫耀庭的屋裏聊天兒。

寂靜禪林之內，孫耀庭談起了溥儀。老太監依然對溥儀有著說不清的好感，只是在性人格這方面，他不贊成。他一再講溥儀：「是水路不走，走旱路……」

在幾經採訪之後，忘年摯友孫耀庭老先生在照片上向筆者指認了溥儀在宮內與之關係不一般的殿前小太監王鳳池。一般人都看得出來，在四個太監的照片之中，數王鳳池長得端正。在故宮博物院中，至今仍然保存著這張宮藏照片。（圖 147）

〔註 475〕引自愛德華著：《中國末代皇帝》，中國建設出版社，1989 年版。——原注。

是不是可以從研究溥儀整體性人格的角度認為：曾追隨溥儀多年的中國最後一個太監孫耀庭的獨家口碑史料，具有獨特的歷史參考價值，遠比只靠憑空臆想有無的猜測有意義得多……〔註476〕

據上所述，溥儀的性向隱私是最近幾十年才逐漸為人所知的。而據筆者在《申報》上查到的兩條史料，其實相關傳聞早在民國年間就已經廣為人知了。1934 年 1 月 12 日《申報》登載了《望帝魂》一文，其中寫道：在被馮玉祥逐出北京之前，溥儀「一直在那個『大城圈內面一個小城圈（即紫禁城）』裏逍遙著──娶妻納妾，斷袖分桃，鬧得穢德彰聞」。1931 年 11 月 25 日《申報》上的《溥儀出關前之秘幕》一文則謂溥儀居於天津時，「嗜龍陽癖，畜變童至二十五人之多。中以名王小三（即王鳳池）者最邀寵，妖豔若妓女，旦刻所不離。王所受賞賜，當在十餘萬以上。此輩變童，悉居於三層樓之上，晝夜宣淫，穢聲四播。其對妻妾，則因受變童之包圍，甚為冷淡」。民國時期，《申報》是一份影響廣泛的全國性大報，經其披露──當然，進行相關報導的當時不會只有《申報》一家，溥儀的性隱私在當年可謂是國人皆知。只是建國以後出現了長時間的對於同性戀的漠視否定階段，造成了對相關反映的集體性失憶，這才使得孫耀庭等人的回憶顯得益發珍貴起來。

不過否定性質的回憶我們亦非不可以見到。曾經隨侍溥儀三十餘年的李國雄就曾指出：「溥儀確實不和皇后、妃子、貴人們親近，很少和她們同床共枕。一般人或許不理解，但對每天接觸溥儀的人來說並不奇怪。與其說根源於『生理缺欠』，不如說是佛的指引。出家人以『色』為『空』，篤信神佛、念念不忘『過白骨關』、『結神仙眷屬』的溥儀，為什麼不會產生同樣的想法呢？這裡附帶提及：有人說溥儀好『男風』，這個問題我不想駁他。究竟什麼行為算男風？溥儀連人生大道理都不懂，還談得上什麼『男風』、『女風』？」〔註477〕

綜合各方面的反映，筆者傾向於認為溥儀是一位同性戀者。即從《我的前半生》來看，單單自慰過度就能導致性無能嗎？同性戀者面對異性時才會無能，他們一旦面對同性，立時就會處於充滿活力的狀態。況且，異性戀者即便性無能也對異性仍有性趣，雖然過不了、過不好兩性生活，但他們會努力地去過，而溥儀對這種生活本身就是迴避的。

〔註476〕　《末代皇帝最後一次婚姻解密》，第 270～273 頁。
〔註477〕　《隨侍溥儀紀實》，第 160 頁。

二、名人男風

清代有許多名人與同性戀相關，著名文學家李漁是其中較早的一位。首先，他寫起同性戀作品來很是輕車熟路，得心應手。《十二樓》寫前朝嚴世蕃對少年的蹂躪，《連城璧》寫閩省男風，《憐香伴》寫女性同性戀，都文辭流暢，情節新奇，顯示出作者對同性戀現象有相當的瞭解。如《十二樓》萃雅樓第一回：

> 有個少而更少的朋友，是揚州人，姓權，字汝修。生得面似何郎，腰同沈約，雖是男子，還賽過美貌的婦人，與金、劉二君都有後庭之好。金、劉二君只以交情為重，略去一切嫌疑，兩個朋友合著一個龍陽，不但醋念不生，反借他為聯絡形骸之具。人只說他兩個增為三個，卻不知道三人並作一人。

《連城璧》外編卷之五：

> 他道：「美男的姿色，有一分就是一分，有十分就是十分，全無一毫假借，從頭至腳，一味自然。任我東南西北，帶了隨身，既少嫌疑，又無掛礙，做一對潔淨夫妻，何等不妙？」聽者道：「別的都說得是了，只是『潔淨』二字，恐怕過譽了些。」他又道：「不好此者，以為不潔；那好此道的，聞來別有一種異香，嘗來也有一種異味。這個道理，可為知者道，難為俗人言也。」

至於李漁個人對男色的態度，其名著《閒情偶記》中有二段話。該書《卷六·一心鍾愛之藥》曾謂：

> 一心鍾愛之人可以當藥。人心私愛，必有所鍾。常有君不得之於臣，父不得之於子，而極疏極遠極不足愛之人，反為精神所注，性命以之者，即是鍾情之物也。或是嬌妻美妾，或為狎客變童，或係至親密友。思之弗得或得而弗親，皆可以致疾。即使致疾之由非關於此，一到疾痛無聊之際，勢必念及私愛之人。忽使相親，如魚得水，未有不耳清目明，精神陡健若病魔之辭去者。此數類之中，惟色為甚，少年之疾，強半犯此。凡有少年子女，情竇已開，未經婚嫁而致疾，疾而不能遽瘳者，惟此一物可以藥之。若閨門以外之人，致之不難，處之更易。使近臥榻，相昵相親，非招人與共，乃贖藥使嘗也。

這裡，李漁把「狎客變童」列為「一心鍾愛之人」，還特別指出了「閨門

以外之人」的作用，這就反映了他對男色的肯定態度。可《偶記·卷六·家庭行樂之法》則謂：

> 世間第一樂地，無過家庭。「父母俱存，兄弟無故，一樂也。」
> 是聖賢行樂之方，不過如此。而後世人情之好向，往往與聖賢相左。
> 如棄現在之天親而拜他人為父，撇同胞之手足而與陌路結盟，避女
> 色而就孌童，捨家雞而尋野鶩，是皆情理之至悖，而舉世習而安之。
> 其故無他，總由一念之惡舊喜新、厭常趨異所致。

文中「避女色而就孌童」的行為被認為是「情理之至悖」，這就又反映了李漁對於男色的反對態度。他在《連城璧》中通過將同性戀與異性戀進行對比，也曾對同性戀表示過反對：

> 南風一事，不知起於何時，創自何人，沿流至今，竟與天造地
> 設的男女一道爭鋒比勝起來，豈不怪異？怎見男女一道是天造地設
> 的？但看男子身上凸出一塊，女子身上凹進一塊，這副形骸豈是造
> 作出來的？只為順陰陽交感之情，法乾坤覆載之義，像造化陶鑄之
> 功，自然而然，不假穿鑿，所以褻狎而不礙於禮，頑耍而有益於正。
> 至於南風一事，論形則無有餘不足之分，論情則無交歡共樂之趣，
> 論事又無生男育女之功，不知何所取義，創出這樁事來，有苦於人，
> 無益於己，做他何用？虧那中古之時，兩個男子好好的立在一處，
> 為甚麼這一個忽然就想這樁事，那一個又欣然肯做起這樁事來？真
> 好一段幻想。……如今世上，偏是有妻有妾的男子酷好此道，偏是
> 豐衣足食的子弟喜做此道，所以更不可解。

> 這樁事不是天造地設的道理，所以做到極至的所在，也無當於
> 人倫。我勸世間的人，斷了這條斜路不要走，留些精神施於有用之
> 地，為朝廷添些戶口，為祖宗綿綿嗣續，豈不有益！為甚麼把金汁
> 一般的東西，流到那污穢所在去？有詩為證：

> 陽精到處便成孩，南北雖分總受胎。

> 莫道龍陽不生子，蛆蟲盡自後庭來。〔註478〕

李漁在他的著作中對男風做出了不同評價，那麼他本人是不是男風中人呢？筆者感到，為了回答這一問題，仔細看一看《肉蒲團》中的未央生是有必要的。

〔註478〕《連城璧》外編卷之五。

　　《肉蒲團》這部小說在明清色情文學裏是較有價值的一部，立意、情節和語言都勝出一般的同類作品。其作者現在難以明確，從內容趣旨、情節言文來看，李漁的可能性最大。劉廷璣《在園雜志》卷一曾謂：「李笠翁漁，一代詞客也，著述甚夥。《閒情偶記》、《無聲戲》、《肉蒲團》各書，造意創詞，皆極尖新。」

　　《肉蒲團》當中的主人公是風流浪子未央生，他對女色孜孜以求，神靡心醉，這方面的情況就不細說了。可雖然如此，男色在未央生卻也並非禁忌。據第七回的內容，他與年少龍陽曾經做過不少勾當；第七、八回，他決定改造自己的陽物以便和女子交媾時能夠曲盡其趣，可改陽前的最後一次性事卻是與男子進行的：（圖 148 至圖 149）

　　　　未央生別了術士，回到寓中，獨自一個睡了。就把改造陽物以後與婦人幹事的光景預先揣摩起來，不覺淫興大發。就有些睡臥不安，要爬起來尋妓婦。又怕他有了嫖客不肯開門，熬過一會，又思量道：「我身邊現有救急的傢伙，為何不拿來用用？卻丟了不曾上閂的南門，去走那已經閉塞的北路。」就喚隨身一個家僮上床去睡，把他權當了婦人，恣其淫樂。他隨身服侍的共有兩個家僮，這一個叫做書笥，（圖 150 至圖 151）那一個叫做劍鞘。兩個的人物都一樣妖姣，除一雙大腳之外，其餘的姿色都與絕標緻的婦人一般。劍鞘還老實些，不會作嬌態，未央生差便不時弄他，還不覺十分得意。書笥年紀雖小，性極狡猾，又會幹事。與未央生行樂之時，能聳駕後庭，與婦人一般迎合，口裏也會做些浪聲，未央生最鍾愛他。所以這一晚不用劍鞘，單叫他上床，好發洩狂興。

　　李漁和未央生有許多可比之處，兩人都是權變流通的性格，都對女色耽愛非常。男色上，未央生未曾特別用心，但或者作為少年之嬉樂，或者作為寂寞之排遣，這種事他做起來也並不覺得有什麼困難。李漁恐怕也是如此，他固然一生離不開女人，可未央生尋覓男色的背景情況他也是會遇到的。就算他入清以後人已中年，不再好尚龍陽，那麼年青時候呢？30 多歲以前李漁正處在明代男風最烈的時候，難道就能夠毫不沾染？綜合各方面的情況來考慮，不妨可以這樣認為：李漁總起來說是一位異性戀者，缺少對同性戀的特別熱情，但非經常性的同性戀他可能也曾經歷過。

　　以優雅閒適的才情而論，清代相當突出的有兩人，一是李漁，二是袁枚。

所不同的，後者得中進士，做過縣官，饒有資財可以築私園以自娛；而前面一位雖為名士卻是布衣，要不時奔趨於豪貴大老之門，靠著充當高級幫閒以保障聲色之慾。李漁是否喜好男風？對此不易做絕對肯定的回答，而袁枚則是無甚可疑。

　　袁枚（1716～1798），字子才，號簡齋，浙江錢塘（杭州）人。久居於南京小倉山下之隨園，世稱隨園先生。桐城派古文大家姚鼐傳其生平曰：

> 　　君錢塘袁氏，諱枚，字子才。（圖152）祖諱錡，考諱濱，叔父鴻，皆以貧遊幕四方。君之少也，為學自成。年二十一，自錢塘至廣西，省叔父於巡撫幕中。巡撫金公鉷一見異之，試以《銅鼓賦》，立就，甚瑰麗。會開博學鴻詞科，即舉君。時舉二百餘人，惟君最少，及試報罷。中乾隆戊午科順天鄉試，次年成進士，改庶吉士，散館又改發江南為知縣，最後調江寧知縣。江寧故巨邑難治，時尹文端公為總督，最知君才，君亦遇事盡其能，無所迴避，事無不舉矣。既而去職家居，再起發陝西，甫及陝，遭父喪歸，終居江寧。君本以文章入翰林有聲，而忽擯外；及為知縣著才矣，而仕卒不進。自陝歸，年甫四十，遂絕意仕宦，盡其才以為文辭歌詩，足跡造東南山水佳處皆遍，其瑰奇幽邈，一發於文章，以自喜其意。四方士至江南，必造隨園，投詩文幾無虛日。君園館花竹水石，幽深靜麗，至檯檻器具皆精好，所以待賓客者甚盛。與人留連不倦，見人善，稱之不容口。後進少年，詩文一言之美，君必能舉其詞，為人誦焉。君古文、四六體，皆能自發其思，通乎古法。於為詩尤縱才力所至，世人心所欲出不能達者，悉為達之。士多效其體，故隨園詩文集，上自朝廷公卿，下至市井負販，皆知貴重之。

　　袁枚之名聲主要因其詩歌。他力倡性靈，文才卓異，詞兼眾體，下筆標新，逐漸做成了當時的詩壇領袖。憑藉這種超級名士的地位，袁枚在生活上是悠然自在的，達官貴士、豪商巨賈不斷自動奉以餽儀。因此，他的聲色之求有充分的物質保證，名利雙收，繁華歷盡。姚鼐言：「君仕雖不顯，而世謂百餘年來，極山林之樂，獲文章之名，蓋未有及君也。」〔註479〕《隨園軼事》的作者蔣敦復也讚歎道：「隨園先生年少登科，壯歲歸隱，享園林之樂，極聲色之娛。桃李門牆遍及巾幗，王侯為之傾倒，走卒識其姓名。文采風流，論者推

〔註479〕　《惜抱軒詩文集・文集卷十三・袁隨園君墓誌銘並序》。

為昭代第一人，非過語也。〔註480〕

袁枚好色，並且還不避人耳目。前朝李贄提倡人養「童心」，袁枚就曾通過自己的行動和詩文把這種直切的童心無遮無掩地展現過。他講「人慾當處，即是天理」，「屏聲色、絕思為，是生也而以死自居，人也而以木石自待也」〔註481〕。在《答相國勸獨宿》中他寫道：「夫子循循善誘，教以隔絕群花，單身獨宿，且以雛鳳將鳴之語宛轉勸之。甚矣，先生之迂我也！夫有子克家，身後之事；非人不暖，病中之需。且枚之居處，不避群花，更有說焉：人惟與花相遠，故聞香破戒者有之，逢花必折者有之。故夫鄧尉種梅之夫，洞庭栽橘之叟，終日見花，如不見花者。何也，狎而玩之，故淡而忘之也。枚自幼以人為蕾，迄今四十年矣，橫陳嚼蠟，習慣自然。顏淵侍於孔子，自稱坐忘；若枚者，可稱臥忘者也。願夫子之勿慮也。」〔註482〕

袁枚以人為田，無日不耕。具體地講，他在耕田時是不分男女的。美男如錢郎桂官：「先生昵桂官。一日尋春揚州，與桂偕行。桂善歌，舟中為先生度曲，先生以洞簫和之，有姜石帚『小紅低唱我吹簫』之趣。先生時年六十餘，行市中不扶杖，而桂為之挽手。市中人觀而羨之，目為神仙焉。」〔註483〕六十衰翁手挽二八嬌男，忻忻然遊行於市，自感到得意非常。旁人有的固然會目為神仙，而還有的卻會以人妖相視的。袁枚顯然是在炫展自己的風騷，並且不但表現於街頭，還要永傳於後世。他作詩記云：

> 六十明年屆，三春敢不遊！
> 閒情拾芳草，打槳下真州。
> 柳絮風初軟，桃花水亂流。
> 日長人渡緩，蕭寺且勾留。

> 小字桂枝仙，錢郎劇可憐。
> 肯歌周史曲，同泛鄂君船。
> 挽手勝膚杖，吹簫屢拍肩。
> 妙蓮花中染，恰是並頭眠。〔註484〕

〔註480〕 《隨園軼事·序》。
〔註481〕 《小倉山房文集·卷十九·再答彭尺木進士書》。
〔註482〕 《小倉山房尺牘》卷一。
〔註483〕 《隨園軼事·卷五·桂官》。
〔註484〕 《小倉山房詩集》卷二十四。

　　詩中用到了「鄂君繡被」等典故，這就明示出袁枚與他桂官的非同一般的
關係。清代有一個笑話：一老翁納一少婦，翁曰：「我就是喜愛你漆黑的頭髮，
雪白的肌膚。」婦答：「我也喜歡你漆黑的肌膚，雪白的頭髮。」把少婦換成
少男，或者不換也可以，這則笑話對於隨園老人都是適用的。

　　袁枚的好男色很有一個特點，即他此好並不是因為覺得男色較之女色有
更加吸引人的地方，而是出於他對美色的總體愛賞。因此，男子也好，女子也
好，只要美麗袁枚就會喜歡。他是一個對男女二色同時兼嗜，不會去厚此薄彼
的人，也就是一個雙性戀者。在他一生之中，除去桂官、金鳳等男寵，陶、方、
陸、鍾諸姬妾至少已可以湊成十二金釵。但有一缺憾，諸姬雖然生養了幾位千
金，夢熊之兆卻一直慳現。陸氏姬人雖曾生過一個兒子，不幸卻又夭折。年紀
漸高的隨園先生深感淒涼無奈，哀吟：「半日為人父，三生事可嗟。」「真是庶
人命，雌風吹不清。」「五旬翁五年，三夢投三瓦。」〔註485〕弄璋之喜難望，
六十歲時袁枚只好抱來堂弟袁樹之子為嗣，取名阿通，以娛晚景，以續香煙。
誰知這一抱養舉動真的「通」來了好運，三年後鍾姬就生下了親兒阿遲。袁枚
喜出望外，感而賦詩：

> 海內爭傳伯道名，今朝湔雪賦添丁。
>
> 老樹看花秋色好，餘霞返照暮山青。〔註486〕

　　第二年，阿遲尚在襁褓之中袁枚便攜他返鄉省親。先人冢前隨園老人快慰
地看到：

> 周晬嬌兒索乳忙，抱來學拜祖塋旁。
>
> 春風似解人間事，一縷香煙吹漸長。〔註487〕

　　有了兒子對祖先就有了交待，歡欣之情一露無遺。隨園的孝悌倫常觀念還
是牢固的，雖說他的另一面是蕩佚通脫。

　　隨園結納的美男以優伶占多。在二十幾歲剛中進士不久，他在北京還只是
一個窮翰林。「乾隆己未，京師伶人許雲亭名冠一時，群翰林慕之，糾金演劇。
余雖年少，而敝車羸馬，無足動許者。許流目送笑，若將昵焉。余心疑之，未
敢問也。次日侵晨，竟叩門而至。情款綢繆，余喜過望。」〔註488〕袁枚當然
有他喜出望外的理由。士優相交，優的目的總是為錢。而如果士人乏鈔優人卻

〔註485〕　《小倉山房詩集》卷十四、十八、二十一。
〔註486〕　《小倉山房詩集》卷二十五。
〔註487〕　《小倉山房詩集》卷二十六。
〔註488〕　《隨園詩話》卷四。

還自動相就，這便是最使士們自鳴得意的一種情形了：在金錢交易的買賣場合卻能得到賣者金錢以外的真心，可見自己是多麼地倜儻風流！乾隆年間北京曾經出過一位芳名鼎鼎的狀元夫人──名優李桂官在名士畢沅未發之前給過他許多幫助，乾隆二十五年（1760），畢沅得中狀元，桂官便因而得此美稱。袁枚和桂官有過交往，和畢沅關係密切，他心裏一定曾生過許多忌妒和惋惜，一定想過：如果自己能中做赫赫狀元而不是 2 甲第 5 名的一般進士，說不定許雲亭也是一位「狀元夫人」了，那樣一來，自己豈不更是名士風流，更能名存情史？

話不必講得太遠，還是回到實際的袁─許之交上來。袁枚曾給許雲亭寫過幾首贈詩，以示對知己的慕愛。

其一：

> 笙清簧暖小排當，絕代飛瓊最擅場。
> 底事一泓秋水剪，曲終人反顧周郎。〔註 489〕

其二：

> 皮弦金柱小琵琶，上巳浮橋阿子家。
> 引得周郎屢回顧，長安春在一枝花。

其三：

> 霓裳曾已列仙班，天上重來解珮環。
> 應是玉皇憐絕藝，特留一闋在人間。〔註 490〕

並且袁枚在京的時候，他還和幾位內廷的供奉歌伶交接甚密。「歌郎吳文安者年少美丰姿，供奉大內，聲名藉甚，先生與之甚契。吳亦以先生為南人，頗以萍水相逢為樂，時來先生寓中。每遇考試，吳為吮筆磨墨，摒擋周至。及先生成進士，入詞林，吳為之欣喜者累日。嗣後先生以知縣出都，吳送至紫竹林而別。河梁攜手，不盡依依，所謂『桃花潭水深千尺，不及汪倫送我情』也。」〔註 491〕而「都中名伶陸才官者，亦蘇州人也。供奉大內，色藝與吳文安埒。先生先識吳後識陸，陸齒略稚於吳。兩人時來先生寓中，時人目為雙璧。及先生外用出都，遂相契闊。三十餘年後，先生遊吳中，忽遇兩人於虎阜。初皆不相識，可中亭司客者以彼此皆盛名鼎鼎，兩為通姓名，乃各

〔註 489〕《隨園詩話》卷二。
〔註 490〕《小倉山房詩集》卷二。
〔註 491〕《隨園軼事·卷四·歌郎送別》。

恍然。時陸年已近五十，吳更五十外，先生則六十餘歲矣。吳、陸俱以葬親歸里，不復再作京師遊。先生則春明舊夢，握手歔欷，回首前塵，不勝故人何戡之感。」〔註492〕於是「惘惘情深，淒然成詠」：

> 宜春苑里歸來客，三十年前識面多。
>
> 絕代何戡都白髮，貞元朝士更如何？
>
> 握手臨岐話再逢，淚痕吹下虎丘風。
>
> 自言身比天花墜，一到人間一世終。〔註493〕

　　袁枚是乾隆四年 24 歲時中的進士，3 年後翰林散館，外用江南為知縣。身為一方父母，他對自己的職事還是兢兢業業的，可風流性成，公餘之暇則一直忘不了選色徵歌。結果招致上司不滿，告戒他「剔嬲歌郎」的行為是「破老亦傷盛德」。一般下屬見到這樣的警告至少表面上會趕緊表示要改過，袁枚卻不然，他回辯道：

> 枚聞夏后上三嬪而得《九辨》，板板非上帝之心；周官操六計以馭群才，休休乃用人之道。是以情在理先，聖人且以為田矣；瑜不瑕掩，良工乃以觀玉矣。枚赤緊濫膺，丙丁趨走。深慮萊蕪不能闢，絲灼不能清，悼毫不能仁，強宗不能拔。故前者三肅崇階，五內震動。恐諸葛垂問，何祗之吏事不修；曹公共談，子揚之精神未蕆。不意明公寬負子之責，入飛耳之談。怒枚剔嬲歌郎，牴觸金布。枚始而驚，繼而喜。驚者，驚公於東方未明之時，容光必照；喜者，喜枚於國風好色之外，餘罪無他。不敢抵攔，不求道地。但願陳其悃愫，請一考之詩書。昔李西平，郡將也，而營妓自隨；白太傅，司馬也，而商婦度曲。頗逾規矩，難律官箴。乃其人皆功在山河，名香竹素。枚自蒞官以來，未嘗一刻忘簡書，不肯一言枉訊刺。待至五花判畢，四郊雨甘，乃敢彈箏酒歌，攲裳月坐。愛鄂君而流連翠被，賦《洛神》而惆悵驚鴻。事有甚於畫眉，盜非同於掩耳。蓋以為靖節閒情，何瑕白璧；東山女妓，即是蒼生。連狃無傷，小德出入可耳。不圖閣內之悍妻見敕，閫中之妒妾包容；而轉蒙大府搜牢，長聲狙伺。嘻，過矣！夫採蘭贈芍，不見削於宣尼；閉閣尊經，翻自附於新莽。余中請禁探花，而以臟敗；傅玄善言兒

〔註492〕《隨園軼事‧卷四‧吳下重逢兩供奉》。
〔註493〕《小倉山房詩集》卷二十四。

女，而以直聞。張翰有小史之詩，高風嶽峻；盧杞無侍兒之奉，醜跡風馳。杲卿忠臣，徵求花粉；輔國逆豎，靜學沙門。古來君子之非，賢於小人之是。佈在方策，僂指難陳。枚所仰止高山，恥居下流者，蓋有在矣。然明公必以兩廡相期，一流見待，謂破老亦傷盛德，瞀淫何以齋心。則枚雖不迷復於此時，亦必味回於他日。若徒鋪張令甲，震耀風聞，捨簿領而詗陰私，談床第以為恫喝。則蕭何律上，不禁笙歌；宓子堂前，豈無琴瑟？而況李元忠不以飲酒易僕射，徐騎省肯以歌曲換中書。人孰無情，士各有志。黃鵠舉矣，青天廓然。丈夫溺死何妨，而拘游哉？公幸毋以尋約之繩，困奇侅之士也。〔註494〕

《隨園軼事》卷一記載了一則袁枚在做江寧知縣時手札召歌郎的故事：「先生宰江寧時，而宰上元者，許令也。同官一處，相得甚歡。許以道學自矜，屏絕聲色。一日，秦淮小集，坐有歌郎，許目僭之，郎即引去。先生迂許憐郎，而格於同在官場，不便誚讓。未終席先生先回署，遣人召郎至。郎誤先生猶許意也，不敢來。先生手書小札貽郎，自明其相慕之意，郎乃至。郎固花容月貌，韶秀有姿者，先生大悅之。由是郎出入衙署，習以為常。」看來袁枚的剔嬲歌郎確是事實，這大概是他仕途不暢的一個原因吧。

以袁氏的性情和才學，辭官而文是最恰當的選擇。所以他壯歲歸隱，卜築於江寧隨園之後，隨著詩才文氣的日被人知，名望地位較前反而提高得更快。盛名之下，歌童變寵的得到也就比較容易。例如楊華官，「先生始遇於吳門，極愛慕之意。時華演《長生殿》，先生以二十金作賞賚費。先生看花不輕解囊，此其破格也。華以先生為知己，願隨之歸，後居隨園數年」〔註495〕。袁枚在觀看華官演《長生殿》時曾贈詩云：

> 一曲歌成楊白花，生男從此重楊家。
>
> 泥金替寫坤靈扇，當作三生繫臂紗。
>
> 美如任育兼看影，清比荀郎似有香。
>
> 禁得風前訴幽咽，華清閣下詠霓裳。〔註496〕

還有曹玉田。「曹玉田者，吳門歌伶也。先生遊吳門，與桂官俱。桂官便

〔註494〕《小倉山房外集‧卷四‧上臺觀察書》。
〔註495〕《隨園軼事‧卷五‧華官》。
〔註496〕《小倉山房詩集》卷二十三。

道請假省親，蓋桂亦蘇州人也。先生倦遊將歸，而桂猶未來。先生不能待，思挾華官同行。華又以勾當未了，一時不能即行。而先生固自謂不肯離花過一宵者也。先生反棹，玉田送之京口。先生已六旬外，人謂其老興正復不淺。」〔註497〕對於這件事，袁枚寫道：

> 不肯離花過一宵，花迎花送兩回潮。
>
> 桂枝月下香才謝，玉樹風前影又飄。
>
> 何必吳娘誇打槳，但逢子晉便吹簫。
>
> 笑儂雅抱生春手，到處鸞弦續斷膠。〔註498〕

袁枚講「不肯離花過一宵」，字面的意思就是說為了消解情慾，他是天天晚上需要有人在床上相陪的。

以及慶郎。開始袁氏對他只是心懷企羨：

> 蛺蝶雌雄且莫分，女兒香贈女兒熏。
>
> 遙知燒處雙煙起，化作仙童一朵雲。
>
> 客窗寒重夜眠遲，贈汝吳棉有所思。
>
> 願得他生為翠被，鄂君身上覆多時。

接著老才子相配小佳人，企羨看來變成了現實：

> 捲簾招月坐蕭齋，意欲留春事竟諧。
>
> 寄語阿瞞私誓了，他生爭及此生佳。
>
> 開過紅榴鳥欲飛，相思能不夢依依。
>
> 願卿身似春潮長，早到胥江晚即歸。〔註499〕

乾隆四十七年（1782），袁枚年已六十有七，其詩作當中開始頻頻出現一位新人，他就是劉霞裳秀才，袁枚的學生同時又是旅遊外出時的陪伴。這年袁有天台之遊，約劉同往云：

> 未免多情枉費才，狎遊頗被里人猜。
>
> 須知玉貌張雕武，終向《儒林傳》上來。
>
> 老我頹唐色界天，熏香傅粉憶當年。
>
> 自憐一往情深處，也是楞嚴十種仙。〔註500〕

〔註497〕《隨園軼事・卷五・曹玉田》。
〔註498〕《小倉山房詩集》卷二十四。
〔註499〕《小倉山房詩集》卷二十五。
〔註500〕《小倉山房詩集》卷二十八。

翩翩一少陪著風流一老遠遊，自然是會「頗被里人猜」的。袁枚不以為意，山間美景讓他留連忘返，身邊美男更使他興致勃發。原來這次出遊，他除去劉秀才，另外還帶了一位金鳳隨行。《隨園軼事》載：「先生好男色，如桂官、華官、曹玉田輩不一而足。而有名金鳳者，其最昵愛也，先生出門必與鳳俱。某年遊天台，鳳亦同行。劉霞裳秀才，先生弟子也。時劉亦同在舟中，一見鳳而悅之。劉年少美風姿，鳳亦頗屬意也。先生揣知兩人意，許劉與鳳同宿。」〔註501〕由此，袁—劉之間關係如何暫且不論，劉霞裳本人已可以確定是同性戀者了。袁枚記道：

> 蝴蝶愛花香，花愛蝴蝶小。
>
> 底事不吹開，春風也道好。
>
> 元珪大師言，萬事莫為己。
>
> 成就野鴛鴦，諸天色歡喜。〔註502〕

第二年，劉霞裳就婚汪氏，幾天不見袁枚就坐臥不安，他半賀半醋地「賦詩調之，兼呈新婦」：

> 五日惜惜住洞房，定知努力作鴛鴦。
>
> 薰蕕滋味親嘗後，示我房中曲一章。
>
> 《關雎》彈出正聲希，回首桑間事事非。
>
> 從此倉山桃李樹，好花不逐亂風飛。
>
> 繡被原該覆鄂君，書來何必借殷勤。
>
> 只嫌山裏名香少，還倩荀郎身上熏。〔註503〕

中間一首詩裏的「亂風」出自《尚書·伊訓》：「敢有遠耆德，比頑童，時謂亂風。」後面一首使用了「鄂君繡被」之典。因此，詩中是存在著同性戀含義的。為了能與愛徒再相聚處，年近古稀的袁枚竟和霞裳約定等他新婚彌月後兩人便將「同遊黃山」。對此袁枚甚為得意：

> 戲題花葉寄妝樓，好作羹湯代束脩。
>
> 莫惱袁絲太無賴，奪人夫婿出山遊。〔註504〕

於是劉霞裳離別了初婚新婦，又陪著自己的先生去顧水觀山。一年多後在

〔註501〕 《隨園軼事·卷五·金鳳》。

〔註502〕 《小倉山房詩集》卷二十八。

〔註503〕 《小倉山房詩集》卷二十九。

〔註504〕 《小倉山房詩集》卷二十九。

陪遊桂林時他曾作詩以志：

> 壓船山影十分險，洗月江光萬派清。
>
> 夜半聯吟同剪燭，人間應少此師生。〔註505〕

　　劉詩寫出了「夜半聯吟同剪燭」，這不禁讓人想到唐代李商隱《夜雨寄內》中的名句：「何當共剪西窗燭，卻話巴山夜雨時。」把師生關係寫得如同夫婦，這樣的師生確然是人間少有。

　　可袁枚終究老了，劉郎從學經年，在他那裏心領身受，學問漸增，也到了該離師自立的時候。於是，隨園詩作裏開始出現離別的悵惘以及異地的相思：

> 十年前是相逢日〔註506〕，今唱驪歌亦此時。
>
> 似是安排天早定，不須惆悵為分離。〔註507〕
>
> 記得離筵燭影孤，兩人倚枕聽啼烏。
>
> 無端忽下傷心淚，灑向君衣乾也無？〔註508〕
>
> 賈勇登華頂，無言度石樑。
>
> 桃花含薄怒，向我索劉郎。〔註509〕

　　再後來，耄耋之年的隨園老人便逐漸走近了他生命的盡頭，劉霞裳曾經寄來藥方並關切地訊問病中景況。可生老病死，天命難違，嘉慶二年，袁枚懷著對人世的無盡依戀昇天而去，也同時結束了與他劉郎十數年的師生深情，霞裳若再想見到自己先生只能是在睡夢當中了。

　　補充一點，「霞裳」只是一個字號，劉郎之名《小倉山房詩文集》裏一直未曾明確。不過袁枚所編《續同人集‧慶賀類》收有一首《隨園先生春秋七十，海內以詩祝者甚多。鵬從遊最晚，行路最遙，受恩最重，紀事抒懷賦長律七十四韻》，此詩署名劉志鵬。從內容來看，詩作者曾經陪著袁枚出遊天台黃山，兩廣湘鄂，並且是「從遊朝臘展，共寢夜連床。」「寒暑三年共，文章一路商。」這些正與劉霞裳的經歷相符，所以霞裳名志鵬。

　　袁枚同性戀活動的特點是涉及面廣泛，同性戀經歷豐富曲折，許多事情都出人意料之外。滿洲權貴尹繼善（謚文端）曾多年為官兩江總督，與袁氏詩酒

〔註505〕《小倉山房詩集》卷三十。
〔註506〕十月十八日。——原注。
〔註507〕《小倉山房詩集‧卷三十二‧送霞裳之九江》。
〔註508〕《小倉山房詩集‧卷三十三‧寄霞裳》。
〔註509〕《小倉山房詩集‧卷三十四‧到華頂有懷霞裳》。

往還甚密。「李郎者，尹文端公侍者也。公督兩江時，與先生唱和，每一詩成，必為郎所持來。積日既久，始而稔熟，繼而狎昵。蓋李郎年輕而貌俊，為先生刮目也。為文端所知，馳書讓之曰：『子真如水銀瀉地，所謂無孔不入者。』而書則仍倩李郎走送，在文端固並無妒意。先生對李郎啟書讀之，不禁匿笑。李郎惶愧交集，先生為之慰藉久之。及文端移節去，先生與李郎闊別多年。某年李郎重來白下，文端已歸道山，先生與之檢文端手跡，所贈詩章簡札庋積如束筍。感觸前情，相與於邑不已。」〔註510〕為此，袁枚曾詩贈李郎：

> 風臺月榭幾回新，世事滄桑那可論！
>
> 一個漁郎比前老，桃花相見也消魂。
>
> 上相當年賜和章，是誰騎馬替傳將？
>
> 而今同啟紗籠看，一紙雲煙淚萬行。〔註511〕

而就連剃頭匠這樣的人物，袁枚在搞他的「水銀瀉地」時同樣都會波及。有一次，他拜訪過上元李縣令後從縣署返回，路見一枷犯「嫣然少年」，美麗動人。袁枚立刻為其美色所吸引，回家後即修書李令請予釋放：「從尊署歸，過北門橋，見荷校者饒有姿媚，問何修而獲此，曰為賭博耳。僕記《漢書‧列侯功臣年表》，以博掩失侯者十餘人，可見天性好賭，自古有之。王侯將相且然矣，況里巷子弟乎？且造物雖巧，生人易，生美人難。談何容易於千萬人中，布置眉目，略略妥當。而地方官不護惜之，反學牛羊，從而踐踏之，忍乎哉？問何業，曰修髮匠也。余髮如此種種矣，可速釋之，命原差送來，一試其技。」這個修髮匠是因犯賭在眾目睽睽之下被差役拿走的，袁枚卻要求縣令速予開釋。若不是有大名士的資格，身無官職者誰敢如此？李令接信後即時同意，趕快就把剃頭匠送進了袁宅。可此匠色技卻讓袁枚甚失所望，他在給李知縣的又信中寫到：「荷校者來，僕擁髻而出，急令沐薙。誰知奏刀茫然，髮未落而頭先傷，竟是以怨報德。方知彼固店家之酒旗，以貌招以體薦而非以伎奏者也。且諦視之，貌亦不佳，自覺前書之無謂。雖然，彼雖伎不佳貌不佳，而能遇霧裏看花之老叟，又能遇肯聽下情之好官，則其流年月建，固已佳矣。」〔註512〕由信可知，這個修髮匠其實只是以剃頭為招牌，主要出賣的並非技藝而是肉身。按說袁枚對他是有恩之人，可他卻不大領情，《隨園軼事》

〔註510〕 《隨園軼事‧卷二‧尹文端公侍者李郎》。
〔註511〕 《小倉山房詩集》卷二十三。
〔註512〕 《小倉山房尺牘》卷二。

補充記道：「此人姓陳名全寶，善唱青衫。釋放之後住隨園數月，無賴如故，戒之屢不悛。後逃入某鹽商家戲班中為私家供奉。」〔註513〕陳全寶既在隨園住有數月，說明他還是給過隨園老人一些報答的，但過後自己便主動離開，說明隨園老人對他並沒有太大的吸引力。分析其原因，袁枚雖然有名，可畢竟已是「老叟」年紀，並且對所看之「花」一般又不願做太多的金錢養護。而少年陳全寶看來所需要的一是刺激感，二是孔方兄，是實實在在的獲得。兩者既然得不到充分滿足，因此便要逃走。他雖屬心性無常、朝三暮四之輩，但性格真率少偽，這一點倒和袁枚相似。對其出走，袁枚想必是又惱又憐，沒料到自己聲名的力量對人竟會有失靈的時候！《板橋雜記》曾載妓者劉元事，她「齒亦不少，而佻達輕盈，目睛閃閃。曾有一過江名士與之同寢，元轉面向裏帷，不與之接。拍其肩曰：『汝不知我為名士耶？』元轉面曰：『名士是何物？值幾文錢耶？』」〔註514〕這則笑談袁枚自能讀到，再聯繫一下自己和陳全寶，他讀時大概比誰都要笑得開心。

　　既然有豐富的同性戀經歷，相應地就會有豐富的同性戀見聞。對於他人的男色活動，袁枚也知道得很多，並且喜好以詩文加以彰顯稱揚。他曾同意劉霞裳和少年金鳳同宿，那是出遊浙江天台的時候，而「在粵東時，袁郎師晉年十七，明慧善歌，為吳明府司閽。乍見霞裳，推襟送抱，苦不一得沾接。再三謀得，私約某日兩情可申。忽主人奉大府檄，火速鑿行，郎不得留，與霞裳別江上，涕如纏麋」。劉郎這是又一次當著老師的面去和別人相戀，袁枚依然樂於接受事實，還以為「兩雄相悅，數典殊希」，便「為補一詩，作桑間濮上之變風云」：

　　　　珠江吹斷少男風，珠淚離離墮水紅。
　　　　緣淺變能生頃刻，情深誰復識雌雄。
　　　　鄂君翠被床才疊，荀令香爐座忽空。
　　　　我有青詞訴真宰，散花折柳太匆匆。〔註515〕

　　後來袁枚攜其另一位年青弟子嚴駿生（字小秋）去遊距離南京較近的揚州。大概是人以群分的緣故，袁枚身邊的陪伴總是會有相類的嗜好。嚴駿生不但和劉霞裳一樣都是秀才，而且還做了類似的情事。在揚州，有「計五官者，

〔註513〕《隨園軼事・卷六・乞釋修髮匠之歸束》。
〔註514〕《板橋雜記》中卷。
〔註515〕《小倉山房詩集》卷三十一。

風貌儒雅，慕嚴不已，竟得交歡盡意焉」。並且，「為嚴郎貧故，轉有所贈」。袁枚大受感染，便為五官題詩於扇曰：

計然越國有精苗，生小能吹子晉簫。

哺啜可觀花欲笑，芳蘭竟體筆難描。

洛神正挾陳思至，嚴助剛為宛若招。

自是人天歡喜事，老夫無分也魂消。〔註516〕

上面兩首詩只是七律，字數有限。長詩更能把袁枚對男風的感想表達出來，讓他自由充分地去舒放激賞慨歎之情。《朱長官歌》寫的是南京優伶朱長官的悲歡遭遇，可謂明代徐學謨《頭陀生行》的姊妹篇。詩云：

一江春水秦淮香，一春情緒誰家長？

陌上亂飛雄蛺蝶，情長誰比朱家郎？

朱郎窈窕歌清曲，小字長春人似玉。

生來蘭質妒紅鸞，彈罷鶡弦吹紫竹。

召平捧檄過江東，欲採芙蓉露正濃。

半夜綠轎呼董偃，一生花底活秦宮。

纏頭便與教師說，書券親同阿母封。

使君出宰河陽土，子都驂乘調鸚鵡。

擁髻初愁離別難，雙棲那識風霜苦！

可惜花封百里遙，桑麻不種種櫻桃。

禿巾小袖春騎馬，水榭風廊夜聽簫。

行樂竟忘公府召，多情且把一官拋。

人生禍福真難定，飲章先有郎君姓。

邏騎爭為瓜蔓抄，龜頭不顧青銅印。

公家簿錄到園田，大索橫搜信入燕。

南北竟張四面網，將軍不值一文錢。

豈有胡椒傾八百，但聞珠履擲三千。

街頭爭賣鴛鴦牒，市上傳觀七寶鞭。

使君官罷返秦淮，滿目河山玉笛哀。

漢帝有懷尋故劍，楚襄無夢戀陽臺。

巫雲曉散留難住，舊雨門關打不開。

惟有朱郎如落葉，破船尾上載歸來。

三年重過板橋頭，楊柳霜經幾度秋。

往日兒郎多取婦，舊時火伴半貂裘。

琴聲都唱秋胡怨，請郎別索同行伴。

誰識心同古井深，肯教柱促朱弦斷。

當時舞罷舊霓裳，且付長沙庫內藏。

上供憔悴青衫客，下養婆婆白髮娘。

烏鴉聲逐金丸冷，紫竹床懸斷袖涼。

燕子不驚三瓦漏，芙蓉同死一天霜。

官場相聚論紛紛，羨殺江頭白使君。

不見雕欄搜絳樹，居然海上伴朝雲。

君不見，五侯門前車似霧，朝秦暮楚人無數。

將軍府第略蕭條，幾個任安能不去？〔註517〕

　　筆記小說方面，袁氏《子不語》中的多篇如《兔兒神》、《雙花廟》、《多官》等都對社會上的男風進行了詳述表彰。

　　關於袁枚最後需要說明的是，他生前身後固然一直聲望甚隆，但這只是現象的一個方面。詩主性靈則易流於浮豔，賦性通脫則易流於蕩侠。朱庭珍謂：「袁既以淫女狡童之性靈為宗，誤以鄙俚淺滑為自然，尖酸佻巧為聰明，諧謔遊戲為風趣，粗惡頹放為雄豪，輕薄卑靡為天真，淫穢浪蕩為豔情。倡魔道妖言，以潰詩教之防。實風雅之蠹，六義之罪魁也。」錢泳謂袁枚「著作如山，名滿天下。而於『好色』二字，不免少累其德。余有弔先生詩云：『英雄事業知難立，花月因緣有自來。』實為先生補過也。」可以說，清人對於袁枚是毀譽參半的，譽之彌隆，則毀之愈甚。涉及到男色的批評，章學誠就《隨園詩話》發表評論：「詩話論詩，非論貌也。就使論貌，所以稱丈夫者，或魁梧奇偉，或豐頤美髯，或丰骨棱峻，或英姿颯爽，何所不可？今則概未所聞。惟於少年弱冠之輩，不曰美好如女，必曰顧影堪憐；不曰玉映冰膚，必曰蘭薰蕙質。不知其意將何為也？甚至盛稱邪說，以為禮制但旌節婦，不褒貞男，以見美男之不防做嬖〔註518〕。斯乃人首畜鳴，而毅然筆為《詩話》，人可戮而書可焚矣。」黎簡就隨園人品發表評論：「近有一翁，自以為才士，無骨氣，人從

〔註517〕《小倉山房詩集》卷七。
〔註518〕見《隨園詩話》卷四之春江公子事。

而誄之。看其詩與人品，皆卑鄙不堪。彼只知以門生為弄兒耳，惡足以知名嶽也。」「今此老惟以淫靡宣著於天下，則以為才子風流之所不諱者，不復知天下有羞愧之事。以此為性情，可以為天下好惡之本心耶？愚謂此老直以書生為□□，以文章為宣淫之具。嗟夫！才子固如是乎？」〔註519〕清代是一個道學社會，袁枚的風流在許多人眼裏純只是罪過。

「興化鄭板橋作宰山東，與余從未識面。有誤傳余死者，板橋大哭，以足蹋地，余聞而感焉。後廿年，與余相見於盧雅雨席間，板橋言：『天下雖大，人才屈指不過數人。』余故贈詩云：『聞死誤拋千點淚，論才不覺九州寬。』板橋多外寵，嘗言欲改律文笞臀為笞背，聞者笑之。」〔註520〕袁枚的這段敘述引出了清代著名書畫家鄭燮即鄭板橋。（圖 153）板橋名列揚州八怪，繪畫和書法都卓然自立。他對袁枚講天下人才不過數人，意思就是那數人當中包括著你我兩位。雖有恃才傲物之嫌，可他藝術造詣極高卻也倒是不爭的事實。

正如袁枚所言，鄭燮從他的男色心理出發確曾主張改刑律中的笞臀為笞背，千古奇文，請共賞之：

> 刑律中之笞臀，實屬不通之極。人身上用刑之處亦多，何必定要責打此處。設遇犯者美如子都，細肌豐肉，堆雪之臀，肥鵝之股，而以毛竹板加諸其上，其何忍乎？豈非大殺風景乎！夫堆雪之臀，肥鵝之股，為全身最佳最美之處，我見猶憐，此心何忍！今因犯法之故，以最佳最美最可憐之地位，迎受此無情之毛竹大板，焚琴煮鶴，如何慘怛？見此而不動心憐惜者，木石人也。女人之兩隻乳，男子之兩爿臀，同為物之最可愛者。人無端而犯法，其臀則未嘗犯法，乃執法者不問青黃皂白，動輒當堂吆喝，以笞臀為刑罰之第一聲，此理實不可解。

> 我又不知當初之制定刑律者，果何惡於人之臀？懲罰時東也不打，西也不打，偏欲笞其無辜之臀也。臀若有口，自當呼冤叫屈。昔宰范縣時，有一美男犯賭被捉，問治何罪，按律須責四十大板，當堂打放。余謂刑罰太重，曷不易之？吏對不可。余無奈坐堂，但聞一聲呼喝，其人之臀已褪露於案前，潔如玉，白如雪，豐隆而可憐，笞責告終，幾至淚下。人身上何處不可打，而必打此臀，始作

〔註519〕以上言論見《袁枚全集·袁枚評論資料》，江蘇古籍出版社，1993 年版。
〔註520〕《隨園詩話》卷九。

俑者，其無後乎！足下嘗謂犯法婦女之摑腮掌嘴，最為可憐可痛。桃腮櫻口，豈是受刑之所在乎？板橋則謂男子笞臀，尤可痛惜。聖朝教化昌明，恩光普照，將來省刑薄稅，若改笞臀為笞背，當為天下男子馨香而祝之！〔註521〕

不但人所共知，而且男風之好鄭燮是自己承認的。他在《板橋自敘》中曾謂：「板橋居士姓鄭氏，名燮，揚州興化人。酷嗜山水，又好色，尤多餘桃口齒及椒風弄兒之戲。然自知老且醜，此輩利吾金幣來耳。有一言干與外政，即叱去之，未嘗為所迷惑。」〔註522〕這段自白表明鄭氏曾經有過的男寵並不止一位。對於他們，他以一種散漫隨意的態度並未給予太多的感情關注。不過凡事都難以絕對，過世較早的舊僕王鳳就一直讓他懷戀不已。後來他做宰山東，「縣中小皂隸有似故僕王鳳者，每見之黯然」。於是賦詩遣懷：

喝道前行忽掉頭，風情疑是舊從遊。

問渠了得三生恨，細雨空齋好說愁。

口輔依然性亦溫，羨他吮筆墨花痕。

可憐三載渾無夢，今日與前遠近魂。

小印青田寸許長，抄書留得舊文章。

縱然面上三分似，豈有胸中百卷藏？（圖154）

乍見心驚意便親，高飛遠鶴未依人。

楚王幽夢年年斷，錯把衣冠認舊臣。〔註523〕

乾嘉年間的曾衍東於其《小豆棚》中描述了鄭板橋在山東做縣令時與一個小皂隸的同性戀關係，恰能與前詩做些對應：「鄭素有餘桃癖。一日聽事，見階下一小皂隸執板遙立，帶紅牙帽，面白衣黑，頗覺動人，遂見愛嬖。有友戲問曰：『侮人者恒受侮於人。使其行反噬之謀，倒戈而相向焉，何以禦之？』鄭曰：『斯受之耳，亦未必其血流漂杵也。』其書室一聯最可笑，云：『詩酒圖書畫，銀錢屁股屎。』〔後鄭因故失官，當他去縣之日〕，止用驢子三頭。其一板橋自乘，其一馱兩書夾板，其一則小皂隸而孌童者，騎以前導。」〔註524〕

如此記述有些過於凸顯了鄭板橋喜好男色的一面，其實他是有妻有妾的，

〔註521〕《與夅青山人》，見《鄭板橋文集・書札》。
〔註522〕《鄭板橋文集・序跋碑記文》。
〔註523〕《鄭板橋全集・詩鈔》。
〔註524〕《小豆棚・卷十六・鄭板橋》。

好男的同時亦且好女。其《止足》詩寫道:「年過五十,得免孩埋。情怡慮淡,歲月方來。時時作畫,亂石秋苔。時時作詩,寫樂鳴哀。閨中少婦,好樂無猜。花下青童,慧黠適懷。」〔註525〕右擁少婦,左攬青童,鄭板橋生活得好不愜意悠然。

在揚州八怪中,錢塘金農也是聲名卓著的一位,他對同行鄭燮的男色之好也有反映:「興化鄭進士板橋,風流雅謔,極有書名。十年前予與先後遊廣陵,相親相洽,若鷗鷺之在汀渚也。又善畫竹,雨梢風籜,不學而能。廣陵故多明童,巧而黠,俟板橋所欲,每逢酒天花地間,各持研箋執扇,求其笑寫一竿。板橋不敢不應其索也。若少不稱陳蠻子、田順郎意,則更畫。醉墨漬污上襟袖,不惜也。」〔註526〕文中陳蠻子即南朝陳文帝的幸臣陳子高,田順郎乃唐代著名歌伶,二人在此是代指廣陵明童也即揚州歌童。性情高傲的鄭板橋對他們的求索卻是「不敢不應」,我們只能用「男色移人」來做解釋。

而其實,金農不但與鄭燮同行而且還是同好同志,二人的共同友人袁枚在《題冬心先生像》中寫道:「彼禿者翁,飛來淨域。畫之妙,可以上寫天尊;詩之清,可以聲裂孤竹。然而綺耦不仵,嶔崎歷落。好雄惡雌,污群潔獨。忽共雞談,忽歌狗曲。或養靈龜,或籠蟋蟀。識齊桓公之尊,畜童汪錡之僕」〔註527〕。(圖155)金農號冬心,他「好雄惡雌」,好男惡女,且蓄有「汪錡之僕」。汪錡是春秋時期魯國公子公為的一位「嬖僮」,在魯哀公十一年(前484)齊魯之間發生的一次戰鬥中,他倆同乘一輛戰車浴血拼殺,「皆死,皆殯」〔註528〕。因此,袁枚使用此典意在說明金農對其僕從也甚嬖愛,金氏曾經自記:

> 冬心先生出遊四十年,老且倦矣。四十年之中,渡揚子,過淮陰,歷齊魯燕趙而觀帝京。自帝京趨嵩洛,之晉、之秦、之粵、之閩,達彭蠡,遵鄂渚,泛衡湘、灑江間。車之輪、舟之楫,有時晏坐一室,泊如也。僮人從者或三四人、或六七人,各治其事。泓穎取資,抑何多焉。即煬灶析薪,抱甕汲水,久而忘其服勞之苦也。甬東朱龍善琢硯,新安張喜子界烏絲欄,會稽鄭小邑兒工鈔書,吳趨莊閏郎操縵能理琴曲,涇陽蔡春解歌新樂府。近來先生僻好畫竹,

〔註525〕《鄭板橋全集‧詩鈔》。
〔註526〕《冬心先生畫竹題記》。
〔註527〕《小倉山房詩集》卷二十八。
〔註528〕《左傳》哀公十一年。

長幅矮卷，日竟十數。蘭陵陳彭學畫竹，可亂先生真。嗚呼！人貴
乎自立耳，自立則其執役不為屈不為辱也。〔註529〕

　　金農的僕從不同一般，他們各有擅長，能夠輔助主人從事藝術活動。一主
數僕共同組成了一個創作、生活有機體，四處遨遊。而當夜深人靜、情起慾升
之際，主人的身邊是否會有俊僕侍寢？這其中需要特別指出的是陳彭，金農曾
經專門記曰：

傔人陳彭，冬心先生字曰幼籛，復字之曰八百，侍先生硯席百
二十朔晦矣。先生受二豎〔註530〕之攫三載，僕半散去，若風籜之解
也。彭獨留，藥鐺粥鍋，晨夜無怠。四方朋友皆謂戴逵已應災星，
孰知尚在人世。噫！其不好樗蒲簽錢之戲，又不愛珠犀金玉之貴，
而寶蘆中窮士之殘煤禿管，亦異已哉。〔註531〕

　　文中「朔晦」是指一個月，陳彭陪侍金農在十年以上，並且隨其學畫，幾
可亂真，二人關係既是主僕、又是師徒、恐怕還應是情伴。無怪時人張雲錦（號
鐵珊）詩讚曰：

畫船三度見同來，豈止蕭郎解愛才。
身似花枝心似鐵，天生小史伴于鬐。
翻覆交情比雨雲，彭郎難得日隨君。
青衣別向人傳酒，此語知他不肯聞。〔註532〕

當然，金農還曾自記：

上世慧業，文人奉佛者若何點、周顒之流。然未能斷葷血而節
情慾，當時故有周妻何肉之誚也。予自先室捐逝，潔身獨處。舊畜
一痤妾，又復遣去。今客遊廣陵，寄食僧廚，積歲清齋，日日以菜
羹作供，其中滋味亦覺不薄。寫經之暇，畫佛為事。七十衰翁，非
求福褆，但願享此太平，飽看江南諸寺門前山色耳。〔註533〕

　　據此，冬心先生有妻有妾。不過，他的兩位同志袁枚、鄭燮不也是如此
嗎？至於他晚年寄居僧舍，素食獨身，這更像是繁華閱盡後的散淡達觀。攜僕
出遊四十載，各樣情慾豈止嘗遍，怕是已經吃厭了。

〔註529〕《冬心先生畫竹題記》。
〔註530〕病魔。
〔註531〕《冬心先生畫竹題記》。
〔註532〕《雨村詩話》卷十三。
〔註533〕《冬心先生畫竹題記》。

　　袁枚、鄭燮、金農都生活於清代中期，對這一時期文人面貌刻畫最生動的當屬小說《儒林外史》，像書中名士杜慎卿的人物原型就是《外史》作者吳敬梓的堂兄吳檠，請見本書第303～304頁。吳敬梓字敏軒，雍正八年（1730）他30歲生日時吳檠曾經作有一首《為敏軒三十初度作》，內中寫道：

> 外患既平家日削，豪奴狎客相鉤探。
> 弟也跳蕩紈袴習，權衡什一百不諳。
> 一朝憤激謀作達，左驅史娴恣荒耽。
> 禿衿醉擁妖童臥，泥沙一擲金一擔。
> 老子於此興不淺，往往纏頭脫兩驂。
> 香詞唱滿吳兒口，旗亭法曲傳江潭。
> 以茲重困弟不悔，閉門嗟唶長醺酣。
> 國樂爭歌《康老子》，經過北里嘲顛憨。

　　詩中妖童、吳兒係為歌童、孌童，吳敬梓與彼等同臥起，可見他的性趣與袁枚等人相同。其表兄金兩銘所作和詩亦言：

> 邇來憤激恣豪侈，千金一擲買醉酣。
> 老伶小孌共臥起，放達不羈如癡憨。〔註534〕

　　並且，在雍正八年除夕，吳敬梓曾經賦詞《減字木蘭花》云：

> 昔年遊冶，淮水鍾山朝復夜。金盡床頭，壯士逢人面帶羞。　　王家曇首，伎識歌聲春載酒。白板橋西，贏得才名曲部知。〔註535〕

　　詞中「歌聲」、「曲部」均與妖童、吳兒有關，據此，吳敬梓年輕時曾經遊冶狎優，結果床頭金盡，而生活的困頓正是激發他創作《儒林外史》的主因之一。

三、社會各階層的男風

　　男風在清代社會存在於從上到下的所有階層，完全可以講是無孔不入。

（一）官僚、幕客

　　清代正途官員一般都是進士、翰林出身。翰林集中於北京，可想而知，他們男色活動的重點是對優伶的親狎比昵，這方面的情況第三章將會談到。甚至翰林之間也能結成斷袖之好，在《風流悟》第七回中，有一位少年山右玉，

〔註534〕《儒林外史人物本事考略》，第136、144頁。
〔註535〕《文木山房集》詞一。

「十五歲進了學，在學中考得起。又隔一科，中了進士，考庶吉士，做了少年翰林」。而與他同科的狀元李又明「夙有龍陽之好」，在瓊林宴上一見山氏，大吃一驚道：「世上有這等美男！」對他表現得相當親熱。第二天又盛情相邀，請到自己寓中賞花飲酒。「茶罷，遂拉山右玉到花前賞花，兩人說說笑笑。右玉愛又明是少年鼎甲，又明愛右玉是少年翰林，兩個漸漸相狎起來。始稱年翁，繼呼老李，謔浪笑傲，無所不至。又明遂將手勾了右玉親道：『我若得你這樣美人為妻，便牡丹花下死，做鬼也風流。』右玉也反手將又明一摟道：『我若得你這樣人為妻，願以金屋貯之。』兩人取笑了一回。」然後再進一步，兩人自然就成了契兄契弟。按《風流悟》終是小說，實際生活中可能的例子，《異辭錄》卷二記載傳言曰：「于晦若侍郎、文芸閣學士、梁星海京卿，少時至京，居同寓，臥同一土炕。人心與其面皆不相同，雖圓顱方趾而大小各別，三人冠履可以互易而無不合，人情無不妒。三人中惟學士如常，侍郎、京卿皆有暗疾，俗稱天閹，不能御女，然三人狎遊以恣學士一人之淫樂而無悔。及得交志伯愚將軍，蓋稱莫逆，將軍非惟嗜好與三人同，其暗疾亦同，可謂奇事。」于晦若、文芸閣、梁星海、志伯愚分別即于式枚、文廷式、梁鼎芬、志銳，其中，于、梁、志同為光緒六年進士，文廷式為光緒十六年探花。

官府衙門是嚴肅場合，而好色的官員卻會尋歡其中。在《蜃樓志》第一回，粵海關監督赫某一日「在小妾房內吃燒酒、嘗鮮荔枝。吃得高興，狂蕩了一會，踱至西書廳，任鼎走上遞茶。老赫見這孩子是杭州人，年方十四，生得很標緻，叫他把門掩了，登榻捶腿。這孩子捏著美人拳，蹲在榻上一輕一重的捶。老赫酒興正濃，厥物陡起，叫他把衣服脫下。這任鼎明曉得要此道了，心上卻很巴結，掩著口笑道：『小的不敢。』老赫道：『使得。』將他紗褲扯下，叫他掉轉身子。這任鼎咬緊牙關，任其舞弄。弄畢下榻，一聲「啊呀！」幾乎跌倒，哀告道：「裏面已經裂開，疼得要死。」老赫笑道：「不妨，一會就好了。」任鼎扶著桌子站了一站，方去開門拿洋攢鍍金銅盆。走下廊簷，眾人都對他扮鬼臉，這孩子滿面紅暈」。（圖 156）「眾人」指赫某的跟班，他們當時「坐的、立的，都在門外伺候」。這樣不避人耳目，赫某也太無所顧忌了一些。

如果官僚喜好男風，這難免要對他們的政事發生影響。很明顯的一點，男寵可能會被另眼看待，得到特別的照顧或提拔。而就像國君的嬖臣一樣，這些男寵中多有素質平庸低劣者，他們的存在必定會污染政風。（圖 157）《二十年目睹之怪現狀》第八十二回曾寫福建巡撫侯中丞一次見一個小學徒「生得眉

清目秀，唇紅齒白，不覺動了憐惜之心」。就「把他留在身邊伺候，坐下時叫他裝煙，躺下時叫他捶腿。一邊是福建人的慣家，一邊是北直人的風尚，其中的事情，就有許多不堪聞問的了，兩個的恩愛日益加深」。侯中丞手握一省的權柄，自然能把對小學徒的恩愛落實為實際的恩惠：「便藉端代他開了個保舉，弄了一個外委把總。侯中丞把他派了轄下一個武巡捕的差使，在福建著實弄了幾文。後來侯中丞調任廣東，帶了他去，又委他署了一任西關千總，因此更發了財。前兩年升了兩湖總督，仍然把他奏調過來。他一連幾年，連捐帶保的，弄到了一個總兵。」〔註 536〕從學徒到總兵，身份變得好不快速奇異，並且官升得越大，財也發得越多，只是談不上光彩而已。（圖 158）在蔣芷儕《都門識小錄》中，相類人物被稱為「肉紅」：「昨飲於上林春，言及近日員外郎之有別才者，皆戴紅頂。名器之濫，莫此為甚。有客笑曰：『此中卻有分別。』余曰：『不過一二品之間耳。』客曰：『非也，乃紅色名稱之分別。賄保及捐得者名銀紅，誣盜殺民者名血紅，循資格而得者名老紅。』余賞其名稱之層出不窮，戲問曰：『近有充大帥孌童而得者，當名何紅？』客半晌躍然曰：『此可名之為肉紅。』」（圖 159）

　　另外還有為男色而疏瀆本職的情況。《螢窗異草》載：「河南某邑宰，素有龍陽之癖，門役侍從，多擇美少年，內署經旬不入，人多病之。辛巳歲，奉憲檄飭委，巡視河堤，凡有餘桃愛者，無不攜以隨行。日惟學魏公子，多飲醇酒，但不近婦人而比頑童。堤之潰與不潰，工之堅與不堅，弗問也。」〔註 537〕

　　再有，比及頑童尤其是征逐於優伶之中需要花費許多錢財，色官僅依俸祿會時時感到捉襟見肘。如果因男色之慾而去貪污公財，侵漁百姓，這倒是吏治敗壞的一種很有特點的表現。

　　在官吏與男寵的同性戀關係中，時常一方是為了享受，一方是為了受惠，相互之間互為所用，顯示出一種實用主義的目的性。不過，帶有感情的斷袖之好也並非不能存在。《見聞錄》載：「一士夫位已顯矣，不近女色，專幸狡童。

〔註 536〕侯中丞是在影射晚清重臣張之洞。張係直隸南皮人，以同治二年（1863）探花而歷官山西巡撫、兩廣總督、湖廣總督，卒於軍機大臣任上。侯中丞的升遷履歷與張之洞相似，並且侯、猴同音，猴者美猴王，水簾洞中之靈物也，故而「之洞」。而學徒出身的侯虎則是在影射山西榆次人張彪。彪字虎臣，受到張之洞賞識，官至松藩總兵、湖北提督。按：上面的同性戀情節為影響之談，可信度不高。

〔註 537〕《螢窗異草・二編卷四・子都》。

有最寵者病，親侍湯藥，衣不解帶。及僮病不起，誓不再近男女。僮猶未之信，解所佩刀割其勢，為家人所持，不果。」〔註538〕《埋憂集》載：「沈某者，嘗遊幕，以刑名致富千金，援例分發東河縣丞。一童素以少俊得幸，後以恃寵忤意斥出。童銜恨，倩人求復入服役，某許之。遂入，長跪謝罪，某視其婉媚可憐，摟入懷中。童故與繾綣，索其舌齧得其半，某昏絕於地。童出至署外，聲言某官欲行強姦，己不勝忿，故齧其舌。遂赴黃河死。」〔註539〕此童所為，頗有些情急而恨的樣子。

有官必有幕，幕即幕僚、幕賓也即平常所說的師爺。他們是本官的屬員，負責處理刑名、錢穀、書啟等方面的事務。由於職業關係，遊幕的師爺們時常是把家眷留在本鄉，而自己去獨身謀食。孤寂既然長隨，就要尋找排遣之道。

《品花寶鑒》裏，劣幕姬亮軒把一個剃頭徒弟巴英官收做跟班，「日間是主僕稱呼，晚間為妻妾侍奉」。他曾對人講英官具有驢子和小妾的兩樣功能，原因是：「我今只用他一個跟班，譬如你住西城，我住南城，若有話商量，我必要從城根下騎了驢子過來。有了他，便寫一信叫他送來了，便代了步，不算驢子麼？我們作客（做幕僚、幕客）的人，日裏各處散散，也挨過去了。晚間一人獨宿，實在冷落得很，有了他，也可談談講講，作了伴兒。到急的時候，還可以救救急，不可以算得小妾麼？」姬亮軒還曾將同性戀和異性戀相比：「原是各有好處，但人人常說男便於女。」理由：「這件事只可意會，難以言傳。況我們作客的，又不能到處帶著家眷，有了他還好似家眷。」〔註540〕姬之所言看似輕鬆，但其中無可奈何的心情實是流露得很清楚的。

袁枚、錢泳等人的記載反映了同性戀在幕客中的流行情況。

袁枚記：「徐公名振甲，初宰句容。後徐調任清河。赴省，過余，留飲。語余曰：『余幕中諸友多有外癖，家人輩有拂其寵僮之意者，幕友即欲辭去。以此小事，甚費周旋，以致此風大熾。署中諸犬傚之，兩雄相偶，豈非絕倒？』」〔註541〕

錢泳記：「畢秋帆（畢沅，號秋帆）先生為陝西巡撫，幕中賓客大半有斷袖之癖。入其室者，美麗盈前，笙歌既葉，歡情亦暢。一日，先生忽語云：『快

〔註538〕《見聞錄・男寵》。
〔註539〕《埋憂集・卷十・剪舌》。
〔註540〕《品花寶鑒》第二十三回。
〔註541〕《子不語・續卷六・徐明府幕中二事》。

傳中軍參將，要鳥槍兵、弓箭手各五百名進署伺候。』或問何為？曰：『將署中所有兔子（指幕賓的男寵）俱打出去。』滿座有笑者，有不敢笑者。時嘉定曹習庵（名仁虎）學士為關中書院山長，與先生為親戚，常居署中。先生偶於清晨詣其室，學士正酣臥，尚未開門也。見門上貼一聯云：『仁虎新居地，祥麟〔註542〕舊戰場。』先生笑曰：『此必錢獻之所為也。』後先生移鎮河南，幕客之好如故，先生又作此語。余適在座中，正色謂先生曰：『不可打也。』問何故？曰：『此處本是梁孝王兔園〔註543〕。』先生復大笑。」〔註544〕

曾官陝西巡撫、河南巡撫的畢沅是清代著名學者，向以好士著稱，曾經廣攬時彥做幕賓，在一起從事學術活動。因此，畢沅幕府的層次極高，已經超越一般事務性的官幕而像是一個學術研究機構，名幕包括孫星衍、洪亮吉、錢大昕、邵晉涵、嚴長明、汪中、錢坫等。這些學者均屬乾嘉學派，在群經、史地、諸子、詩文、經濟等方面各有所長。其中有人癖好斷袖，想必已把先儒「大德不逾閒，小德出入可也」〔註545〕這句話鑽研得很是透徹，甚或在有的人看來，斷袖之好連小德之玷都算不上的。

1. 孫星衍

孫星衍，字淵如，又字季逑，江蘇陽湖人。（圖160）他在做畢沅幕客時喜愛優伶郭芍藥，洪亮吉《北江詩話》卷四曾載：「孫君星衍工六書篆籀之學，為詩亦足絕人，然性情甚僻。其客陝西巡撫畢公使署也，嘗眷一伶郭芍藥者。固留之宿，至夜半，伶忽啼泣求歸。時戟轅已鎖，孫不得已，接長梯百尺，自高垣度過之。為邏者所獲，白於節使。節使詢知其故，急命釋之，若惟恐孫之知也。」

2. 洪亮吉

洪亮吉，字稚存，號北江，江蘇陽湖人。（圖161）他與同里孫星衍特相友善，曾經敘寫孫與郭郎之情事。就自身而言，他與侍僕窺園的關係似乎超過了平常，見《更生齋詩餘》卷二、《卷施閣詩》卷第十一。

3. 錢坫

錢坫，字獻之，號十蘭，上海嘉定人。（圖162）在《秦雲擷英小譜》中，

〔註542〕見本書第557頁。
〔註543〕即漢文帝之子梁孝王劉武所築之東苑，故址在今河南商丘。錢泳是在借兔園之典來喻謂畢沅撫署中多男色之徒。
〔註544〕《履園叢話·卷二十一·打兔子》。
〔註545〕《論語·子張》，子夏之言。

他曾為秦伶銀花作傳。見其演劇時「舉止嫻雅」，遂「意賞之」。

4. 曹仁虎

曹仁虎，字來殷，號習庵，上海嘉定人。（圖 163）他曾自記與秦伶三壽的交往，謂：「三壽每至余齋，依依不捨去。捧書拂紙，執役如僮僕狀。偶酬以金，輒辭。問所欲，則曰：『吾習為伶，實非願也。可脫吾於苦海者，惟主人耳。倘蒙主人恩許，相隨至京，雖死無憾。』言已，淚涔然下，余婉言慰之。自是每相見，必以此要余。余萍蹤偶寄，行且俶裝歸，而三壽方以色藝稱於時，余自度力不足以致。三壽恐終虛其願，而又不欲沒其意也，為記其實如此。戊戌端午節後三日，寓西安使署之靜寄園書。」〔註546〕

曹氏《戊戌春分後三日席上贈張郎南如四首》寫道：

> 小撥秦箏促繡茵，燭光香氣最撩人。
>
> 青門二月花如錦，一樹夭桃壓眾春。
>
> 垂手亭亭試舞裳，畫屏清夜合絲簧。
>
> 風前齲齒宜名壽，抵得梁家巧樣妝。
>
> 氍毹交映蠟燈紅，宛轉雛鶯語未終。
>
> 璧月光中瓊樹好，華麗合住廣寒宮。
>
> 隔座回眸送酒卮，玉驄欲去故遲遲。
>
> 莫言夏統心如石，腦亂柔腸薄醉時。〔註547〕

按：據《秦雲擷英小譜》，三壽為張姓養子，因此很可能即是張南如。

按錢泳所記，畢沅衙署儼似一個兔窩。清末王璿卿也寫有一個，並且更是離奇：「這位瑞方伯〔註548〕鬧得一衙門的兔子，好似開兔子會一般。除去稿門解大、解二，號房黃胖子，錢穀潘靜齋這幾隻彰彰在人耳目的有名兔子不計外，還有許多時來時去，捉摸不定的。最奇的是大兔子名下還收了好些小兔子，名為傳藝，小兔子稱呼大兔子名曰先生，或曰乾爺。」潘靜齋等既是瑞某的幕賓、長隨又是他的男寵，「要不為想影射在他名下弄錢，怕叫老瑞反轉身送與開心，還怕嫌他年紀老，有鬍鬚搠嘴呢」。可就是為了錢，他們竟「甘心拿著父母遺體來奉敬」〔註549〕。既然辦事已經辦到了床頭，如此鞠躬盡瘁的

〔註546〕 《秦雲擷英小譜》。
〔註547〕 《曹學士遺集·卷十三·秦中草》。
〔註548〕 清代的布政使亦稱方伯，布政使在督撫之下負責一省的人事、財政。
〔註549〕 《冷眼觀》第五回。

賓客能不討得主人的歡心？

以讚美態度記述幕賓男風的，徐忠《琴書傳》描寫了做客淮南的章子與其僕從琴書的同性戀交誼：

> 琴書姓吳氏，本名士賢，淮陰人。少失恃，父老而窮，傭於人。士賢寄食於舅氏，舅亦生計拙，薪水不能支，士賢乃擇主覓食。適章子客淮南郡守署，購小奚給使令。有介紹士賢來者，章子一見悅焉。士賢貌不逮中人，顧恂恂然如不勝衣，問之語，羞澀殊可憐。髮多而長，體雖癯，膚足掩骨，善作態。章子默然喜曰：「吾寂處，此一物足消我憂矣。」問其年，甫弱冠；問其值，歲四金。章子勉力許之，更名曰琴書。琴書在儕伍中少而柔，群思染指焉。以言挑之，佯不解，終不答。不逞者思強魚肉之，輒擊手而去。主人微伺焉，謂其介，未敢犯，恐遭投梭拒為恥。追隨數月矣，同起居一室中，惟心憐之，恒為之下帷覆被，以將其愛。琴書防外侮，自扞甚嚴，雖暑夜不解褌而寢。一夕月色入櫺，光照四壁。琴書褰帷熟睡，體與月映，玉潤瑩然。章子自外入，見之不勝情，微撫之。琴書自夢中驚躍，章即抱持之，接以唇，咿咿有聲。琴書正色曰：「相公何為者？請自重，無為旁人窺。琴書何足惜，得不為相公聲名累乎？」章子跽而請曰：「自子來，吾即有心憐子久矣。今發乎情，子忍漠然相抑耶？」曰：「相公起，人非草木，豈竟無知。自某侍左右，相公未嘗以疾言遽色加我。豈真我善事主人，不遭譴責哉？特相公姑息含容之耳。且某有時無禮，語不遜，相公若不聞。平日加惠於琴書者甚渥，相公家某稔知素貧，書記之祿又薄，日用費尋常雖一錢不輕使，顧琴書有所請，必勉強以徇。匪獨相公念琴書，琴書亦為相公心死矣，思有以報主恩而未得當也。卑賤陋惡之軀，胡足酬德，寧敢自惜？特恐為相公累耳。」章子曰：「子真可兒哉！聆子言，兩情默契足矣。第此中怦怦動，何以慰我調饑耶？」琴書低頭不語，主人抱而接之。從此寢處在一榻，其所以固結主心曲盡綢繆者，章子不忍言，余亦不得而知也。無何章子之妻死，踉蹌奔喪歸，勢有不可挈以偕行者。因與約一月為期，給之費。時郡守方入覲就銓部候別補，瓜時尚有待。琴書計曰：「相公待不來矣，而琴書之父若舅，又皆不能存。」琴書不獲已，委身商家。商故大猾，以貲自雄。驅

策追隨，日不暇給。未幾章至，聞琴書別有主，神魂黯然，寢食交廢。或解之，章曰：「吾素知琴書此不得已而去，我負若，若不我負也。」日造新主所訪之，不遇。遇諸途，主人在焉，不得交一語。章遣人致殷勤，琴書淒然對使者曰：「君為我好語相公，相公不言，某寧置之。且主人枉駕臨我，我反不一顧，天下有此禮乎？我所不得去者，迫於威也，吾必以計出。某日請無他適以待我，此一刻千金時也。」屆期果至，耳目眾，難深言。相率往蕭寺中敘契闊，章子贈以貂領一，手記二，佩悅之屬種種。曰：「吾今與子已矣，惟締來世緣耳。睹此領與手記，庶幾念吾交頸攜手時乎？善事後人，從此永訣。」琴書嗚咽不能言，旋自解其髮，且解且泣，遂拔所佩刀截一縷以贈。曰：「平素相公愛吾髮，今無以為別，惟此為父母遺，聊表吾意。相公請自寬，某此心惟天可表，雖海枯石爛必不相負。倘得機緣，寸札相招，我立至。睹物思人，永訂後期。」言訖淚如雨下。古人云：「一聲何滿子，雙淚落君前。」誰謂男子之情異乎？章子歸而惆悵失次者無虛日。蓋始而戀戀，中而皇皇，終而惓惓。恒託之歌詠以見志，每一篇之中三致意焉。〔註550〕

（二）士人、塾師

作為四民之首，士人在清代具有優越的社會地位。從童生、秀才到舉人、進士，再到由舉人進士而出的各級官吏都是屬於士的範圍。官吏中的同性戀現象剛剛談過，緊接著自然應當考察作為他們來源的秀才之類的同性戀。首先，很明顯的，清代社會總體上對同性戀是持反對的態度。因此，雖然具體記載當中不乏對耽迷於男風的書生的反映，可從整體而言，他們中的多數卻不會如此。時人曾有一比喻：「譬如美女佳人，只好貯之金屋，謂之房稿可也；變童可兒正好隨我四方，謂之行卷可也。如今做秀才的人，那有只讀房稿，不讀行卷之理？」〔註551〕這段話有過甚之處，從中雖可得出書生們的同性戀活動並非鮮見的結論，但如果由此認為同性戀在他們的私人生活中是和異性戀同樣地重要，這就有些過高看視同性戀的流行程度了。

當然，對於以孌子變童為性命的特定士人而言，他們確是變好「行卷」的，甚或還會因重行卷而薄「房稿」。《儒林外史》中的江南才子杜慎卿就是這

〔註550〕《文章遊戲》初編卷之一。
〔註551〕岐山左臣：《女開科傳》第五回。

樣的一位文學人物，他曾對人感歎：「難道人情只有男女麼？朋友之情，更勝
於男女！你不看別的，只說鄂君繡被的故事，據小弟看來，千古只有一個漢哀
帝要禪天下與董賢，這個獨得情之正。便堯舜揖讓，也不過如此，可惜無人能
解。」還講：「這事要相遇於心腹之間，相感於形骸之外，方是天下第一等人。
天下終無此一人，老天就肯辜負我萬斛愁腸，一身俠骨！」說畢，竟還掉下了
淚來。〔註552〕文人自有文人的特點，他們內心感受比較地細緻，行為舉止比
較地雅致，表現在同性戀問題上，就是能使同性戀活動較多地具有情的因素，
顯得並不那麼肉慾和俚俗。（圖 164）杜慎卿說得漂亮，前面曾經提到的嚴駿
生秀才則是寫得動情，他「遊廣陵，遇計五官者，風貌儒雅，慕嚴不已，竟得
交歡盡意焉」。不久，兩人分離，嚴作詞相贈，語句之間充滿離愁別緒，就像
是在寫給一位紅顏知己：「花落鳥啼日暮，悲流水西東。悔從前意摯情濃。問
東君仙境許儂通？為底事玉洞桃花，才開三夕，偏遇東風。最堪憐，任有遊絲
十丈，留不住飛紅。　　春去也，五更鐘。隔雲煙，十二巫峰。恨春波一色搖
綠，曲江頭明日掛孤篷。偏逢著杜宇啼時，將離花放，人去帷空。斷腸處，灑
盡相思紅淚，明月二分中。」〔註553〕

　　像嚴駿生和計五官這樣的同性戀，其表現和異性戀幾乎在感情上就沒有
什麼區別。《觚賸》所載吳生—姜郎事亦是，並且，吳—姜之交還帶有一些神
異的色彩。「玉峰姜郎繡者，性柔姿媚，宛然金閨質也。踏青之暇，雅憩山亭。
偶歌《步步塵》一闋，珠聲圓於鶯囀。吳生始至，悅其佳唱，橫笛和之。繡凝
睇良久，意愜神投。吳攜歸締盟，密逾伉儷。」然而變故突至：「時有十八公，
風流榮達，心傾於繡，婉轉至之門下。然繡情終屬吳生，雖飼以重寶，配以名
姬，非所好也。十八公晉秩北上，偕繡以行。吳生追送湖干，僅於簫鼓官船，
黯焉自別。長慟而返，幾不欲生。」於是，吳「日責其婦揣稱玉趾，制雲蘭之
履十雙，復買乾脿十瓶，綑攜縕負，徒步入都。露餐風寐者三十餘日，始達十
八公之第。而朱閣海深，難成良覿。遂手提臥具，夜宿其門」。吳生如此執著，
姜郎呢？「繡聞之，輒為向隅飲泣。十八公廉知其狀，憤憐交至，乃褫繡之服，
裸而坐之於石，責其忘尊憶賤，忽貴懷貧。繡嘿無一言，嬌啼而已。維時紅日
垂簷，纖肌雪耀，轉側低徊，益增妍豔。十八公翻然心動，隨以繡襦覆體，許
其與吳生一見。」這樣一來，「乃有都下婉孌之徒，欽茲情種。蓬池月鹿，以

〔註552〕《儒林外史》第三十回。
〔註553〕《隨園詩話》補遺卷九。

青狐之裘至；柏府雲鷗，以紫貂之冠至；韋曲燭奴，以雙鴛之被至；杜陵琴客，以五花之茵至。或輸錢而儌華屋，或秩俎而進豐肴。韶顏環坐，玉映四筵。既而銀蟾入戶，角枕燦陳，群髫畢退，二美相攜。迨於春明鐘動，忽失所在，莫知所之矣」〔註554〕。

更有甚者，真誠相悅的文士還能感動一方，死後能夠成為受到鄉人祭祀的神靈。雍正年間，廣西桂林的蔡秀才「年少美風姿，春日戲場觀戲，覺旁有摩其臀者，大怒，將罵而毆之。回面則其人亦少年，貌更美於己，意乃釋然。其人喜出意外，重整衣冠，向前揖道姓名，亦桂林富家子，讀書而未入泮者也。兩人遂攜手行，赴杏花村館燕飲盟誓。此後，出必同車，坐必同席，彼此熏香剃面，小袖窄襟，不知烏之雌雄也。城中惡棍王禿兒伺於無人之處，將強姦焉。二人不可，遂殺之，橫屍城角之陰。兩家父母報官相驗，捕役見禿兒衣上有血，擒而訊之，吐情伏法。兩少年者，平時恂恂，文理通順，邑人憐之，為立廟，每祀必供杏花一枝，號雙花廟。偶有祈禱，無不立應，因之香火頗盈」〔註555〕。

正因為有同性戀士子的存在，難免就會有對這類人物的勸誡。有的勸誡具有普遍意義，也可適用於其他類型的社會成員。《閱微草堂筆記》卷三載某書生嬖某孌童，孌童死，書生哀若喪婦，惘惘成心疾。這時，一位老僧勸他道：「邪念糾結，如草生根。當如物在孔中，出之以楔，楔滿孔，則物自出。爾當思惟，此童歿後，其身漸至僵冷，漸至洪脹，漸至臭穢，漸至腐潰，漸至屍蟲蠕動，漸至臟腑碎裂，血肉狼藉，作種種色。其面目漸至變貌，漸至變色，漸至變相如羅剎，則恐怖之念生矣；再思惟，此童如在，日長一日，漸至壯偉，無復媚態。漸至兩鬢如霜，漸至頭童齒豁，漸至傴僂勞嗽，涕淚涎沫，穢不可近，則厭棄之念生矣；再思惟，此童先死，故我念彼。倘我先死，彼貌姣好，定有人誘，利餌勢脅，彼未必守貞如寡女。一旦引去，薦彼枕席，我在生時對我種種淫語，種種淫態，俱回向是人，恣其娛樂。從前種種昵愛，如浮雲散滅，都無餘滓，則憤恚之念生矣；再思惟，此童如在，或恃寵跋扈，使我不堪，偶相觸忤，反面詬誶。或我財不贍，不屬所求，頓生異心，形色索漠。或彼見富貴，棄我他往，與我相遇如陌路人，則怨恨之念生矣。以是諸念起伏生滅於心中，則心無餘閒。心無餘閒，則一切愛根慾根，無處容著，一切魔障，不袪自

〔註554〕《觚賸・卷四・姜郎》。
〔註555〕《子不語・卷二十三・雙花廟》。

退矣。」書生如所教，病競漸愈。

這位老僧從四個方面進行分析，層層剖白，可謂用心良苦。在此過程當中，他很像是在充當類似於現代心理醫生的角色。至於其分析是否合理，是否真能有實際效果，心理醫生們不難加以判定，即便常人也不難得出自己的結論。

還有的勸誡則直接考慮到書生的特點，具有一定的針對性。（圖 165）曾有假託呂祖（呂純陽）所作的一篇戒淫文指出：「儒者持躬，廉恥是尚。士人勵志，正直為先。謹名節而惜身家，淫邪悉屏；從匪彝而圖逸樂，嗜慾潛滋。躑足迷途，歎窮年其莫返；沉身苦海，悲濁浪之難平。若非舌吐青蓮，怎得心開明鏡？⋯⋯別有孌童飾貌，美少含情，舉動可人，語言解事。捧金樽而送目，魂消樺燭之前；敲檀板以寄聲，腸斷梨園之曲。最憶食桃兮分愛，還愁拂袖兮驚眠。無如男女倫乖，名非佳偶；畢竟陰陽理背，氣絕生機。醜矣！夫定爾婁豬，恐閨闈中亦知好色。戒之哉！請公入甕，想郎君輩也屬青年。苟明天道之好還，宜惕人心之易動。」〔註556〕

《夜譚隨錄》中記有一個奇異的故事：乾隆丙子年，廣東許生去北京應試。途宿旅舍，因故與一白面少年同榻。他「見少年姣好，深慕之。既抵足，肌膚滑膩如脂，試握其足，不動，拊其髀，又不動。不禁心大蕩，欲以龍陽君待之」。怎知少年乃一血性俠士，發覺許某所為後大怒，以神技將許的眉毛連根削去，並憤言苟非室有他人，「蠻崽尚得活耶？」後來許至京師，由於前愆在身，故未能考中進士，「下第，肄業成均，尋病卒」〔註557〕。許生因男色之欲而獲受的報懲不可謂不重，其實非但男色，在涉及異性戀的說戒中，士人好女色的結果也常常會是應試不第。學而不優，士而難仕，這是最讓他們失望的事情了。

《紅樓夢》第九回對賈府學塾曾作詳細描寫，那裏竟是一個男風充斥的世界。（1）紈絝公子薛蟠很容易地就把塾中幾個小學生收買成了契弟。（2）賈寶玉、秦鍾和香憐、玉愛的關係讓其他同學起疑。（3）塾生金榮公開在課堂上講論男風。（4）塾師賈代儒之子、時常代管塾務的賈瑞對學生中結交契兄契弟的活動不但不去管約反而還加以縱容：

原來這學中雖都是本族人丁與親戚的子弟，俗語說的好：「一龍

〔註556〕《戒淫文輯證·呂祖諭士子戒淫文》。
〔註557〕《夜譚隨錄·卷之二·劉鍛工》。

生九種，種種各別。」未免人多了，就有龍蛇混雜，下流人物在內。自寶、秦二人來了，都生的花朵兒一般的模樣，又見秦鍾腼腆溫柔，未語面先紅，怯怯羞羞，有女兒之風；寶玉又是天生成慣能作小服低，賠身下氣，情性體貼，話語綿纏。因此二人更加親厚，也怨不得那起同窗人起了疑，背地裏你言我語，詬誶謠諑，布滿書房。

原來薛蟠自來王夫人處住後，便知有一家學，學中廣有青年子弟，不免偶動了龍陽之興，因此也假來上學讀書，不過是三日打魚，兩日曬網，白送些束脩禮物與賈代儒，卻不曾有一些兒進益，只圖結交些契弟。誰想這學內就有好幾個小學生，圖了薛蟠的銀錢吃穿，被他哄上手的，也不消多記。更又有兩個多情的小學生，亦不知是那一房的親眷，亦未考其名姓，只因生得嫵媚風流，滿學中都送了他兩個外號，一號「香憐」，一號「玉愛」。雖都有竊慕之意，將不利於孺子之心，只是都懼薛蟠的威勢，不敢來沾惹。如今寶、秦二人一來，見了他兩個，也不免繾綣羨慕，亦因知係薛蟠相知，故未敢輕舉妄動。香、玉二人心中，也一般的留情與寶、秦。因此四人心中雖有情意，只未發跡。每日一入學中，四處各坐，卻八目勾留，或設言託意，或詠桑寓柳，遙以心照，卻外面自為避人眼目。不意偏又有幾個滑賊看出形景來，都背後擠眉弄眼，或咳嗽揚聲，這也非止一日。

可巧這日代儒有事，早已回家去了，只留下一句七言對聯，命學生對，明日再來上書；將學中之事，又命賈瑞暫且管理。妙在薛蟠如今不大來學中應卯了，因此秦鍾趁此和香憐擠眉弄眼，遞暗號兒。二人假裝出小恭，走至後院〔註558〕說梯己話。秦鍾先問他：「家裏的大人可管你交朋友不管？」一語未了，只聽背後咳嗽了一聲。二人唬的忙回頭看時，原來是窗友名金榮者。香憐有些性急，羞怒相激，問他道：「你咳嗽什麼？難道不許我兩個說話不成？」金榮笑道：「許你們說話，難道不許我咳嗽不成？我只問你們：有話不明說，許你們這樣鬼鬼祟祟的幹什麼故事？我可也拿住了，還賴什麼！先得讓我抽個頭兒，咱們不言語一聲兒，不然就大家奮起來。」秦、香二人急的飛紅的臉，便問道：「你拿住什麼了？」金榮笑道：「我

〔註558〕可以讓人聯想到後庭、肛交。

現拿住了是真的。」說著，又拍著手笑嚷道：「貼的好燒餅！你們都不買一個吃去？」秦鍾、香憐二人又氣又急，忙進去向賈瑞前告金榮，說金榮無故欺負他兩個。

原來這賈瑞最是個圖便宜沒行止的人，每在學中以公報私，勒索子弟們請他；後又附助著薛蟠圖些銀錢酒肉，一任薛蟠橫行霸道，他不但不去管約，反助紂為虐討好兒。偏那薛蟠本是浮萍心性，今日愛東，明日愛西，近來又有了新朋友，把香、玉二人又丟開一邊。就連金榮亦是當日的好朋友，自有了香、玉二人，便棄了金榮。近日連香、玉亦已見棄。故賈瑞也無了提攜幫襯之人，不說薛蟠得新棄舊，只怨香、玉二人不在薛蟠前提攜幫補他。因此賈瑞、金榮等一干人，也正在醋妒他兩個。今見秦、香二人來告金榮，賈瑞心中便更不自在起來，雖不好呵叱秦鍾，卻拿著香憐做法，反說他多事，著實搶白了幾句。香憐反討了沒趣，連秦鍾也訕訕的各歸坐位去了。金榮越發得了意，搖頭咂嘴的，口內還說許多閒話。玉愛偏又聽了不忿，兩個人隔座咕咕唧唧的角起口來。金榮只一口咬定說：「方才明明的撞見他兩個在後院子裏親嘴摸屁股，一對一肏，撅草根兒抽長短，誰長誰先幹。」

《紅樓夢》中的這個私塾雖屬文學虛構但卻很具有實際的參考價值。在那裏，學生們對於同性戀是完全不覺陌生的，有人甚至已經開始在親身實踐。由此可見同性戀在教育士人的場所的流行情況，當時社會上許多實際的學塾大致應也是如此。

作為蒙童的教導者，塾師本身同樣是書生。這類人就像幕客一樣，因職業關係經常只能是獨自在外設帳謀食，身邊難有家眷陪伴，所以經常地也會比較孤獨。有詩歎道：

> 淒涼最怕是黃昏，舉目無親欲斷魂。
> 蛾戀殘膏頻撲火，狗貪遺骨亂爬門。
> 羈來略似牛穿鼻，悶絕真同虱處褌。
> 細算不如橫立好，窮通貧富且休論。
>
> 臥房裝點不成腔，掛帳銅鉤少一雙。
> 壁腳長工開地鋪，床前明月漏天窗。
> 便壺隔夜尿猶在，破絮多年冷不降。

　　　　到底在家貧亦好，荆妻相對話銀缸。

　　　　有鰥在館更無聊，倚枕憑誰話寂寥。

　　　　油透竹篆高掛壁，尿臊猶在冷還潮。

　　　　臭蟲咬處疤生頸，蚤虱叮來塊滿腰。

　　　　輾轉之餘添反側，《關雎》默誦度長宵。〔註559〕

　　在這樣的一種情形之下，有的塾師便會把他們焦渴的目光投到自己學生的身上，再無師道的規矩。四川瀘州有一廩生戴平湖，他「為人殘刻，不端品行，學問至深，刀筆尤利，專愛武斷唆訟，兼之最好男風。家貧，教學糊口。若那家子弟俊秀，他即挾勢哄騙而姦之」。結果，「師不正，徒亂行。其徒亦效而為之，每在書房，以大奸小，以強淫弱。他並不經管，即明知之亦不打罵。遂將孔孟之堂，變成豬牛之圈矣」〔註560〕。（圖166）這裡的學生對塾師所為是持接受的態度，並未感覺受到了傷害。而《子不語》所寫的則不然，該書曾通過常熟一位應試秀才程某之口講道：「我年未三十時，館某搢紳家。弟子四人，皆主人之子侄也。有柳生者，年十九，貌美，余心慕，欲私之不得其間。適清明節諸生俱歸家掃墓，惟柳生與余相對。余挑以詩曰：『繡被憑誰寢，相逢自有因。亭亭臨玉樹，可許鳳棲身？』柳見之臉紅，團而嚼之。余以為可動矣，遂強以酒，俟其醉而私焉。五更，柳醒，知己被污，大慟。余勸慰之，沉沉睡去。天明，則柳已縊死床上矣。」〔註561〕程某對他學生的戕害是顯而易見的。即便如戴平湖，雖然生徒年少，不以他們與老師的關係為恥，但在社會許多人看來，這樣的塾師卻是在人為地戕赤子之天真，必將難逃其罪。程、戴的結局分別是：前者未能考成舉人；後者子孫斷絕，自身被閹，官批曰：「戴平湖嗜好男風，實衣冠之禽獸；姦污徒弟，真名教之罪人。萬死猶有餘辜，斷嗣難盡其責。」

　　下面兩則故事也都涉及到塾師，事情本身並不常見，但都具有一些戲劇性，觀之可發一笑，同時也值得做些思考。

　　袁枚在其《子不語》中曾記：

　　　　柴東升先生搭夜航船往吳興，船中老少十五人，船小客多，不
　　　　免挨擠而臥。半夜忽聞一陝西聲口者大罵：「小子無禮！」擒一人，

〔註559〕《捧腹集·蒙師歎》。

〔註560〕《躋春臺·卷二·六指頭》。

〔註561〕《子不語·續卷六·常熟程生》。

痛毆之，喊叫：「我今年五十八歲了，從未幹這營生。今被汝乘我睡熟，將陽物插入我穀道中，我受痛驚醒。傷我父母遺體，死見不得祖宗！諸公不信，請看我兩臀上他擦上唾沫尚淋漓未乾。」被毆者寂無一語。柴與諸客一齊打火起坐，為之勸解。見一少年，羞慚滿面，被老翁拳傷其鼻，血流滿艙。柴問：「翁何業？」曰：「我陝西同州人，訓蒙為業。一生講理學，行袠了凡功過格，從不起一點淫慾之念。如何受此辠報！」柴先生笑曰：「翁行功過格，能濟人之急，亦一功也。若竟毆殺此人，則過大矣。我等押無禮人為翁叩頭服罪，並各出錢二百買酒肉祀水神為翁懺悔。何如？」翁首肯之，始將少年釋放。天明諸客聚笑勸飲，老翁高坐大啖，被毆者低頭不飲。別有一少年笑吃吃不休，裝束類戲班小旦，眾方知彼所約夜間行歡者，乃此人也。〔註 562〕

宣鼎在其《夜雨秋燈錄》中曾記：

昔有某甲，以訓蒙為業，而能媚居停主人，人多邀之。主人婢頗麗，頻承命送茶湯果餌於甲。甲豔之，每見婢至，必蹻足拈髭，癡笑吟哦曰：「春色惱人眠不得。」婢不解，然厭其頻煩，潛告於主人曰：「西賓可笑，詩究云何解？」曰：「爾莫問究竟，若渠再如是，汝第對云：月移花影上闌干。」翌午，婢至，甲又吟前句，醜態畢呈。婢如主言，吟句而退。甲大喜，趨曳婢袖曰：「爾有情耶？乞救吾命。爾繡榻設於何處？」婢以實告，返又以狀白於主人。是夕，乃匿婢他處，主人裸體眠婢榻。甲果魆魆至榻畔曰：「花影來矣，月安在耶？」主人撚鼻作嬌聲曰：「月固在此，速上闌干。」甲掀帳撫摩，驀觸主人勢。即騰起執之，問誰何？甲知為婢所賺，乃哀告曰：「頻年兀兀，報稱殊難。知東君有斷袖癖，願以後庭奉獻。」主人笑曰：「先生休矣，僕病未能也。」噫！師道最尊，亦何無恥？俗諺有云：「鑽天求弟子，遍地出先生。」言者寒心，聞者勿罪。〔註 563〕（圖 167）

清代律例對於塾師男風的處罰比較嚴厲。塾師與學生的關係略近於父子，他們若對自己的學生進行勾引、誘姦，所受懲治比一般姦犯為重。《刑部比照

〔註 562〕《子不語‧續卷六‧夜航船》。
〔註 563〕《夜雨秋燈錄‧續錄卷一‧啞泉》。

加減成案》卷二十八載有嘉慶間發生在湖北的一案：「盧嘉會身為儒師，罔顧名義，誘令從習儒業年甫十四歲之盧蓮舫和同雞姦，情節較重。……儒師之為人師表，與本管官之為民父母相同。本管官姦所部民妻子，律加凡姦二等，則儒師雞姦弟子，亦可比引此律，加凡人雞姦二等科斷。該犯盧嘉會係舉人誘姦習儒弟子，已屬無恥。復因其另行從師，藉端呈控其父異姓亂宗，希圖挾制，仍與姦好，情同惡棍。盧嘉會應照棍徒擾害例擬軍。盧蓮舫照和同雞姦例，枷號一個月，杖一百。未及歲，照律收贖。」《成案新編》卷十七載道光年間發生在山西的一案：「祁興成年已十三歲，被李長青哄誘雞姦。當時並未喊叫，亦無損膚裂衣情事，因非嚇逼強姦。但李長青開館教讀，輒敢雞姦學徒。應將李長青比照本管官姦所部妻女加凡姦罪二等，於軍民相姦枷號一個月杖一百例上加二等，杖七十，徒一年半，仍先枷號四十日。」

（三）豪富、幫閒

在清代，奴僕是由社會地位的原因而易於成為他們豪富主人男寵的人群，主僕同性戀是當時同性戀總體的重要組成部分。關於主僕之間的差別，不妨看一下《大清律例》中涉及殺人、鬥毆、詈罵的一些規定：

> 凡奴婢毆家長者，皆斬。毆者，皆凌遲處死。若奴婢有罪，其家長不告官司而毆毆者，杖一百。無罪而毆者，杖六十，徒一年。[註564]

> 凡奴婢罵家長者，絞。罵家長之期親者，杖八十，徒二年。[註565]

同是毆殺、詈罵，奴僕施於家長則重判，家長施於奴僕則輕罰，並且看來家主只要不把奴婢打死，一般的毆打、責罵都是不負法律責任的。所以，主僕、主奴在法律上存在著深刻的不平等，主人對奴僕佔有明顯的地位優勢。由此，前者就可以憑藉這種優勢比較容易地從後者那裏得到各種的服務，其中具有龍陽之好的主人所能較易得到的便會包括性的服務。紀昀曾記：「王蘭洲嘗於舟次買一童，年十三四，甚秀雅。云父歿，家中落，與母兄投親不遇，附舟南還，行李典賣盡，故鬻身為道路費。與之語，羞澀如新婦，固已怪之。比就寢，竟弛服橫陳。（圖168）王本買供使令，無他念，然宛轉相就，亦意不自持。已而童伏枕暗泣，問：『汝不願乎？』曰：『不願。』問：『不願何以先就我？』曰：『吾父在時，所畜小奴數人，無不薦枕席。有初來愧拒者，輒加鞭

答曰：『思買汝何為？憒憒乃爾！』知奴事主人，分當如是，不如是則當捶楚。故不敢不自獻也。』」〔註566〕「奴事主人，分當如是」，這句話不知包含了多少奴僕的無奈和辛酸。

當然，社會現象複雜多樣，有時比較親近的關係在某些主僕之間也是能夠存在的：在主人，他會把施恩授賞看成是在積德行善；在僕人，他言順貌恭可以為自己多博些垂寵。事實上，主僕因在生活起居中可以經常接觸，故主若性情寬和、以仁御下，而僕又長相清俊、言行乖巧的話，那麼，主僕相得有時也確非難事。這方面具體的例子，可以看一看下面《好逑傳》中鐵公子和小丹的關係。

1. 第一回

〔鐵公子外出遠行〕，叫人收拾了行李，備了馬匹，只叫一個貼身伏侍的童子，叫做小丹的跟隨。〔途中夜宿〕，鐵公子就叫小丹鋪開行李，草草睡了一夜。

2. 第六回

〔鐵公子臥病在床，和衣而睡〕，小丹半眠半坐在床前，隨時呼喚。鐵公子這一覺，直睡到三更時分，方才醒轉。翻過身來，睜眼看時，只見帳外尚有一對明燭，點在臺上。小丹猶坐在床下，見鐵公子醒了，因走起來問道：「這一會身子好些麼？」鐵公子道：「睡了這一夜，腹中略覺爽快些。」〔後來鐵公子復睡〕，因叫小丹替他脫去衣服，放下帳子，側身而臥。

3. 第九回

鐵公子見拿出酒飯來，也不管好歹，吃得醺醺的。叫小丹鋪開行李，竟沉沉的睡去。

4. 第十二回

鐵公子算計定了，到了次日，日未出就起來，叫小丹收拾行李，打點起身。

像鐵公子和小丹這樣的主僕可謂是形影不離，在長途漫夜當中，一方柔順恭謹，周到地為對方提供服務，另一方能不相應地產生憐惜之心？

再如明代小說《劉生覓蓮記》中的劉生和愛童。

〔註566〕《閱微草堂筆記》卷六。

1. 第一回

　　〔劉生在守樸翁家做塾師，翁〕遣一俊僕名守桂承直以伴生。
年十五，盡秀逸，且識字，善歌唱，性馴而雅。生悅之，留於座側，
教就詩曲，訓以書翰，即能領略，呼曰愛童。

2. 第七回

　　生棄釣歸室，將愛童而睡。睡起，即令童取酒飲至醉。又大笑
就寢，童捧之而睡。

3. 第十四回

　　生坐臺上，愛童帶弓矢至，扮飾俏麗，動止輕活，愈見可愛。
生撫之曰：「汝亦為悅己者容耶？」童曰：「聊落它邦無別伴，隨行
童僕作親人。」

　　鐵公子、愛童等都是屬於文學人物，實際生活中相知相得的主僕，例如
袁枚曾有一位僕人名叫琴書，他在主家一直盡心執役。幾年後因它故而「贖
券去，跪辭淚下」，袁枚很是不捨，作詩相贈曰：

　　都兒灑淚別陽城，來是重髫去長成。
　　人好才能八年住，春歸那忍一朝行。
　　交還鎖鑰知誰託，欲掃樓臺誤喚名。
　　總為香山居士老，楊枝駱馬倍關情。

並且袁氏還別出心裁地替琴書作了一首答詩：

　　畫梁春燕去猶悲，況是奴星別主時。
　　灑掃應教新隸學，性情惟有舊人知。
　　書防起蠹勤翻頁，花為宜瓶巧折枝。
　　神爵三年買奴券，袖中擘出淚如絲。〔註567〕

　　同光名士李慈銘有一位侍僕鸝兒，同治四年，李將離京返鄉，又不能攜鸝
同行，在日記中他寫主僕之間的依依之情道：「作書致伯寅，薦鸝兒充長隨。
鸝兒年幼而便了，頗知書，能圍棋，予甚喜之。今以予將歸，堅請隨行，而其
母不許。今日賞以銀四兩，並為作書薦之伯寅及芍農、心泉諸君。鸝兒受銀泣
下，予亦為之愴然。」〔註568〕

　　主僕間親近關係的實際表現是形式多樣的。有的比較一般，並未超出通常

〔註567〕《小倉山房詩集》卷十八。
〔註568〕《越縵堂日記》同治四年四月二十七日。

的範圍，有的則特殊一些，主僕相親所表現出來的是同性相戀——當然，同性
戀的具體內容比較複雜，廣義上的同性戀並非只是與親近相關。如果主人是
以強制的手段強行與僕人發生性關係，那麼其中所反映的倒是主僕之間的矛
盾和對立。不過總的來看，主僕同性戀當中矛盾型的比較少，還是親近型的更
加常見一些，所以我們主要是從相得相親的角度來談論主僕之間的同性相戀
——以清代主僕同性戀的普遍存在，某些清人乃至由此還患上了多疑聯想症，
只要一見到主善僕柔之象，就要猜測其中的「深意別情」。《白雪遺音》卷一載
有一首俗曲《草橋驚夢》，是對《西廂記》相關情節的改寫：

> 赴考的君瑞，別了蒲東，來在草橋，旅館良宵，做了一個風流
> 夢。〔夢見與鶯鶯小姐相會〕。誰成望，殘燈旅館，還是有呵有呵有
> 我張生。兄妹真有情。說不盡夢裏半推半就，蜂迷蝶戀花心動。受
> 怕又擔驚。猛然間，金雞唱曉，白馬嘶風，疏星落月斜照窗櫺。

行文至此，作者忽然筆鋒一轉，加上了自己的個人想像：

> 好夢驚回，這時節怎生消遣那風魔性？眼睄著小琴童。

在王實甫元本《西廂記》當中，張生夢醒之後只是莫可如何地長吁短嗟而
已，而這首俗曲裏他卻是風魔之性難消，準備在侍僕琴童身上消解。可見曲作
者以為如此情境之下，此種情事（主僕同性戀）是在所難免的。（圖169）人們
常講：不能得與鶯鶯會，且把紅娘去解饞。而如果講：不能得與鶯鶯會，且把
琴童去解饞呢？看來有些清人一定會覺得這樣說也是可以的。

清代社會中一直存在著許多寵僕、寵奴，尤侗《艮齋雜說》曾從服飾僭越
的角度指出：「吾目中所見富貴之家，監奴百輩，無不戴貂冠，被狐裘，裝鸞
帶，著麂靴。甚至有輿馬出入者，豈止白縠之表薄紈之裏乎？夫庶人屋壁，得為
帝服；倡優下賤，得為后飾。此僭越之大，不惟奢靡足戒而已。」接著尤氏又
轉引時論：「今日豪奴，倚主人之勢，橫行鄉里，不可勝誅！」〔註569〕諸聯《明
齋小識》具體記載了一個豪奴的所做所為：「邑某本寒乞相，仰人鼻息，人皆齒
奴隸數。及靠身為貴家奴，得掌管鑰。起居日用暨飲食衣服之華，甲一邑。重
臺悉牙伶齒俐，鱗比雲從，里黨子不敢正眼覷。小有忤犯，禍且立至。一二委
瑣齷齪士冀有沾渥，甘於舐癰吮痔，時在門下。其母死，弔者掎裳連襟至。伊
便趾高氣揚，妄擡身價，向縉紳求繫援。本來面目，無人省識矣。」〔註570〕

〔註569〕 《艮齋雜說》卷四。
〔註570〕 《明齋小識·卷六·豪家奴》。

又：「華亭王憶山本青浦籍。山以王謝家聲、阮何風貌，又工詩善畫。其放誕風流、跋扈飛揚之概，同輩悉傾襟相許可。唯僕沈大出入必隨，或加呵斥。而沈淫酗蔁肆，或學古莽國中眠，嵓不任事。」〔註 571〕

　　在等級制度森嚴的清代之所以會出現寵僕、寵奴，原因中的一點就是有些奴僕和他們的主人存在著同性戀關係。由此，後者很可能便會把前者從一般的家內服役人員當中區別出來，會對前者另眼予以看待，給予他們特別的一種愛寵。結果，兼做龍陽的僕役恃寵就對家主有時變得昵慢乃至放肆起來，而家主心中自明，對於奴僕的不恭便會表現得比較大度。（圖 170）《品花寶鑒》寫有一位執綺大少奚十一，他把剃頭徒弟出身的巴英官收做了跟班兼男寵。一次，奚十一在宏濟寺讓小和尚得月陪著吸鴉片，過程當中舉動褻狎，英官看了大生醋意。「奚十一一盒子煙已完了，便叫巴英官拿煙來。英官遠遠的站在一邊，正在那裏發氣。奚十一叫了兩三聲，方才答道沒有了。奚十一道：『怎麼沒有，我還有個大盒子在袋裏。』英官歇了半天，方說道：『灑了。』奚十一道：『灑了你將盒子給我瞧。』巴英官氣忿忿的走近來，把個大金盒子一扔，倒轉了滾到燈邊。得月忙取時，不提防將燈碰翻，『當』得一聲，把個玻璃罩子砸破了，還濺了奚十一一臉的油。得月頗不好意思，奚十一道：『不妨。』忙將手巾抹了，坐了過來，要盆水淨了臉。一件猞猁裘上也灑了幾點，也抹乾淨了。」〔註 572〕巴英官是這樣敢於放肆，奚十一又如此能夠容忍，不明真相的人一定會感到不可思議的。

　　同樣的不可思議也可以針對於《官場現形記》中的一對主僕。（圖 171）在該書第十三回，文七爺坐船隨從上司去剿匪，因故受到上司諷飭，心裏很不痛快。他「回到自己船上，沒有地方出氣。齊巧一個貼身的小二爺〔註 573〕，一向是寸步不離的，這會子因見主人到大船上稟見統領，約摸一時不得回來，他就跟了船家到岸上玩耍去了。誰知文七爺回來，叫他不到，生氣罵船家。一霎小二爺回來了，文七爺不免把他叫上來教訓幾句。偏偏這小二爺不服教訓，撅著張嘴，在中艙裏嘰哩咕嚕的說閒話，齊巧又被文七爺聽見。本來不動氣的了，因此又動了氣，罵著就立刻逼他打鋪蓋，叫他搭船回省去。別位二爺齊來勸這小二爺道：『老爺待你是與我們不同的，你怎麼好撇了他走呢？我們帶你

〔註 571〕《明齋小識·卷五·怕僕》。
〔註 572〕《品花寶鑒》第三十四回。
〔註 573〕對僕人的一種稱呼。

到老爺跟前下個禮，服個軟，把氣一平，就無話說了。』小二爺道：『他要我，他自然要來找我的，我不去！』說著，躲在後梢頭去了」。這位小二爺的所言所行活脫脫現出了他的寵僕身份，如果細讀原文，從諸如「他要我，他自然要來找我的」之類的文句當中，我們應當看出他和文七爺之間是存在著身體關係的，所以他才敢於對七爺那樣，說是賭氣也可以說是撒嬌。

「掩袖工讒，狐媚偏能惑主」，這是唐代駱賓王《討武氏檄文》中的名句，其實非獨女色，男寵也有這樣的本事。他們把性的因素帶入對主人的服侍當中，很會為主人營造溫柔之鄉的特別情境。道光間訥音居士作有一部《三續金瓶梅》，寫西門慶西門大官人還陽之後的享樂生活，其中的一個情節是：

> 官人在書房悶坐，叫文佩篦頭，覺身上拘緊，說：「你給我捶一捶。」文佩答應，取了梳子、篦子、剧子、刷子，把頭髮打開，將袖子挽起來，露出了雪白藕棒子一般的小胳膊，戴著個銀鐲子。〔文佩〕搭起了頭髮先梳通了，慢慢地篦著，問官人：「癢癢不癢癢，舒服不舒服？」西門慶笑了說：「你還唱著梳。」文佩果然唱著篦了半日，官人甚喜。

> 攏起頭髮來，文佩拿了高凳、睡凳來，說：「淨修養，還是放睡？」官人道：「身子拘緊，放放睡才好呢。」文佩答應，把官人扶在高凳上。先捶了一回，復攔腰抱起來，放在睡凳上，一腿墊著腰，從胸膛揉起，揉至肚皮。揉了一回，把官人扶起，爬在高凳上又捶了一回。使了個丹鳳朝陽的架式，把西門慶抱起，一手托著脊背，一手托著腿，只一轉，官人覺惚惚悠悠似睡著了一般，周身通泰。少時，扶住坐下，又捶了一回，用斜肩背跨之功，舒其兩膊，只聽骨節亂響。又捶了一回，覺滿身發熱。又叫官人爬扶在凳上，抌起衣襟，露出了繡花汗巾，從脊背捶至腰間。捶了幾回，只見文佩在腰眼上掐了兩把，官人時下邪火上升，按捺不住，站起來說：「小油嘴使起壞招兒來，饒不了你。〔你〕是賣盆的自尋的。」於是把文佩拉到屋中，叫春鴻按著，不容分說，攤雲尤雨，狂了個不亦樂乎。〔註574〕

作為一個僕人，文佩又精唱曲，又善篦頭，還會按摩導引，於是引得官人西門慶對他產生了「性」趣和愛意。而既然受寵，文佩便由此膽子大了起來，竟至於敢去和大官人的姜婢姦通。

〔註574〕《三續金瓶梅》第十五回。

　　時論有言：「主人狎比狡童，多至閨範內亂」，「內外不分者，必男女相竊」〔註575〕，「婦女邪淫，或由男親俊僕，出入內室而起」〔註576〕，以及「室有子都，誰能蔽目？偷香竊玉，理所宜然」〔註577〕，「若輩挑撻，有何行檢。竊玉偷香，室人是染」〔註578〕等。這些或專指或泛指的言論表明，由主僕相戀所導致的閨門之亂在清代社會是比較引人注目的，可以講已經具有了模式化的一些特徵。在這類亂事當中，奴僕一面與主人存在著肉體關係，一面又恃寵去與主人的妻妾私通甚至是對她們進行姦污，而主人及妻妾對於奴僕因人而異的各種態度則使得亂事表現出了多種的形式。

　　在主人一方，他們中有的對於寵僕會懷有一種特別的愛意，從而對寵僕的穢事所採取的是一種默認的態度，甚至有人還會加以誘導和鼓勵，主動提供方便。《刑部比照加減成案續編》卷十八載有道光年間的一個案件：

　　　　奎明與雇工伊覽通姦情密，輒思誘令伊妻圖博特氏亦與伊覽姦宿，因其不從，兩次逼勒，以致圖博特氏抱忿輕生。遍查律例，並無本夫陷妻邪淫，致令自縊，作何治罪明文。該犯以職官雞姦雇工，已屬有玷官箴。復商令伊覽圖姦主母，滅倫壞紀，莫此為甚。若因該犯並無毆打別情，僅照姦婦抑媳同陷邪淫，致媳情急自盡之例擬遣，尚覺情浮於法，實不足以儆官邪而維風化。奎明應比照婦女令媳賣姦不從，折磨毆逼，致媳情急自盡者絞監候例，擬絞監候。唯事屬創見，例無專條，是否仍恭候欽定？伊覽當奎明商令往與圖博特氏姦宿，該犯雖未同往，並不立時阻止，即隱有圖姦主母之心，照奴及雇工人調戲家長之妻未成，應發雲貴兩廣煙瘴地方充軍。查圖博特氏由於奎明之逼勒而死，而奎明之逼勒圖博特氏，實因與該犯通姦情密所致。該犯以雇工人與家主通姦，致釀主母一命，情節較重。應請發往回城，給大小伯克及力能管束之回子為奴，照例刺字。

　　像奎明這樣的家主在實際生活中不可能常見，出於獨佔的常性，多數家主是不會允許寵僕私入閨門的。即如《三續金瓶梅》中的西門慶，在他的管制下，文佩只能是偷偷摸摸地去暗中行事，並不敢把自己的私情向主人公開。

　　再從家主妻妾的角度來看，她們大多當然反對丈夫去狎比俊僕，會謹守

〔註575〕　《全人矩矱》卷二。
〔註576〕　《欲海慈航‧婦女宜戒》。
〔註577〕　《勸善書》，書名代擬。
〔註578〕　《壽世慈航‧龍陽六不可》。

自己的貞操，不對僕傭動心。《閨律‧刑律》即曾諧謔式地寫道：「凡外間使令，皆用蒼頭，不得私蓄俊僕。違者無論有無情弊，俱照雞姦例杖八十，枷號一個月，該僕逐出。判曰：忍笞不去，難求穎士之收；飲水偏甘，誰似子淵之僕。只要履箱解捧，垢面何妨？但期詩料能馱，蓬頭亦可。只是尋常之役，何須婉變之僮？分明愛彼卯宮，遂欲藏諸甲帳。既貪烏合，須置象刑，先撻尻輪，次加頸木。亂風必儆，禍水速除。」但妻妾中終究也有難忍丈夫好外給自己造成的孤獨，於是轉而也去尋求外遇的。時論有言：「世上有幾種男人，辜負妻子，必有惡報：……又有商賈遠出，貪著外寵經年累月不歸家的；又有狂癖男風外宿的。這幾種人，總不知唱隨相守、琴瑟相調的快樂，致令妻子孤燈獨宿，淒慘誰訴，黃昏風雨，情更難堪。」〔註579〕於是，「情更難堪」之下，有的妻子便開始了擺脫孤獨的活動。有這樣一則近於笑話的故事：

> 京師有富家子周某者，娶妻某氏，有殊色，情好頗篤。其後專務變童，常數月不進內。妻為之飲食俱廢，懨懨寢疾，某始入視，命召大夫視之。大夫至，某適他往，一老嫗導之入房。診視畢，出語嫗曰：「病由幽閉日久，鬱火不舒，治宜越鞠丸以發其鬱。但其始並非由外感寒濕積食所致，必得精壯少年侍之。俾悅而好之，以快其氣；融而化之，以調其血；投以所好，以悅其胃；暢其所欲，以奪其火。然後導之於竅，以利其濕；補之以陽，以解其寒。半月後，病當自愈。此真萬金良藥也。不然，恐非丸散所能奏功。」言畢，更不書方而去。嫗反述於其妻，妻以為然，密倩嫗覓得少年數輩，如法治之，病若失。月餘，某入，見其妻光豔煥發，如晨葩著雨，神采倍常，大喜。擁之入帷，將與之狎，忽見帳後數人，皆面黃肌瘦，形如枯臘，駢肩而立。驚問若輩何來，其妻逞遽對曰：「藥渣藥渣。」〔註580〕

在諸種「良藥」當中，丈夫的男寵應是容易被選中的。再看一則笑話：「有人嬖一美童，一日偶自外回，忽見此童從妻房內慌忙奔出。其人大怒，童曰：『男女雖異，愛惡則同。你既然愛我的標緻，難道尊夫人就愛不得我的標緻嗎？』」〔註581〕這位「美童」的身份未定，從他穿房入室的行動以及說話的口氣看，有可能是一個寵奴。

以僕奴的卑賤地位，他們的如上所為構成了對社會等級制度的破壞，法

〔註579〕《傳家寶‧初集卷之一‧俚言》。
〔註580〕《埋憂集‧卷五‧藥渣》。
〔註581〕《傳家寶‧初集卷之七‧笑得好》。

律的懲罰是很嚴厲的，《大清律例》卷三十三規定：「凡奴及雇工人姦家長妻、女者，各斬。」「凡奴姦家長之妾者，各絞監候。」法律如此，世論可知。

　　主僕同性戀中的主人一方在社會地位上屬於官僚豪貴，與他們在私生活裏關係密切的除去僕從外還有另一類人物，即幫閒、清客，也即俗語所說的篾片、老白賞。幫閒不同於奴僕，他們的社會身份與所奉承的大老官是平等的，雖然不會具有後者的權勢和財富。這些人曲意事主，作笑逢迎，目的無非是為了求取大老官們高興時的賞賜以及不費錢鈔的酒食。因此，他們必須懂得一些吹拉談唱、行令猜拳，乃至琴棋書畫、詞賦歌詩。有一首《十字令》就講幫閒應有「一筆好字，二等才情，三斤酒量，四季衣服，五子圍棋，六齣崑曲，七字歪詩，八張馬弔，九品頭銜，十分和氣」，或謂：「一筆好字不錯，二等才情不露，三斤酒量不吐，四季衣服不當，五子圍棋不悔，六齣崑曲不推，七字歪詩不遲，八張馬弔不查，九品頭銜不選，十分和氣不俗。」〔註582〕由於職業性質，幫閒總被認為是俗媚無節、口是心非之人：「咄嗟，世道浸衰，時事變易。舉世好奉，斯人獻諛。豈料游手遊食閒徒，竟是坑人溺人厭物。脫空為業，奸詐萬端；弄俏為生，曖昧百出。乍會間小心惟恐不及，久處後狡猾漸覺有餘。鵓鴿子旺邊飛，比方切當；坑缸蟲鬧裏鑽，譬喻精詳。捧屁掇臀，酷似擲梭之鳥；將胡餂嘴，儼如竊食之貓。」〔註583〕又：「篾片不是等閒的，古來傳授有專門。老腔板是要拿得出，醜花面是要做得真；開盤笑是要裝得滿，急口令是要叫得應；就地滾是要打得速，滿天謊是要掉得靈；順風旗是要拓得足，軟尖刀是要在得深；一里裙是要兜得到，兩腳船是要踏得輕。糖果子是要暗留自己吃，屎磚頭是要拾把別人撤。悶葫蘆是要人識不破，硬篙子是要一世不去撐。」〔註584〕在篾片幫閒的活動當中，勾引陪伴豪貴紈絝去尋歡作樂是一項基本內容。如果紈絝們喜歡美女，他們會四處「打聽幾家新妓，極稱蘇小之嬌」；如果喜歡美男，也能「尋綽一個孌童，備道宋公之美」。然後「千攛掇，萬攛掇，陪走一遭；你贊襄，我贊襄，請來一會」。結果也就是「良家子弟，為彼傾囊，見不得六親骨肉；遠路客商，因他折鈔，還不得千里家鄉」〔註585〕。

〔註582〕《歸田瑣記·卷七·清客》。
〔註583〕《重訂解人頤廣集·卷之七·鬮囊集·幫閒文》。此文明代已有，收於《開卷一笑》卷之一。
〔註584〕《玉如意全傳》第六回。
〔註585〕《重訂解人頤廣集·幫閒文》。

惜陰堂主人《金蘭筏》描寫了險惡幫閒仇人九、翟有志等以聲色迷誘貴公
子田中桂的前後經過：

　　話說田公子將金蘭社啟刻成刷印了，兩三日滿城貼遍，都知道
田公子開社會友。那杭州城中，也有富貴子弟的，也有中等人家的，
也有腹內粗通的，也有一技之長的，紛紛傳說，皆欣然欲去結交他。
也是田公子合有魔頭，不期傳說到一個人耳朵裏去，這人是誰？乃
是杭州城中的光棍，姓仇名人九，自小是龍陽出身。後來年紀長大，
生得赤面多鬚，龍陽之道不行，因而代後輩龍陽做些牽頭，賺些錢
鈔覓些酒食。不但龍陽，就是官妓私娼，無一個不熟，所以貴家公
子、富家浪子，但是好此道的，無人不去尋他。因他鬍鬚，人都不
叫他仇人九，只叫他做仇鬍子。這仇鬍子當日看見那金蘭社啟上有
「或宣絲竹」一句，便大喜道：「好了！好了！我老仇在此一句上，
有些機會了。」便對一個同夥姓翟名有志商議道：「翟兄弟，如今田
公子開金蘭大社，我們可去走走。」翟有志道：「仇哥，說那裏的話。
我這杭州城中，如田公子這樣富貴能有幾家，一向要去會他無門可
入。如今他開這金蘭大社，正是我弟兄的機會，怎麼不去走走。」
仇人九故意慢慢說道：「不是我懶怠去，我想田公子乃是個富貴人
家，他相與的畢竟也是富貴人家。今你我又沒文才，又沒錢財，恐
怕攀他不上。」翟有志道：「仇哥你錯了，我們二才俱無的人，全看
相識幾個大老官提攜帶挈。我想田公子這樣富貴，他若雙手推我們
出來，我還要老著些臉兒捱進去哩。我們到那裏，只消把四句秘訣記
清了，便是進身之計。」仇鬍子道：「是那四句？」翟有志念道：
　　聲色場中引誘他，猶如錦上又添花，
　　書生隔絕還防直，莫讓清閒坐在家。
　　仇鬍子聽了問道：「翟兄弟，你這四句到也好聽，只是我才學淺
講說不透，求你分解分解。」翟有志道：「這是照望祖師當日留下來
的格言，我講講你聽。『聲色場中引誘他』，是將聲音美色去勾引那
富貴人家的子弟。『猶如錦上又添花』，是說那富貴的人家已是鬧熱
好看，我們遇他只把那鬧熱好看的事去撮弄他，就如嫖官妓、包私
娼、弄小官、學拳棒、鬥鵪鶉、養蟋蟀、買鷹犬、制行頭、打馬弔、
擲骰子，但凡熱鬧的事就去勾引他。若是買田置地，讀書作文的事，

切不可說與他聽。為何說『書生隔絕還防直』？天下惟有書呆子可厭，動不動談詩講文，那富貴的人，一好了詩文，那些聲色的事便講不入了。天下又有一等直人，見富貴的人做些有趣的事，便不顧惹厭，只是說做不得，將我們的衣食飯碗，被他三言兩語就打破了，這樣人須要用計防他。末一句說『莫讓清閒坐在家』，是說他們要引誘富貴人家，切不可放他清清閒閒坐在家中，須要把那些鬧熱的事，日日夜夜去舞弄他，自然沒工夫去談詩講文，說古論今了。」仇鬍子聽了連連贊妙，說道：「好兄弟，今日請教了你，長了許多智謀，田公子這件事隨你調度便了。」翟有志道：「我有一個絕妙的安排在此。那田公子是富貴之人，再無不好聲色的，那金蘭啟上明明說道或宣絲竹，我們這一班兄弟裏面，如卜三哥是絕好的琵琶，阮九官是上樣的弦子，凌二官的笛，殷大官的簫都是在數的了，我們今日便去約齊了，到十三日，大家同去，吹彈起來不怕他不歡喜。」仇鬍子道：「我們兩個人去做什麼？」翟有志道：「我的十八腔，你的陳隋調，都是好的，他們吹彈，我們唱罷了。」仇鬍子道：「說得有理，只是還有一個人，還是叫他去不叫他去？」翟有志道：「是那一個？」仇鬍子道：「閻文兒這廝可帶他去否？」翟有志道：「要帶要帶。那田公子是個少年人，豈有不好標緻小官的，一定要帶他去。我們兩個不要說閒話，就去約這班人才好。」仇鬍子道：「說得是，我和你同去。」二人遂起身出門同去約人不題。正是：

只因一個金蘭社，奸宄賢人接踵來。

光陰迅速，瞬息是十三。田公子清晨起來梳洗畢，就到萬花園來，只見那園門大敞，裏邊結綵為棚，張錦為幔，花柳爭妍，沉檀撲鼻。滿園都是花梨紫檀，十分齊整。家童小廝，管茶的管茶，值酒的值酒，分撥已定，專候赴社的到來。只見那些起社的，接踵而來。慌得田公子應酬不迭，最後一班攜了琵琶、弦子、簫、笛、鼓板也朝上作了一個圈子揖，團團坐下。你道這些人是誰？便是仇人九、翟有志、卜三哥、阮九官、凌二官、殷大官、閻文兒等共是七人。當不得仇人九有「書生隔絕」四字，預先打點，便高聲說道：「田大爺今日此舉原是會友不是會詩，因尊啟上有或宣絲竹之論，諸敝友特攜樂具欲污清聽，不知尊意何如？」眾人便齊聲應道：「願

聞，願聞。」田公子是個少年情性，起初見了詩便欲和詩，如今見
眾人欲聽絲竹，便丟開了詩也說願聞、願聞。仇人九見田公子也說
願聞，就叫同夥的人把琵琶、弦子、簫、笛、鼓板吹彈起來，真是
靡靡之音偏能悅耳。閻文兒竟像做主人的一般，滿斟美酒，連連奉
與田公子飲。田公子聽了如此聲音，又見美童在座奉酒，真如羽化
登仙。酒至半酣，也顧不得賓客，便攜閻文兒手問道：「你今年十幾
歲了，為何生得如此標緻？」閻文兒道：「十五歲了。」田公子道：
「可有父母麼？」翟有志見田公子愛他，便替他應道：「閻文官只有
寡母，並無父親。大爺歡喜他，便留他在此陪伴大爺。」田公子道：
「如此甚好。著人送二十兩銀子與他母親日用，說我留他在此頑
耍。」眾客漸漸散去，只有仇鬍子一夥人圍著田公子吹彈飲酒。田
公子吃得大醉，也不送客，也不回家，帶了閻文兒到長松堂邊書房
裏安歇，免不得後庭花取樂。仇鬍子等六人見田公子走入圈套，歡
歡喜喜出了萬花園，都到閻文兒家裏。見他母親說：「田公子喜歡文
兒留他住宿，又送二十兩銀子與你日用。」就把銀子交與文兒母親。
那母親原是叫兒子做生意的，今聽了這話，又見有銀子，好像他女
兒有了人家的一般十分喜悅，就拿六兩銀子分與六個人，說道：「我
家兒子小，後來的事全仗列位叔叔照看。」翟有志等人滿口應承，
各自回去。〔註586〕

　　仇人九、翟有志一干清客幫閒不但把田公子誘入男色之道，而且還誘引他
去養瘦馬、嫖女妓，用盡計謀騙取他的銀錢。後又因故毒死了閻文兒，誣告是
田公子雞姦致死，險些將公子送入絕路。幸好閻文兒冤魂不散，附體於仇、翟
二人，借仇、翟之口說明了實情，公子方才擺脫大難。

　　通常，幫閒只是陪人玩樂，他們本身並不是被欣賞玩弄的對象。因此，幫
閒並不像僕人那樣因身份關係而易於為人男寵。不過，就像有的幕客會通過以
身事官來營私舞弊一樣，幫閒如果願意有類似行為，自然也能多得一些好處。
《續金瓶梅》曾寫：「洛陽有一富家員外，號翟四官人。他家私萬貫，富甲一
城。只言語粗俗，一身厭氣，常巢窩裏走動。這些浮浪子弟有鄭千戶兒子鄭玉
卿、王招宣府兒子王三官。這些小幫閒沈小一哥、劉寡嘴、張斜眼子，都日逐
陪他們在這巢窩裏打成盤。只有鄭千戶家兒子今年十八了，因他生的白淨面

〔註586〕《金蘭筏》第一回。

皮，苗條兒典雅，從小和這些人們有些後庭朋友。也學了幾套南曲，吹的好簫，
蹴的好氣球，是個幫閒中領袖。」〔註587〕鄭玉卿本來家境不錯，可「自從父
母雙過了，千金家事嫖得精光」〔註588〕，便只好去當幫閒。既然他年才十八
歲，又從小就是一個同性戀者，則作為其衣食父母的翟員外未必不是他「後庭
朋友」裏的一員。

明代小說《醋葫蘆》當中紈綺子弟都飆（成飆）身邊有幾個幫閒，他們
各具所「長」：「你若要嫖，有那熱幫閒張煊，能知科鎬之妍媸，善認娼家之事
蹟，扛幫撒漫，第一在行；你若要吃，有那小易牙，能調五味，善製馨香，炮
龍炙鳳，色色爭奇，煮酒烹茶，般般出色；你若要小官，有那盛子都，工覷研
笑，作勢妝喬，一發絕妙；你若要吹簫唱曲，有那賽綿駒，唱得陽春之調，歌
得白苧之辭，彈絲擊管，無不擅長，更能賣得一味好豚（指以後庭相奉），又
比子都出色；你若要那三拐四，買賣交易，怎如得詹直口能施妙計？你若要問
柳尋花，論今究古，怎如得觀音鬼王爐會發新科？你若要猜枚擲骰，買快鋪
牌，這一班中人人都曉，個個專門。」〔註589〕這6位幫閒，可以幫嫖、幫賭、
幫吃、幫談笑，而且其中的盛子都和賽綿駒還能以龍陽手段「幫」助主顧獲得
性慾的滿足。如此一來，花天酒地中的都飆最後也就落得了一個困頓淒慘的
結局。（圖172）

（四）市井平民

再把目光轉向市井里巷當中，則同性戀平民方面的特色立刻便顯示了
出來。

普通平民之間社會地位無甚差別，由此，平等性成為平民同性戀的重要特
點。雖然同性戀雙方的活動能力、性格、年齡可能不盡相同，彼此之間因而存
在一些主動—被動因素，但身份上的相同終究使契兄契弟們較真正地具有了
「夥伴」關係，體現出「夥伴」這一名詞所包含著的平等意義。

清初天花才子作有《快心編》小說，其中三集第十一回描寫了兩位少年的
相交過程。一位名喜兒，他本來做人家僕，後因故離開主家去蘇州另謀生計。

　　　一日，到了界河地方，一個飯店裏住下。同房寓下一個蘇州
　　人，身材相貌都好，年紀只好二十四五歲，見了喜兒，甚是溫存親

〔註587〕《續金瓶梅》第十六回。
〔註588〕《續金瓶梅》第二十回。
〔註589〕《醋葫蘆》第十三回。

熱。喜兒有個蘇州在肚裏，卻不曉得蘇州人是何聲口。今問起這人
說是蘇州，原來蘇州人說話，這般軟款可聽。便兩下道了名姓，這
人叫做吳玉儔。喜兒便把蘇州風俗只管動問，吳玉儔便道：「徐兄
〔註590〕，你為何只問敝地？莫非要到那邊去投恁貴親戚麼？究竟
徐兄你這般青年，為什麼獨自一個走這般遠路，在路上受這般辛
苦？卻不罪過人！」喜兒乖巧的，頃刻便捏個謊道：「實不瞞長兄
說，我也是好人家兒女。只因親娘早喪，我家爹又娶個繼母，把我
朝打暮打，是這般不忿氣，一時走了出來。向聞得說南直蘇州是個
繁華去處，可以存身。我今且到那邊去住兩年，再做算計。」吳玉
儔喜道：「原來如此。我今得遇徐兄，真是前生緣法。可恨我有要緊
事進京，不得與兄轉去。若不然，我便同兄到舍下，竟可以盤桓長
住。我有一個敝相知沈仙儔，年紀小我三四歲，大有家私，他卻喜
風花雪月，做了戲班中一腳旦。做人比我更好，待人接物，著實四
海。他如今隨著班子在揚州做戲。徐兄若不棄嫌，我薦你到他身邊，
盡可容留得你，可以長住過活。」喜兒道：「如此卻好。」當下吃了
夜飯，各自打開鋪陳宿歇。吳玉儔道：「徐兄同我一床睡了罷。」喜
兒道：「今日天氣也還有些熱，各自睡了爽快。」

　　明日四鼓，下起大雨來，行客都不得動身。天明，然後起來梳
洗。此時喜兒尚未戴帽，還是孩子家打扮，取出梳具，解開頭髮，
直垂到膝子底下，梳掠一回。四圍掠得絕光，毫無一根短髮，挽一
窩黑油油老大的光髻兒，橫插一根雙腳知意頭銀簪，豎插一根象牙
氣通簪兒。吳玉儔看了，如何不愛？卻值雨下得大，一店的人都止
住行走，正中玉儔下懷，便去買些菜，打角酒，與喜兒吃。兩人便
覺熟分了。喜兒又問起沈仙儔來，吳玉儔道：「我寫個字兒，你拿去
與他，更覺親切。」便向店主人討了紙筆，便把「飯店裏遇見徐兄，
係北直人，少年溫和，與我一見如故。徐兄意欲到蘇州，圖個安身。
老弟慷慨仗義，我特薦到尊寓，煩為照拂。我京中事件就緒，即當
返舍與諸位相聚也」當喜兒面寫了。喜兒原識字，也有些曉得文理。
玉儔又落了名款，把來封好，遞與喜兒道：「徐兄到揚州天寧門裏，
問蘇州王府石霞班寓處，一問自知。可將此字當面致與。那班中獨

〔註590〕喜兒姓徐。

有沈仙傳出色標緻，到眼便見他梳得一個好頭，像徐兄一般樣的。
他見我字，自然接待，決不使兄落寞。」喜兒當下著實謝了。明日
天明雨止，各人分路，吳玉傳與喜兒萬千珍重而別。

據書內所述，喜兒和吳玉傳在未曾見面之前就分別已經是同性戀者了。邂
逅相遇，吳玉傳心裏立時產生了別的念頭，喜兒還算節制，但對吳也甚有好
感，所以後來他和吳、沈二人都結成了斷袖之交。引文當中，吳玉傳與喜兒稱
兄道弟，二人之間不存在因錢勢差異而產生的隔閡，由此結成的同性戀關係是
一種典型的夥伴關係。

明清時期的同性戀資料在涉及同性性行為時有一個明顯規律，即肛交占
絕大多數，而且只是主動一方進行施與。之所以如此，這是由當時社會特性決
定的：由於社會上大量存在著身份性的不平等，於是反映到同性性行為當中，
身份高的主動者便被認為不可能同意另一方轉過來對自己也做出同樣的事
情，施與與接受被認為是和名譽、地位密切相關的。也正因為如此，在同性戀
夥伴之間倒能見到一些相互肛交的事證。

《三續金瓶梅》中的文佩和春鴻都是西門慶的男寵，一次西門去他的書
房，「走至窗下，聽得屋內嬉笑之聲。官人也不言語，躡足潛蹤，從窗縫往裏
一看，只見春鴻把文佩按在床上，倒撅著。西門慶也不作聲，見春鴻說：『小
淫婦，好好地叫我一聲，我饒了你。』文佩說：『回來你也照樣兒，不就不叫
了。』春鴻說：『依你就是了，你可要留情。』」〔註591〕

巴英官和春蘭則是《品花寶鑒》中奚十一的兩個男寵，一次奚妾菊花「無
意之間到外邊來散步，走到跟班房門，見關著門裏面有笑聲。菊花輕輕的在門
縫裏一張，見春蘭彎著腰在炕邊，看有四隻腳站在一處。菊花一見即把袖子掩
了口，聽巴英官說道：『你倒會長，怎麼他不會長，總是這樣的？』春蘭道：
『也覺長了些，沒有你的長得快就是了。』說話之間，兩人的腳步又翻了轉來，
在前的此時在後，在後的忽又在前。菊花看得軟洋洋的，欲要罵他們幾句，又
不好意思，只得回房。心裏想道：『人還賺我說兔子不起陽的，誰曉得一爐的
好燒餅！』」〔註592〕

西門慶和奚十一作為主動者在性活動中都是只施不受，而文佩與春鴻、
巴英官與春蘭在和他們的主人性交時固然只受不施，但彼此之間卻會互相施

〔註591〕《三續金瓶梅》第八回。
〔註592〕《品花寶鑒》第五十八回。

與，這就是同性戀夥伴的平等關係在性行為中的體現。

明清市井之中的風氣，一方面確實嚴肅，男子道貌岸然，女子貞淑依順，天理看起來像是戰勝了人慾。但另一方面，缺乏宗教色彩的中國傳統文化就其本質而言其實是很崇尚自然人事的，有明顯的世俗化傾向。因而在茶肆酒館、戲樓娼寮裏實際上存在著旺盛的人慾景象。或者可以這樣說，一個人常常會表現得時而是在行天理，時而則是在求人慾。如果僅把前面的表現作為當時社會成員的基本面貌，這是一種不全面的認識。

人慾的集中之點是性慾，同性戀活動是性慾的重要組成部分。把平民當中異性戀者和同性戀者做比較，前者當然人數佔優勢，而後者則性夥伴的平均數量佔優勢，進行著更加頻繁的尋性行為。究其原因，同性戀雙方不能結成婚姻關係，不負擔組建家庭、生兒育女的責任，彼此之間也就不容易確立牢固的義務觀念，談不上存在什麼同性戀方面的性道德；同時，同性性行為不為社會公開承認，是一種非主流或反主流的活動。結果，一個人只要成為同性戀者，就會因其對社會規則的規避態度而易於產生自由放任的性觀念。從感情角度劃分，同性戀者大致有三種類型。第一種，像相濡以沫的夫妻一樣彼此對對方深刻真愛，乃至於終生廝守，這樣的應當不多。第二種，能夠對一人或數人產生感情上的依戀，但同時還要尋找其他一些單純的性刺激，這樣的較多。第三種，不看重感情因素，視性事為一種遊戲，一種慾望的釋放，這樣的也不在少數。

清初石成金和李漁作品中的兩個同性戀人物可以反映出同性戀者性放縱的一些情況：

> 揚州有個張老兒，家資富厚，只生一子，名喚雋生。長至一十六歲，容貌標緻，美如冠玉。大凡人家兒女，肯用心讀書的少，懶惰的多，全靠著父兄督責。若父兄懈怠，子弟如何肯勤謹？況且人家兒子十四五至十八九，雖知他讀書不成，也要借讀書拘束他。若無所事，東搖西蕩，便有壞人來勾引他。（圖173）明結弟兄，暗為夫婦，遊山玩水，吃酒賭錢，無所不為。張雋生十六歲就不讀書，沒得拘管，果然被幾個光棍搭上了。那時做人龍陽，後來也去尋龍陽，在外停眠整宿。父親不知，母親又為遮掩。及到知覺，覺得體面不雅，兒子也是習成，教訓不轉了。〔註593〕

> 福建興化府莆田縣有個秀才，姓許字季芳。生得面如冠玉，唇

〔註593〕石成金：《傳家寶·三集卷之六·四命冤》。

若塗朱。少年時節，是個出類拔萃的龍陽，有許多長朋友攢住他，終日聞香嗅氣，買笑追歡，那裏容他去攻習舉業？直到二十歲外，頭上加了法網，嘴上帶了刷牙，漸漸有些不便起來，方才討得幾時閒空。〔註594〕（圖174）

　　像張雋生和許季芳這樣的少年，他們初涉人事就遇到了同性戀環境，習染成性，便就樂此不疲。可以想見，在一個網絡似的同性戀集群當中，這樣的人會結識遠不止一個的性夥伴的。

　　《小倉山房尺牘》、《聖朝鼎盛萬年青》和《漢口竹枝詞》分別曾對南京、蘇州和武漢的一些剃頭徒弟兼事龍陽的現象有所反映。〔註595〕另外如《邗江三百詠》曾寫道：

　　　　捶癢者，剃頭之事也。往往四人聚談時，突有一人侍立背後，不捶而捏，使肩頭不癢而癢。問其名，則曰：「癢上。」而實則剃頭者也。手取乎軟，年取乎輕，白午後至夜分，周流捏客，不獨主給以錢，眾客亦厚勞之。

　　　　結交可以群，滿座尚無酒。
　　　　同是局中人，小聚亦時有。
　　　　突如其來如，瞻前忽焉後。
　　　　取媚非不工，通名笑啟口。
　　　　昨已整我容，我尊我元首。
　　　　非關痛痒生，一人權在手。
　　　　善刀善於藏，靦然而顏厚。
　　　　凡有血氣者，報之以瓊玖。〔註596〕

　　這裡描述的是揚州的剃頭徒弟到酒店中為客人服務的情形，雖然未再做進一步的反映，但我們可以推想，如果酒客由接受按摩而還要求其他的服務，剃頭仔大概是會感到很高興的。《賭棋山莊筆記·圍爐瑣記》反映的是福建福清的情況：

　　　　福清之漁溪，孔道也，而風俗極靡。業薙髮者輒蓄成童以下，教以按摩。客至進獻其技，倚人身作昵昵態，其齷齪貪婪最甚，真

〔註594〕李漁：《連城璧》外編卷之五。
〔註595〕見本書第288～289、269～270、382～383頁。
〔註596〕《邗江三百詠·卷五·勞剃頭癢上》。

惡習也。而流妓亦鮮佳者，且年多在三十以外。旅壁或題句云：「老陰與少陽，亂擲金銀卜。」閱之堪發一大噱。夫紅粉飄零，半是無可奈何，至男子則何藝不可學，而必此之為？

剃頭鋪每天人來人往，是一種極具市井特點的場合。客人至此，除去得到一般服務，特殊的要求有時也能獲得滿足。在北京，這方面的情形同樣明顯。

「《五雜俎》云：『物無所不有，人無所不為，不如是不足為京師。』信然！〔京師〕優童外又有剃頭仔，名曰遠篷，惑人者不一而足。常言男盜女娼，今則男娼女盜。」《燕京雜記》對「男娼女盜」的北京發出了感歎，所謂「男娼」，就是針對一部分優童和剃頭仔等而言的。（圖 175）這裡出現了一個名詞，即遠篷，以之等同於剃頭仔，不確。應是指剃頭仔的所在，也就是剃頭鋪，有竹枝詞唱到：

> 幾番禁止受虛驚，又去修容到軟棚。
>
> 運蹇一時同被執，也將鳥道驗分明。

注謂：「官禁軟棚，有不應小郎者皆驗之。」〔註597〕遠篷應作軟篷、軟棚，那裏如果只是光明正大地給顧客剃頭修容，如何會被官廳禁止？顯然是修容的背後還有其他的暗昧情事存在。

又有一首竹枝詞：

> 聚賭嚴拿與宿娼，軟棚一律入彈章。
>
> 褲襠扯卻當堂驗，底事便宜頓子房。〔註598〕

像這種娼寮和軟棚並列的描寫，很能反映出剃頭仔的賣身傾向。《品花寶鑒》裏也有反映，在該書第十二回，田春航向高品表示將來他若能發達，「便不惜黃金十萬，起金屋數重，輕裙長袖侍於前，粉白黛綠居於後，伺候我數年。然後將這班善男信女，配做了玉瑟瑤琴，成了個歡喜世界，豈不快活？」田春航所說的「輕裙長袖」是指「善男」，「粉白黛綠」是指「信女」。高品聽後以一幅對聯相贈：

> 月明瑤島三千里，人在蓬萊第一峰。

這幅對聯本意也還清雅，「瑤島」和「蓬萊」分別是指美男、美女的居所，可高品卻故為戲謔的解釋：「有了這副對子，人才知道他這金屋中前面要開棚子，後面要開窯子。」「棚子」也即軟棚，窯子也即妓寮，經高品這一解釋，

〔註597〕《草珠一串·市井》。

〔註598〕《都門竹枝詞·街市》。

田春航的善男信女就分別成了妓男（剃頭徒弟）和妓女了，無怪春航笑罵道：「你撅起那貧嘴！」

除去把剃頭仔和妓女做比較，還可看一下他們和相公的聯繫與區別。大致的情形是：兩者當中都存在賣身現象，但後者要比前者風光。有詩譏諷黑相公（賣身色彩較濃的相公）云：

> 萬古寒滲氣，都歸黑相公。
> 打圍宵寂寂，下館晝匆匆。
> 飛眼無專斗，翻身即軟棚。
> 陡然條子至，開發又成空。

「飛眼無專斗」意思是說黑相公再也難見肯專門給自己花錢的老斗，「翻身即軟棚」注謂：「相公之落拓甚至者，每至軟棚為龍陽君。」〔註599〕這首詩說明只有一些黑的相公為了生計才可能會改業去做剃頭仔，而紅相公是不屑與他們比肩的。《品花寶鑒》第十九回，名優蘇蕙芳為俗鄙的富商潘三所糾纏，心中很是焦惱，他「站起來正色的說道：『潘三爺，我又不是糊塗蟲，你道我瞧不出你的心事？但是我今年才十八歲，又出了師，外面求你留我一點臉，當一個人，不要這麼歪纏，你別當我是剃頭篷子的徒弟。』」蘇蕙芳這裡是在對潘三表示：我是要臉面的人，不要把我看得和剃頭徒弟一樣下作。言下之意，剃頭仔較容易為了幾個小錢而做辱身之事。還有一次，另一位相公蓉官應召侑酒，因事耽擱，到時眾人將散。他見其中還有兩個剃頭徒弟，心裏便不大高興，認為他們前來陪酒使自己顯得掉了身價。「便冷笑道：『既然大家要散了，我也要回去，我還要叫剃頭的剃頭呢！』說罷把腰一灣竟自去了，兩個剃頭的甚是局促。」〔註600〕蓉官自己並不走紅，比起蘇蕙芳來已經可稱得上是黑相公了，可他在與剃頭仔進行比較時，則以為是有資格高自位置的。

《品花寶鑒》一共寫了卓天香、張翠官和巴英官三個剃頭仔，他們各自的故事合在一起能基本反映出此業中人的活動範圍和方式。除去剃頭修面，還有：

1. 陪酒

一次，魏聘才準備請富三、奚十一、馮子佩等人喝酒，欲以卓、張陪侍。便先提前把他倆叫來，看看是否合意。「聘才著人到篷子裏叫了天香、翠官前

來。不多一刻兩個剃頭的也坐了大騾車，有一個人跟著，走進寺來。馮子佩是認識的，小剃頭的先與子佩請了安，然後向聘才請安。聘才仔細看他，果然生得俊俏。眉目清澄，肌膚潔白，打扮的式樣也與相公一般。天香的面色雖白，細看皮膚略粗，翠官伶俐可愛，就是面上有幾點雀斑，眉稍一個黑痣，手也生得粗黑。都是稱身時樣的衣服靴帽，手上都有金鐲子、金戒指，腰間掛著表與零碎玉器。聘才看了一回，已有幾分喜歡。馮子佩與他們說了，要他們明日來陪酒，二人便極意殷勤，裝煙倒茶，甚至捶背捏腿的，百般趨奉。聘才十分大樂，便越看越覺好了。」〔註601〕第二天，天香、翠官及眾客先後來到，席間情形不必細述，粗鄙言行是不會缺少的。末了，兩個剃頭仔各得四兩纏頭，歡喜而歸。

2. 賣身

《寶鑒》第四十回，卓天香去找賣牛肉的哈回回要賬。「哈回回侄兒，與天香有些瓜葛。見他叔叔不在家，便留在鋪子裏，吃了兩小碗牛肉，五六個饅頭，做了一回沒要緊的事，也給了他兩弔錢。那曉得那個小回子才生了楊梅毒，尚未發出來，這一回倒過與天香了。」卓天香因這偶然性事而染上瘡毒，身體感到不適。恰巧又遇到奚十一，與奚又如此一番，不但過走了毒氣，而且還得到了十五弔錢的報酬。

第四十七回，潘三為醫自己的淫瘍之病而把卓天香找來，哪知天香做慣了被動奉承的勾當，竟不知如何主動才好，因而未能成事。過後潘三問他給人享受時自己是否也有快感，天香的回答竟和因接客過多而缺乏性慾的積年老娼相似：「有什麼快活？這是伺候人的差使，快活是在人快活呢。」

至於接客的具體數目，巴英官曾被寫到：「算他十三歲起，到如今大約著一千人沒有，八百人總有多無少。」〔註602〕除去跟隨姬亮軒、奚十一的那段時間，巴英官數年職業生涯內的相交數目是驚人的。《大學》有言：「苟日新，日日新，又日新。」意思是要人每天都增新自己的德行。英官這樣的人物竟也能善體其意，做而行之，只不過他每天更新的非德而人罷了。

3. 改業從人

相公遇到特別的恩客時，可能會改行去做他的貼身陪侍，這可算是相公的出路之一。而剃頭仔中也有類似情況，像巴英官就曾去做姬亮軒、奚十一的跟

〔註601〕《品花寶鑒》第三十四回。
〔註602〕《品花寶鑒》第五十八回。

班。另一個剃頭仔張翠官歡喜要跟的則是將要出京到湖北做知州的富三爺。《寶鑑》三十四回，翠官先是陪著富三喝酒，然後聊天。閒聊中間，「富三問道：『你在鋪子裏做這買賣，究竟也無甚好處，不如跟我到湖北去罷，可願不願呢？』翠官聽了道：『你肯帶我去嗎？你就是我的親爸爸了。』說罷，便靠在富三懷裏，把臉挨近富三嘴邊，又說道：『我是不比相公，要花錢出師，當年講明學徒弟不過三年，如今已滿了三年了，要去就去。親爸爸，你真帶我去嗎？』富三道：『你若願意跟我，我就帶你去。』聘才道：『你跟三爺去很好，還有什麼不願意的嗎？雖然比不得相公出師，也要賞你師父幾弔錢。』富三道：『這個自然。』翠官道：『當真的了？』富三道：『當真的了。』翠官便索性扒上富三身上，將頭在富三肩上碰了幾碰，說道：『我就磕頭謝了，好三老爺，老親爸爸。』富三樂得受不得」。富三爺並非方正規矩之人，他若把張翠官帶往湖北，是不會僅僅以一般僕從相視的。

可見，某些剃頭仔的男色活動是比較昭彰的，形同暗娼，有傷風化。清代法律的相關懲治，可以兩個案例進行說明。《刑部比照加減成案》卷二十九：「李常開設剃頭鋪生理，雇李順兒做夥。嗣李順兒被人雞姦，曾將賣姦錢文分給。李常圖分錢文，容留李順兒賣姦。將李常比照無籍之徒窩頓流娼月日經久例，杖一百，徒三年。」《刑部比照加減成案續編》卷二十八：「蘇桃先因曹二林窮苦無依，收留為徒，哄誘雞姦。復開設軟棚，窩頓曹二林、孫四兒、何保兒賣姦漁利，即與窩娼無異。蘇桃應比照無籍之徒窩頓流娼土妓月日經久例，杖一百，徒三年。」

而不但軟棚的開設者，就連軟棚房屋的出租者都會受到懲罰。《大清律例》附嘉慶十九年纂修條例：「京城內外拿獲窩娼並開設軟棚月日經久之犯，除本犯照例治罪外，其雇給房屋之房主，初犯杖八十，徒二年，再犯杖一百，徒三年，知情容留之鄰保杖八十，房屋入官。若甫經窩娼及開設軟棚即被拿獲，知情租給之房主杖八十，知情容留之鄰保笞四十，若房主鄰佑實不知情，不坐，房屋免其入官。如業主所置房屋交家人經手，有租給窩娼開設軟棚，伊主實不知情者，罪坐經手之人。倘係官房，即將知情租給經手官房之人，亦照前例治罪。」

軟棚以外，浴堂、客店裏同樣來往著三教九流，各色人等，賣姦男子也會在那裏出現。《刑部比照加減成案》卷二十九各載一例。浴池之案：「張添佩開設浴堂，商同劉珍等，覓雇趙甫則等賣姦漁利。趙甫則等本係良民，將張添佩比照設計誘買良家之子為優例，枷號三個月，滿徒。劉珍等依為從減一等，枷

號二個月，杖九十，徒二年半。」旅店之案：「黃七鬼等開張客店，容留剃頭人在店賣姦，即與窩頓無異。應比照窩頓流娼，係偶然存留，枷號三個月，杖一百。」

作為社會當中難免的一類，紈絝惡少、里巷無賴在清代隨處可見。《故都聞見錄‧光棍》載有北京的情形：「都市社會中例有作奸犯科，憨不畏死之匪徒，自成團體，為社會之蠹，《漢書》所謂『長安惡少年』者也，北都謂之光棍。有所謂『兩個手指頭』者，相傳本為孌童之號。貴人多好男色，此輩挾其主之威勢以橫行於市井。光緒庚、辛之交，有『西城梁德寶，東城小松七』之諺，二人皆貴胄之孌童而兼嫻武技。其服御至為詭異，以庫金為袙衣，彩繡為襜褕，繡履羅襪，非男非女。其額際以指招作小十字文，累累若貫珠，兩鬢各貼小藥膏而飾以蝴蝶。服之不衷若此，而可招搖於輦轂之下，妖由人興，識者早知紀綱之掃地矣。」

天子腳下其能如此，外省僻地有時更甚，椎剽奸冶之徒繁有其人。《皇朝經世文編》卷七十五所收乾隆間邱仰文《論蜀嘓嚕狀》曰：「嘓嚕種類最夥，大約始乎賭博，卒乎竊劫，中間酗酒打降，姦拐幼童，甚而殺人放火，或同夥自殺，皆謂紅線。下此掏摸掐包蒭綹，別為黑線。」嘓嚕的「姦拐幼童」除去包括一般的姦淫之事外，還包括老嘓嚕吸收新成員的活動：通過同性戀的雞姦行為來加強與所誘少年的關係，以使他們能夠心甘情願地成為新的嘓嚕。真可謂是一箭雙雕，誨盜有術。而除去紅、黑線，四川盜匪還有劉備、關羽、張飛牌之分，《小說新報》第七年第一期之《嘯塵剩墨》曾載：「相傳蜀中會匪向分三級，而各以牌名別之。有所謂劉備牌者，其人皆渠魁也。其次為關帝牌，則戰士屬之。又其次曰張飛牌，則盡孌童矣。此其比擬固極謬妄，顧前兩牌號之取義去題猶未甚遠。至以桓侯（張飛的諡號）之壯武而乃以孌童當之，斯真辱沒英雄之甚矣。」

都講光棍惡少是慣於欺男霸女，而如果他們喜好男色，則不但欺男而且還會霸男。較輕的方式是挑逗戲辱。《夜譚隨錄》寫有一位滿洲旗人三官保，他「年十七八歲時，皓齒明眸，雪膚華髮，言笑嫵媚，儼然好女子，且善自修飾，見者靡不流矚」。一天，三官保和兩位朋友在酒樓會飲，「見一人貂帽狐裘，肥胖長大，年約三旬。又一少年約二十許，冠紫貂冠，襲黑羔裘。從八九健僕，對席而坐。頻目視保，耳語而笑，笑訖，復視之。保益作媚態，眼波頻溜。二人心醉已久，況加酒醉，少年乃出席向保曰：『元夜相逢，緣法前定，曷不同

席一飲，快談衷曲乎？』保即趨對席曰：『既蒙垂愛，何幸如之！』二人喜極，擁之入座，狎褻百端」〔註603〕。

嚴重的是誘姦。《螢窗異草》寫有一位皮工竺十八，他「年僅弱冠，貌姣好如女子，雖居市廛，里中美少年莫之能掩，以故有『俊竺』之號」。十七歲時，竺「家小裕，志遂少荒，數從無賴遊。適有富家子，性佻達，尤好龍陽君，時來肆中市履，見竺之色，深悅之。會竺與無賴交，乃以重金啖諸無賴。值望後，月色甚明，眾置酒於邑中慈覺寺，邀竺為長夜飲。竺遂從無賴行，至則富家子亦在座，極致款曲。竺素限於量，飲未半，已不勝酒力。眾引之別室，俾其小憩，實則以計嬲之也」〔註604〕。

再嚴重的則是強姦。在《夜譚隨錄》的另一則故事當中，某侯爵就曾兩次遇險。他「襲爵之前一歲，年甫十七，丰姿如玉」。一日，「遊行郊坰，大雨驟至，避一墓門下。坐未安，復有三惡少韝鷹負弩而至。見侯，各耳語。侯固白皙，一惡少作韻語曰：『黑者黑如鐵也，赤者赤如血也，白者白如雪也。』其二人和之以笑。侯聞之大懼，冒雨欲行。惡少挽留甚力，侯大窘，曰：『汝等欲何為？』惡少皆笑而不答，但相與拘持之。乃盡褫侯衣，不留寸縷，縛手足，俯而捽諸草中，欲淫之。侯哭叫聲嘶，滾地不定。會有數騎自林間來，惡少倉皇逸去」。幸脫此難後，此侯某日去京東通州辦事，「歸而泛舟於大通河，仍見前三惡少，掉臂趁船，咸目侯而笑，侯懼甚。至閘上泊舟，同載者星散，侯混入旗亭，潛視三惡少去遠，始覓僻徑急行。約里餘，猝見三惡少突起黍稷中，捉侯入幽僻處，掩其口，復褫其衣」〔註605〕。

對於多數男性，同性戀是他們並不熟悉的事情，相當一部分人聞知之後會覺得非常厭惡，因此，如果竟遭同性侮辱強暴，他們所感受的心理創痛並不會比被傷害的婦女為差。不過男女終究有別，男性有兩種反應，婦女就不易做到。

第一，被污侮者可能反過來以暴力對抗，而女性大多數則無此能力。《善惡圖全傳》第十一回，銅頭太歲高公子出店欲去熱鬧之處，「天色才大早，並不見一人。只見遠遠來了一個人，身挑一擔稻草，後面跟了兩擔，此人是溧水鄉間一個壞鬼，叫做雙古牛。其人力大無窮，奸盜邪淫，無所不至，生得惡眉四眼，一嘴短鬍鬚。公子上前，說聲：『借問聲，此地那裏有熱鬧之處？望乞

〔註603〕　《夜譚隨錄·卷之九·三官保》。
〔註604〕　《螢窗異草·初編卷三·青眉》。
〔註605〕　《夜譚隨錄·卷之六·異犬》。

指示。』雙古牛見公子年青，又且生得眉清目秀。滿面陪笑，叫聲：『兄弟，你在此等我一等。到堂子裏內把擔稻草送與他，與你到城裏關帝廟看戲。回來進杏花樓吃酒飯，到晚同你洗個澡，回家與你同睡。』公子一聽，心頭火起，大喝一聲：『呔！囚嗓的，你把爺當著甚人！』用二指將他肩頭一點，說：『去罷。』雙古牛『哎呀』一聲跌將過去，扒不起來。公子舉拳要打，還虧後面兩個人再三勸住，公子才放手。雙古牛指傷了肩膀不能挑柴，半邊身子都麻了，回家足足醫治了半個多月才好」。

身遭痛打還算受懲較輕，嚴重的就要出人命了。《螢窗異草》裏有一位旦角名優名亞九，他「年十七，頗存壯志，不以柔媚自甘。一日，演《泣魚記》於鄉，亞九扮龍陽君，大為假楚王所窘，不勝忿忿。至夜，乘其醉，手刃之。亡命入蜀，轉折至秦。每言曰：『大丈夫以鬚眉之身，為巾幗之態，既已辱人，況復受狂且輕薄耶！』因是不再業歌，人亦無知其優者。資用乏絕，乞食於市。居無何，群丐悅其色，醉以酒，將共嬲之。亞九素有戒心，因大怒，立斃二人，乘宵遁去」〔註606〕。像亞九這樣嫉視男色、性格暴烈的男性大有人在，如果他們遭到性侵犯，侵犯者真就是在自尋絕路。

第二，從某種角度講，同性性侵犯不易發生。在夫為婦綱的社會裏，婦女為嚴格的道德規範所約束，已婚妻妾只能和自己的丈夫存在性關係，未婚少女必須嚴守自己的童貞。其結果，婦女越是對貞操非常看重，當她們受到性侵犯時就越會採取不妥協的態度；而作為對比，男同性戀者沒有從一而終的道德約束，他們相當一部分人不去尋找固定的性夥伴，或者雖有也不承擔對對方絕對忠誠的義務。在這些人的觀念當中，人盡可交，來者不拒，很難想像怎麼能有強姦現象存在。甚至即使強姦者在未明真情的情況下對他們實施強暴，也會以強姦開始，以和姦結束，從而使得性侵犯變成為性交往。在性的自由和放縱方面，同性戀要比異性戀的程度為高。

（五）官軍、叛軍

盛極必衰，清王朝到了嘉道年間便漸入衰世，規模空前的白蓮教起義和太平天國起義給清政府的統治以沉重打擊。在鎮壓與反抗的刀光劍影中，同性戀現象曾攪入其間。

先看清軍一方。道光九年進士張集馨曾任直隸布政使、陝西按察使等職，參與過對太平天國北伐軍、西北回民起事等的平剿，於軍中內幕頗多親身瞭

〔註606〕《螢窗異草‧初編卷二‧白衣庵》。

解。他在自著年譜裏記咸豐五年（1855）的一事道：「有長白某太守，見戈什哈（侍從武弁）生長白皙，係黑龍江人。太守帳房與彼相連，太守雅意殷勤，與戈什結為兄弟。夜中太守淫興勃發，欲將戈什雞姦。戈什拒而不從，因之嚷鬧。鄰帳聞之，掩口竊笑。」〔註607〕同治三年（1864）的日記中又記：「周顯承怒來訴冤，言成祿軍門親隨楊廣德，人素兇橫不法。成祿進京穿孝，將楊廣德交給緯堂，派當營官。不能帶隊，革去營官，充當戈什。曾因逼姦幼童不從，立將幼童砍斃，各營不服，稟知緯堂棍責。今已保至副將，乃並不當差，輒將營兵帶十數人，在涇游蕩，索面鬧餉，行兇撒潑。欲稟緯堂及余處，余不能管也。」〔註608〕兩則故事，一則強姦者只是被譏笑，一則鬧出人命者反而升官，可見清營中對男風的見怪不怪。咸豐四年自天京逃出的馬壽齡作有《金陵城外新樂府三十首》，其中《狎變童》曰：

> 人心不同各如面，水炮不如銅鼓便。
>
> （姦淫婦女謂之打水炮，雞姦謂之打銅鼓。）
>
> 招邀游蕩兩雄俱，玉貌朱唇大線辮。
>
> 噫嘻！老兄弟帶娃崽，甘言誘之娃崽悔。
>
> 少年莫逞好顏色，城外兵如城裏賊。

依照這首詩的意思，只要有少年在兵前展現出了他的姣好顏色，無論碰上太平軍（城裏賊）還是清軍（城外兵，當時天京城外的清兵主要是屬於向榮統帥的江南大營）都是不會被放過的。

普通官兵如此，領軍大將亦是。清方最重要統帥曾國藩的弟弟曾國荃追隨乃兄東征西討，戰功顯赫，是同治三年最終攻克天京的直接指揮者。（圖176）因他在曾家排行第九而人稱九帥，民國間出版的《梨園外史》中，清軍軍官孫甲和曾在北京做過相公的小玉之間的一段對話涉及到了曾九帥廣收男寵的一些情況。

> 孫甲道：「我聽得人說，京裏戲子有一種堂子裏頭出身的，到處陪人吃酒，只要給錢，便可以和人家睡覺，比窯姐兒差不多，可是有的嗎？」小玉紅了臉道：「堂子裏的人，也是賢愚不等，不能一概而論。」孫甲道：「豈但堂子，就拿我們軍營裏說，這宗事也多的很。那個最著名的什麼九帥，他的營盤裏兔兒都成了群了。每天爭風吃

〔註607〕《道咸宦海見聞錄》，第 161 頁。

〔註608〕《道咸宦海見聞錄》，第 351 頁。

醋，同小老婆一樣。有個姓魏的，是個名士的後人，最生得好，人都叫他魏美人，最得寵，還有算命的說：『這魏美人的功名，將來要同九帥一般。』你道好笑不好笑？」〔註609〕

再看天國一方。若講相關資料的豐富，清軍是比不上它的敵人太平軍的。從諸王到士卒，從和姦到強姦，有關天軍當中男風狀況的反映相當地完備而詳盡。

太平軍在其領袖洪秀全召領下於道光三十年十二月（1851年1月）起事於廣西桂平金田村，咸豐元年十月在永安分封了東、西、南、北、翼五王，即東王楊秀清、西王蕭朝貴、南王馮雲山、北王韋昌輝和翼王石達開。咸豐二年十二月攻佔武漢，此前馮雲山、蕭朝貴分別中炮死於全州和長沙。咸豐三年正月，數十萬天軍沿江東下，二月攻克南京，改名天京以為首都。至此，太平天國規模具備，進入了自己的全盛階段。只是好景難長，僅過三年，天國就突發內訌，東王、北王死，翼王出走，實力大受損害。之後天王洪秀全啟用了陳玉成、李秀成和洪仁玕等武將文臣，苦撐危局，竭力抵拒，但終因本身的問題和清軍的強大而日趨敗境。同治三年，天京陷落，建立了十多年的天國最終從人間消失。

咸豐六年的天京之變是太平天國由盛轉衰的標誌，在這一重大事件中，北王和東王的矛盾是焦點所在。雖然從歷史研究的角度，我們不必過於追究個人私事，但私事上的衝突畢竟會加深、激發政治上的對立。據稿本《清史稿·太平天國五王傳》，韋、楊之間的私怨甚深，並且其中還穿插著一些男色的情節。

1. 魯恭敬事件

《楊秀清》載：「指揮魯恭敬者，秀清遣往韋營。及私返偽京，密傳軍情於秀全，秀清不知也。恭敬有妾色美，私於孌童。恭敬歸而知之，拔劍逐童，童遁入偽東王府。秀清愛童姣好，惑之。童因發其私，且曰：『彼自言奉天王密旨，東府無如我何也。』秀清命部下掩入恭敬宅，且獲北韋與秀全密疏。秀清匿之，聲言恭敬受命私返，視軍事如兒戲，處以極刑。燕王秦日綱與恭敬善，救之不及。天王因使日綱詰秀清，秀清語不遜。日綱怒，亦怨秀清。」按此事《太平天國野史·卷之十二·東王楊秀清》、《太平天國軼聞·卷一·東王處魯恭敬極刑》等亦載。《軼聞》所載與《五王傳》有異，其中謂：「魯有妾頗

〔註609〕《梨園外史》第八回。

美，以魯常外出，為其童某所私。魯適歸，形跡敗露，魯拔劍追童，欲殺之。童即遁入某天侯室，天侯固楊之爪牙也。得童匿之，愛其姣好，令充龍陽之選。童曲意媚之。」此童把魯恭敬的情況洩露給天侯，侯復言於楊秀清，楊因執魯而殺之。

2. 紅鷥事件

《楊秀清》：「秀清有心腹侯謙芳〔註610〕，先曾入金陵為間諜，悅秦淮妓紅鷥。既克金陵，紅鷥為韋昌輝所得。謙芳大恚，矯偽東王命往索之。昌輝不與，謙芳因繩紅鷥之美於秀清。秀清信之，使謂昌輝，願一見仍歸汝。昌輝答之曰：『易地以觀，侯姬亦可來吾府中一供眾覽耶？』侯姬者，秀清所寵謙芳之妹也。使者歸報，秀清將以兵往攻。昌輝懼，自詣秀清，以紅鷥歸女館。秀清怒未息，出昌輝於外，昌輝與秀清愈積怨不相能。」

3. 侯裕寬事件

《韋昌輝》：「昌輝有嬖人黃啟芳者，與東黨侯裕寬交惡〔註611〕。裕寬者，謙芳之弟也。啟芳求助於秀全妹洪宣嬌〔註612〕，宣嬌銜秀清，因使啟芳偵東府。會賊敗於曹縣，指揮羅大封執其統將降我軍。既而逃歸金陵，變姓名曰黃昌漢，輂金入東府，夤緣裕寬，封為侯。啟芳聞之大喜，告昌輝。昌輝使人覘之信，因宣嬌以奏於秀全。秀全命昌輝捕大封，鞫之信，並得裕寬受賄狀。秀清大驚，不得已殺裕寬，由是益怒昌輝。」

以上幾件事使得韋、楊之間政治上的矛盾更加尖銳，兩人已經到了水火不能相容的地步，最終結果便是咸豐六年八月初三日深夜至四日凌晨的一場殘殺。而北韋之能成功，據謂其中竟還有男色的助力。《楊秀清》載：「昌輝歸，秀清復以其敗於江西也，詬罵備至。昌輝不能堪，因結宣嬌、秦日綱、賴漢英、羅瓊樹諸怨秀清者共圖之。昌輝使宣嬌說秀清曰：『北王新至自軍，先至東府稱賀，而後入朝，恭之至也，不可不假以詞色。』秀清曰：『我將取日宴北王。』屆日，賴漢英先伏勇士萬人於東府後，羅瓊樹裹甲備接應。昌輝飾死士為孌童，戒備以往，秦日綱從。酒酣，昌輝起白事，遽抽刀貫秀清胸，刃出於背。階下死士舉信號，漢英自後掩入，甲士斷前門。偽府中相搏戰，自日

〔註610〕 侯謙芳是楊秀清的一個嬖寵，《韋昌輝》：「金陵有名妓曰紅鷥，秀清嬖人侯謙芳昵之。」《太平天國野史》中侯氏是被收入了《幸臣傳》。

〔註611〕 關於黃、侯交惡的原因，《太平天國野史・卷之十九・侯裕寬》謂：「北韋有幸臣曰黃啟芳，貌尤美於裕寬。裕寬妒忌，輒假東楊之勢以凌辱之，因有怨。」

〔註612〕 即楊宣嬌，蕭朝貴之妻，因與洪秀全結為兄妹，所以世人多有以洪宣嬌稱之者。

中至夜半方息。遂火東府，盡殺秀清家屬及其黨萬人。昌輝醢秀清以為羹，遍啜諸怨家。」〔註613〕在天京之變中，北王殺死東王，天王復殺北王，從而使太平天國形象大損，元氣大傷。

《太平天國軼聞》以為：「凡太平諸將，皆尚孌童。處則近侍，出則驂從。鮮衣肥馬，揚揚不以為恥也。」〔註614〕又謂：「古書有言：『美男破老。』試觀歷史中龍陽餘桃事，何一非昏駿敗事之君所為？惜哉！太平天國之開國規模，不令遂室家之樂，而寧使易以孌嬖之羞。豈知俊僕狡童，恃寵讒佞，小則損私德，大則敗公益，其患甚於女寵。而以彼易此，孰得孰失哉！彼太平天國之君臣，無論文武賢愚，無不廣蓄頑童，遍徵男色。驂從所經，必有幼稚數十輩，喁喁馬後，少者亦四五人。美其名曰『公子』，如閹人之契弟，如山門中之小沙彌。其為穢德，又何容諱？」〔註615〕以此為根據，下面看一下天國君臣「遍徵男色」的具體情況。

1. 天王洪秀全

《太平天國軼聞‧卷一‧蒙得恩為女館新總管》：「新總管者，洪氏之寵童蒙得恩是也。得恩姣晳如好女，東楊初亦欲之，後為洪氏所攫去。宣嬌愛其貌，又面首蓄之。」

2. 東王楊秀清

東楊最得意的男寵是侯裕寬。（圖177）《賊情彙纂》曾對裕寬有一個簡要記述，講他是「廣西老賊，年約三十，身中面白，微髭，狀類婦人，素不識字。初為蕭朝貴廚役，壬子八月，蕭逆授首。其婦向充楊賊婢媵，甚見寵幸，裕寬仍為廚役。癸丑二月至江寧，七月升職指揮。甲寅三月，調為東殿戶部二尚書」〔註616〕。《彙纂》並未把侯裕寬明指為男寵，但既然他「狀類婦人」，也就容易受人懷疑，而有的記載對其孌寵身份是予以指實的：「侯裕寬者，貌妍美妖麗，如娼家婦。尤善媚術，東楊雖盛怒或不適，得其聲笑，輒顏為之霽，情為之怡。一日，東楊欲裕寬搔背，適裕寬不在側，乃命李壽暉者進。裕寬之黨飛報於裕寬，即疾返匿楊室後。俟壽暉出，手刃之。東楊聞之，僅借吸煙為名，荷校三日而已。蓋裕寬以一乞憐，楊即不復問其殺人之罪也。其後有人求

〔註613〕但據一般記載，韋昌輝並不是借赴宴之機殺的楊秀清，而是從外地帶兵回京後，當天悄悄入城，趁夜直接包圍東府而殺之。

〔註614〕《太平天國軼聞‧卷一‧傅善祥力諫東王》。

〔註615〕《太平天國軼聞‧卷一‧太平君臣多孌嬖》。

〔註616〕《賊情彙纂‧卷二‧劇賊事略下‧偽東殿戶都二尚書侯裕寬》。

於楊者，但賄裕寬，無不如願以償。」〔註617〕又：「侯裕寬，與其妻均貌美，軍中豔稱之。裕寬初為蕭朝貴掌庖廚，朝貴惑之，至圖其貌而張之壁間。太平元年，朝貴戰死於長沙，洪宣嬌借事下裕寬獄，將殺之。楊秀清馳至，兼其軍，索裕寬，使典東廚而以其妻供使役，均有寵。一日，秀清小疾，宣嬌臨視之。至寢室，侍者以病辭之。宣嬌曰：『予東王奏請之天醫也。』摑侍者，排闥入。秀清側臥，裕寬伏足後，以手按其股而捶拍之，秀清閉目似甚適。宣嬌邃抽壁上劍刺裕寬，裕寬抱秀清足呼救。秀清以身格之，佯笑曰：『天妹弗爾，請推烏屋愛而舍之。』宣嬌厲聲曰：『身秉朝政而荒亂縱淫，何以治天下！』悻悻而出。」〔註618〕

涉及到楊—侯關係的記載還有，《江南春夢庵筆記》：「侯裕寬者，湖北人。年十八，為洪逆掠，甚嬖之。妻曹氏為楊逆掠，洪逆乞出之，一見大悅，納入偽宮，給四女為裕寬配。楊逆怒入偽宮，奪曹氏等十餘人去。裕寬善迎楊逆意，掌偽宮事，出入不禁，穢聲四布，洪逆甘之。」《金壺七墨‧遁墨卷二‧男妾》：「賊擄幼童年十二三以上者六千餘人，盡行閹割，而誤去外腎死者十六七。秀清選其姿色秀麗者，傅粉裹足，著繡花衣，號為男妾，如侯裕寬、李壽春、鍾啟芳、王俊良等皆極妍美，有巧思，能以側媚得諸逆歡。久而出入簾幕，漸與偽妃嬪通，狎褻幾不堪言，諸逆縱之以為樂。」《盾鼻隨聞錄》卷五：「楊逆喜漁男色，福建晉江人黃啟芳、黃貽楨容貌美秀，並蒙嬖寵。又有侯裕寬色尤妍麗，充偽府掌庖，後封恩賞丞相。」

據多種文獻所反映，太平軍曾閹割幼童以供其高層使役。《金陵紀事雜詠》對此有三首詩加以描寫：

其一：

誰使雄飛竟雌伏，難分撲朔與迷離。

血光湧處刀光燦，重到轉輪殿上時。

賊取幼童十三歲以上者六千餘人，盡行閹割，連腎囊剜去，得活者僅七百餘人。

其二：

幺鳳香塵步步蓮，砑羅雙幅繡行纏。

如鈎新月纖纖樣，縱不凌波亦可憐。

〔註617〕《太平天國軼聞‧卷一‧東楊寵幸侯裕寬》。
〔註618〕《太平天國野史‧卷之十九‧侯裕寬》。

　　　　閹割幼童姿色粗笨者俱令服役，名為打扇。端麗者悉行裹足，
有一童子不肯，即斬足示眾。
　　其三：
　　　　幻緣忽現女人身，鸞鏡蛾眉赦效顰。
　　　　蹢躅街前分隊立，黃羅帕子素羅巾。
　　　　裹足幼童俱作女裝，楊逆先行挑選，合意給黃羅手帕，剩下者
給素羅手帕，分賞群賊，蓄為男妾。

　　楊秀清以男為妾，則童男的遭際可知。關於男妾，《盾鼻隨聞錄》卷五的
說法是：「楊逆因閹割幼童十難活一，後挑擇容色嬌豔者不復閹割，只令裹足
穿耳，號為男妾。楊逆揀取四十餘人，餘分給偽王、偽侯及偽丞相等。」

3. 北王韋昌輝

　　北韋最得意的男寵是黃啟芳。（圖178）「啟芳，廣西博白縣人。年約二十
餘，身長面白，美麗自喜，賊中之貌都者。」〔註619〕「北韋嬖之，如寵妾專
房，其他莫敢當夕也。」〔註620〕

4. 安王、信王洪仁發，福王、勇王洪仁達

　　仁發、仁達為天王洪秀全的長、次兄。《太平天國軼聞・卷一・仁發、仁
達售帖漁利》：「仁發、仁達既得志，專務貪冒聚斂。捨飲酒食肉，昵比頑童外
無他事。」

5. 干王洪仁玕

　　洪仁玕是洪秀全的族弟。《太平天國野史・卷之十四・洪仁發》：「仁發、
仁達與干王仁玕、邱王仁政號曰洪氏四王。會圍城糧絕，有織營總制吳長崧
者，約清軍獻城，期且及。仁玕聞之，囚長崧，乃奏上之。天王以長崧付仁發
鞫訊，仁玕不悅。仁發得長崧賄七萬有奇，釋不治，並謂仁玕嬖童栽贓誣害。
仁玕訟之，天王命寢其事不問。仁玕怒，手劍往安王府尋仁發，仁政助之。由
是四王遂相哄，朝政益紊。」

6. 地官正丞相李開芳

　　李開芳是太平天國北伐軍首領，咸豐五年（1855）兵敗請降於博多勒噶
臺親王僧格林沁。（圖179至圖180）張集馨記僧王派員將他解送進京時的情
形，謂：「連夥賊巨愍數名及李逆頑童，並地官正丞相偽木戳及黃風帽，一併

〔註619〕《賊情彙纂・卷二・劇賊事略上・偽春官正丞相黃啟芳》。
〔註620〕《太平天國軼聞・卷一・韋昌輝嬖童黃啟芳》。

交委員帶京。狡童皆短衣繡襖，餘賊皆披髮如鬼。」〔註621〕

7. 指揮陳昆恕

《盾鼻隨聞錄》卷五：「偽指揮陳昆恕善打頭敵，不喜女色。在鎮江城內踞守，取美秀幼男數十人，繡衫紅鞋，呼為大姑娘，其部下不准私藏一女。」

8. 典炮將軍李俊昌

《金陵癸甲摭談補》：「偽典炮將軍李俊昌，國醫之弟也，性殘刻。有書吏湖北宋姓，並其幼子在館。偶有小過，打幼子二百。宋怨之，因遷偽天官丞相處。一日，有小童逃出，宋見之問，以雞姦難受故逃。宋即揚言於指揮，指揮稟東賊，即挈俊昌下東牢。國醫為之謀，威迫小童供係宋姓指使，宋因被殺。」

有名有姓的諸王將領如此，一般官兵呢？（圖181至圖182）《賊情彙纂》一書是在曾國藩授意下由其幕僚張德堅等多人編纂而成的，搜羅較廣，內容較權威。其中談到太平軍馴化幼童時謂：「〔粵匪〕視童子為至寶，每陷一城過一鄉，避匿不及，舉富貴貧賤之家、鈍敏妍媸之童子悉一網打盡。大抵聰俊者賊目認為義子，輒從其姓，群下以公子、小大人呼之，陋劣者散卒帶為老弟。童子初擄入館，尚具天真，未有不繫念父母號泣求歸者。賊乃大加楚毒鞭撻之，若稍倔強，必致身無完膚。更以血刃利劍、華服美食互置其前，謂順從則衣食而撫育之，否則殺卻。試思劫誘兼施，童子何堪，有不俯首乞憐任所欲為者乎？久之賊目曲盡調護且恣縱之，居然以賊中為樂土耳。其視賊亦不啻親父兄，居則浣衣滌器，行則背負刀劍。冬則為之撥火溫衾，夏則為之扇涼拭浴。日相偎，夜伴宿，雖妾媵無此殷勤卑賤。」〔註622〕「日相偎，夜伴宿」的含義我們並不難看出，本來天國條規對犯奸官兵的懲罰是很嚴厲的：「凡奸老弟，如十三歲以上皆斬，十三歲以下專斬行奸者，如係和姦皆斬。」〔註623〕但條禁歸條禁，執行歸執行。「姦淫之禁賊令甚嚴，謂之犯天條。然男子強姦、和姦之案則從無犯者。蓋賊多無賴惡少，此風最甚。凡見俊美子弟如獲至寶，或認為公子或帶為老弟。同居一室，雖有分床之令，更深夜靜，其誰察之，況夫比比皆然，互相回護耶？嗟呼！賊縱所至數千里，湘楚少年尤多樸素，若江寧、揚州一帶，其傅粉玉貌之幼童何可勝計。乃一旦供虎狼犬豕之愛玩，略無顧

〔註621〕《道咸宦海見聞錄》，第163頁。

〔註622〕《賊情彙纂·卷十一·童子兵》。

〔註623〕《賊情彙纂·卷八·偽律諸條禁》。

惜，任意糟踏。言念及此，有時怒眥欲裂，有時悄然而悲耳。」〔註624〕相關反映，再如：

《金陵省難紀略》記太平軍攻佔南京後，「見人家小兒，搶去作義子，名曰帶崽」。

《金陵癸甲新樂府五十首·帶娃崽》：「男館也搜，女館也搜，斗見幼少撐雙眸。父母長跪求，兒哭聲啾啾。長髮眈眈奪之去，短刀壓背繩牽頭。饑進飯，渴奉水，熱揮扇，寒熏被。晝隨馬後夜床第，飽食暖衣姿遊戲。市井惡少漸歡喜，乃祖乃父，二百年快活世界無此比。可憐良家子，含垢復忍恥。既不欲生又不能死，間日省親難仰視。」

《金陵癸甲紀事略》記太平軍攻入南京後，見到幼童「則搶去為假子，或為打扇。打扇乃賊子小僕名，常持馬鞭、洋傘及扇隨賊後。蓋賊最愛童子，相與嬉戲而已，並無所謂童子兵也」。

《盾鼻隨聞錄》卷三記太平軍在南京「各處搜取十二三歲以上幼童，粗笨者派令打扇執傘，面目秀麗者令敷脂粉，紅鞋繡衣，隨身服侍」。

天國軍中被認為有如此多「變童」的原因當然不止一個，其中比較特別的一點涉及到童子們的外表形象。中國歷史上的革命講究「改正朔，易服色」一類形式上的變更，太平天國作為與清政府相對立的政權在這方面自會予以重視。其官兵的髮式和服式都與一般清人不同，尤其他們中的幼童更是披頭散髮，著紅掛紫，這樣的形象有時就和女孩不易辨別了。況且，太平軍官兵又出於喜愛而樂於對童子們進行修飾打扮。因而旁人遠遠看去就會以為軍營當中美男如雲，亦弁亦釵。咸豐三年，太平軍沿江由武漢向南京進發，當時的情景，《盾鼻隨聞錄》記：「洪逆在武昌城內拜天誦咒，放炮祭旗。預將各處掠得幼女美童五六千人，盡載入船，令到江寧後分賞眾賊。」〔註625〕《金壺七墨》記：「旌旗蔽野，帆檣如雲。諸偽王皆衣黃袍，偽侯以下衣紅。時據船樓上，置酒會飲。盡擇男女姣好者，各傅脂粉，錦衣珠飾，俾執役於左右。」〔註626〕兩書中的幼童都是美童，在旁觀者看來，他們如此嬌嬈，「粵匪」怎能僅讓他們做一般的服侍？

這樣的觀點，咸豐年間親眼目睹了「粵匪」活動的海虞學釣翁就曾有過表

〔註624〕《賊情彙纂·卷十二雜載》。
〔註625〕《盾鼻隨聞錄》卷二。
〔註626〕《金壺七墨·遯墨卷一·金陵被圍》。

述。他在《粵氛紀事詩》中寫到：

> 撲朔迷離醉眼揉，錦衣玉貌逞風流。
>
> 狡謀枉自營三窟，艾豭寄婁豬亦可羞。

注謂：「賊皆紅巾纏首，其貴者帶風帽，服平袖長袍。其妖童十餘，扎繡花紅巾，月青洋縐長衣，天青大呢珍珠毛短褂，紅縐套褲，繡花褲帶。貌皆俊美，賊中甚寵愛，恣所欲為。被脅難民始至，望之莫辨男女。賊婦召妖童薦寢，亦不之禁也。」〔註627〕

注文對童子服飾做了細緻描述，外人乍看確實「莫辨男女」，所以詩中有「撲朔迷離」的詞句。試想身為男子卻顯得「撲朔迷離」，這對有些「粵賊」應是很有吸引力的，因此詩的最後歎道：「艾豭寄婁豬亦可羞。」這一句詩和注中「賊婦召妖童薦寢，亦不之禁也」相對應，艾豭、婁豬具有特定含義，分別是指男寵和妻妾。詩作者以艾豭形容妖童，很重要的一個原因，是由於他們的形象趨似於女性。

早於太平天國，嘉慶朝前期以川楚等省為中心的白蓮教起義也曾對清政府造成嚴重威脅，是清朝由盛轉衰的標誌。清軍用盡了最大努力，採用了各種招數才最終打敗教軍，其中有的招數看起來不是那麼光彩，例如使用美男計。《十葉野聞》載：

> 唐將軍者，河南人，嘉慶初，川楚教匪作亂，唐在軍屢立戰功。時教匪有苟文明者，麾下有朱漆火槍三千杆，號無敵，楊宮保遇春亦患之。諸將聚謀曰：「我等殊血戰，唐某獨閒居。今病於家，病而死，可惜。不如勸之出，助我輩立功。」楊宮保及與唐素善者數人往迎唐。唐病甫痊，具言文明難破狀，因勸之出。唐曰：「我出，不必至軍中，詣賊中為間可耳。我謀文明必於夜，諸君歸，視賊營號火起，即發兵援我。」諸將諾之。唐投賊營，文明愛其武勇，又機變能察文明喜怒，文明倚之如左右手。所臥室他人莫能入，惟唐與偕。文明好男色，唐掠美童獻之，文明益喜。前後凡得孌童四，進文明。因醉文明以酒，令四童子侍寢。夜三鼓，唐察文明已睡熟，鼾聲大作，試呼之不應，以手撼之不動。猶恐其醒，解衣入被，抱而撼之，文明仍熟寐。唐急起，取佩刀斷其頭，披衣潛出帳外，乘駿馬遁歸。唐去移時，賊營始覺，急來追。唐發號火，官軍望見，

〔註627〕《粵匪雜錄》。

來援。賊乃退，三千人遂皆嘩散。〔註628〕

這種美男計筆記中有載，小說中也有描寫。屠紳是乾隆二十八年進士，曾在雲南、廣東等地為官。據經歷見聞和奇異想像，他作有《蟫史》一書，寫甘鼎、桑蠋生等率領官軍借助神力平定各地叛亂的故事。其中一則，海賊老魯做亂，（圖183）蠋生向甘君建議命人假裝成老魯同鄉，「載美男女三艇，飾服色以獻，賊爭奪男女，得以行反間也」。指揮從其議，於是張銀官、弓亞六等十名美男和金寒娘、鐵柔娘等十二名美女便被獻入了賊營。老魯一見大喜，「及夜，老魯先命潮童十人薦寢，（圖 184）居蛋女於隔戶，以偽左軍老段者鑰之。……老段即邀金、鐵二女至密室同臥，而戒十女：『毋得妄言，盍視吾劍！』夜半，十女方竊竊私語，聞隔舍呼曰：『大王何棄吾兩人之甚也。』蓋潮童十人：張銀官、弓亞六、舒小囝、谷應兒、道云云、滿精、路交、慶豐、黃雀、花妖，老魯已淫過張、弓等八人，而黃、花不與接，是以積忿發聲也。老魯舊契弟老龍，因拉二童去，代鑽穴焉。老魯醒，索二童不見，大怒，呼從賊取黃、花兩頭來。老龍聞而更怒，掣劍出曰：『獸兄敢作威福耶？』老魯曰：『獸弟何為然，方將富貴與共，男女之慾，何嫌何疑，請分半以贈。』老龍擲劍曰：『交道當如是矣，請拜賜。』越宿，老魯入蛋女室，計不見金、鐵二人。問十女，俱笑而不言，引入老段密寢，聞金寒娘云：『左軍善戰，比大王何如？』老段云：『彼尾大不掉，故為大王；吾器小易盈，故為左軍也。』老魯排戶入，見一男二女，縱橫跌宕。十女並掩口，老段伏地請死。老魯曰：『熊旅絕縷之會，無使專美於前，茲二姝以事左軍耳。』」至此，老魯還算「義氣」，同意分惠於同夥老龍、老段。可實際上他卻未踐前言，結果，當官軍來攻時，賊營之內卻首先發生了一場內訌：「老段入內覘之，則黃、花二童，殆創鉅痛深焉。老魯裸而笑，方陳兵事，忽老龍曳劍奔入曰：『分半之言猶在耳，而我之二童，狼狽此極，惜死何為？』以劍擬老魯，劈其勢。（圖 185）老段亦進覘金、鐵二女，皆哭云：『左軍不庇妾等，致為大王所辱，請自絕。』老段勃然曰：『吾當割魚頭以報娘等。』出覘老魯，血流漬兩胯，痛極不能語，便斬其首。偕老龍

〔註628〕 《十葉野聞·下卷·磨盾秘聞》。曾經參與清剿苟文明的楊芳是清軍名將，當時戰功顯赫。可他在後來的鴉片戰爭中卻聲名掃地，因禦敵乖方而被人和男風聯繫在了一起。《雨窗消意錄》甲部卷一載：「道光壬寅年，英夷犯廣東，果勇侯楊芳為參贊。因夷人炮利，下令收糞桶及諸穢物為厭勝計。和議成，遂不果用。時有無名子嘲之曰：『楊枝無力愛南風，參贊如何用此公？糞桶當年施妙計，穢聲長播粵城中。』」

出帳外呼曰：『老魯失倫理，淫人之男女，吾輩誅之。』老龍、老段率偽倭黨，咸大呼曰：『願降國家。』遂降其眾。」〔註629〕老魯、老龍等的同性戀其實是以乾嘉之際的華南海盜為背景，蠍生之計既用美女又用美男，二色交攻，焉能不勝。（圖186至圖189）

　　不過此計官軍能用，叛軍同樣熟悉。甘君之職後被貪淫縱酒的斛斯侯取代，他率兵征苗，苗人首領得知其嗜好，便選了幾十名「修容極冶」的男女假裝自獻，「侯命羅致之。男十三人，女十五人，頗解漢辭，嫺漢禮。侯以男女各二侍李、郭，其二十四男女，直宿帳中焉。侯將寢，以金叵羅酌秫酒，置男女於左右，而互飲迭淫，中宵無倦意。（圖190）明日，其男皆逃，女七人，爭為長枕大被之樂。侯之視女，如無物也。然七人交持之，勿使息肩，至五日憊矣。兩節使問疾，侯曰：『頭風方劇，肺病轉深，未免以軍事累兩制置使也。』兩節使曰：『合營將士，俱得奇疾。一晝夜，停支軍糧者，將及五十人矣。』」〔註630〕為何如此？原來漢營之中充滿了瘴癘，此瘴能被酒色之徒染上，而那些從斛斯侯處逃出的苗男女們便是跑到官兵當中實施色身蠱惑去了。結果鬧得滿營傳疫，實力大傷。這從一個獨特的側面倒可以說明，男色在軍隊中的存在是一種普遍現象，叛軍如此，官軍也不例外。

　　《成案新編》等載有一些發生在清朝軍隊中的雞姦案件。

　　　　護軍德子與嵩山雞姦，被張三窺見，屢向訛錢。該犯起意糾毆，致楊三等共毆張三身死。將德子從重照原謀律擬流，銷除旗檔。委參領嵩山將護軍德子雞姦，現經行查德子並非嵩山本管，惟身任職官，輒將德子雞姦，應比照職官姦軍民妻例，革職，杖一百。惟於德子等將張三毆打之後，囑令到案隱匿實情，應酌加一等，擬杖六十，徒一年，照例折枷發落。〔註631〕

　　　　營兵馮育瀅因拒姦扎傷革兵馬扳雲身死，自行首報一案。此案兇手馮育瀅年二十一歲，死者馬扳雲現年三十五歲，長於兇手十四歲。屍兄馬扳隆供明曾經親向伊胞弟馬扳雲問明姦情是雞姦一層。馮育瀅一犯應照男子拒姦照鬥殺例減一等，杖一百，流三千里。〔註632〕

〔註629〕《蟫史》卷之三。
〔註630〕《蟫史》卷之十一。
〔註631〕《成案新編》卷十七。
〔註632〕《大清律例增修統纂集成》卷二十六。

四、同性戀異象

在一般人眼中，普通同性戀的面貌就已經難以想像。其實同性戀裏奇詭的事情還有更甚者，下面從人間到鬼域展列一番。在人間：

（一）認女為男

男權社會裏的女性活動範圍極其狹窄，這種情況下，女扮男裝能給她們提供一些涉足外界的機會。乾隆間沈復在其名作《浮生六記》中寫有一段生動文字，描述其妻陳芸的男裝情形：

> 離余家半里許，醋庫巷有洞庭君祠，俗呼水仙廟。迴廊曲折，小有園亭。每逢神誕，眾姓各任一落，密懸一式之玻璃燈，中設寶座，旁列瓶几，插花陳設以較勝負。余為眾友邀去，插花布置，因得躬逢其盛。歸家向芸豔稱之。芸曰：「惜妾非男子，不能往。」余曰：「冠我冠，衣我衣，亦化女為男之法也。」於是易髻為辮，添掃蛾眉，加余冠，微露兩鬢尚可掩飾。服余衣長一寸又半，於腰間折而縫之，外加馬褂。（圖191）芸曰：「腳下將奈何？」余曰：「坊間有蝴蝶履，小大由之，購亦極易，且早晚可代撒鞋之用，不亦善乎？」芸欣然。及晚餐後，裝束既畢，效男子拱手闊步者良久，忽變卦曰：「妾不去矣。為人識出既不便，堂上聞之又不可。」余慫恿曰：「廟中司事者誰不知我，即識出亦不過付之一笑耳。吾母現在九妹丈家，密去密來，焉得知之？」芸攬鏡自照，狂笑不已。余強挽之，悄然徑去。遍遊廟中，無識出女子者。或問何人，以表弟對，拱手而已。最後至一處，有少婦幼女坐於所設室庭後，乃楊姓司事者之眷屬也。芸忽趨彼通款曲，身一側，而不覺一按少婦之肩。旁有婢嫗怒而起曰：「何物狂生，不法乃爾！」余欲為措詞掩飾。芸見勢惡，即脫帽翹足示之曰：「我亦女子耳。」相與愕然，轉怒為歡。留茶點喚肩輿送歸。〔註633〕

這段描寫當中，陳芸易裝的效果看來是不錯的，她有丈夫陪伴在身邊，自是怡然自得，不必擔心會出現什麼意外。而如果同行的是陌生男子，即如《嶺南逸史》中梅小姐的遭遇，情況就不相同了。

在《嶺南逸史》第十一回，梅小姐男裝之後攜僕人去尋找自己的丈夫。途

〔註633〕《浮生六記》卷一。

宿客店，偶遇一位武秀才錢子幹。易裝的梅小姐相貌俊秀：

> 鼻倚瓊瑤，眸含秋水。眉不描而自綠，脣不抹而自紅。杜乂凝脂，尚輸一天風韻。何郎傅粉，難同兩朵桃花。更兼妝體風流，真個令人骨碎。

而錢子幹是「一個偷龍陽的老手班頭」，他一見如此美貌的「少年」，便立時親熱起來，並藉故堅欲結伴同路。「在梅小姐，因自家扮了個男裝，只道男人見了個相愛男人就如女人見了個相愛女人一般，怪不得他親熱，絕不想到男人對男人還有個足令人骨醉魂消的後路，故此慨然許他同行。」（圖 192）一路之上，錢大秀用盡各種手段以博取「梅相公」的歡心，梅則愈來愈感到疑惑。臨到將別，一直未能得手的錢子幹決心利用最後一次飲酒的機會做最後一搏。「子幹見僮僕俱去，笑吟吟道：『小弟不知怎的，自見了相公就如醉如癡，夜夜夢魂都纏在仁兄身上。』梅小姐見他說出這話來，只道被他識破自己是個女子了，把兩臉通紅起來，道：『兄長敢是醉了？』子幹道：『未飲心先醉。』說畢斟上一杯酒來，奉至梅小姐面前道：『仁兄若肯相憐，救錢子幹這條性命，請飲此杯。』」錢子幹漸不雅相，梅小姐漸而恚怒。最終，錢見軟著無效竟欲用強，反被武藝高超的梅小姐痛打了一頓，落荒而逃。直到此時，二人還是未明事情的真相，打人者以為是對方看出了自己的性別，挨打者以為是對方不解男色。

同是女子，梅小姐不解男色，商三官則利用男色。《聊齋誌異》中士人商某冤死於某邑豪之手，在累訟不得其直的情況下，商家的女兒三官忽然「夜遁，不知所往」。大約過了半年，邑豪為慶生辰而招優演唱。「優人孫淳，攜二弟子往執役。其一王成，姿容平等，而音詞清徹，群讚賞焉。其一李玉，貌韶秀如好女。呼令歌，辭以不稔；強之，所度曲半雜兒女俚謠，合座為之鼓掌。孫大慚，白主人：『此子從學未久，只解行觴耳，幸勿罪責。』即命行酒。玉往來給奉，善覷主人意向，豪悅之。酒闌人散，留與同寢。玉代豪拂榻解履，殷勤周至。醉語狎之，但有展笑。豪惑益甚，盡遣諸僕去，獨留玉。玉伺諸僕去，闔扉下楗焉。移時，聞廳事中格格有聲。一僕往覘之，見室內冥黑，寂不聞聲。行將旋踵，忽有響聲甚厲，如懸重物而斷其索。（圖 193）亟問之，並無應者。呼眾排闥入，則主人身首兩斷，玉自經死。」〔註634〕原來這位李玉就是潛遁已久的商三官，她女扮男裝，以優伶的柔媚手段來迷惑邑豪，乘其不備

〔註634〕《聊齋誌異‧卷三‧商三官》。

而殺之，自己則因清白有玷而自殺。採取如此曲折的方式來替父報仇，商三官可謂智且烈矣。

為了增強故事的曲折性，在明清才子佳人小說中有一個經常使用的套路，就是男女易裝。如果是女扮男裝的話，可想的情節無非此「男」形容標緻，才思捷給，於是引起另一男子的傾慕，兩人相交日密，最終真情顯露，真男與假男結為美滿夫妻。而既是才子佳人類文學，當真男對假男產生傾慕的時候，他雖然一往情深，卻不會心涉淫慾，從而表現出的便會是一種精神同性戀的情形。天花藏主人所著《人間樂》就是這樣的一部作品，書中主人公是書生許繡虎和男裝的居公子（居小姐）。在第六回，許生初次見到新中秀才的居公子，一見神移：

> 適值這日，居公子同眾秀才來謝宗師。宗師款留居公子衙內飲酒，出來恰遇著許繡虎對面而來。直看得許繡虎驚驚疑疑，暗想道：「我平日自負秀美天生，當今無兩。今若與此生相併，殊覺形穢矣！」但素不相識，無由接談，只將手拱了一拱，直看他走遠了，尚還立住徘徊，出神凝想。（圖194）直看到無可奈何之際，方回過身來，因而問人，方知今日是一起松江府新進的秀才來謝宗師的。許繡虎又問道：「可知方才過去的這小相公，他是姓甚名誰，住在那裏？」那人見問，笑說道：「松江秀才，自然是松江人。我不曾與他相熟，那曉得他姓名！」許繡虎聽了，遂不再問。欲待再往別處閒走，只覺心中若有所失，遊興索然，只得回寓，到了夜間安寢。誰知就枕之後，將日間所見之人，不覺兜上心來，道：「我生了十八年，人人稱我為美男子，我亦不自知其美。然我目中所見之人，並無如我之貌，這還是一隅之地。如今出門以來，往往留心，莫說男子中絕少，即婦女中，並不見有什麼傾國傾城的美色。何獨今日無意中，遇見這個少年，比花還媚，比柳還柔，而一種幽靜恬澹，步履端莊，殊令我見而魂銷矣。若據我想來，我這副形骸，尚然被有女之家為人所苦。但不知這位少年，可曾受室，亦曾為人所苦否？我今日到為他擔憂。」忽想道：「人各有志，難道也似我檢擇才女。或者他人有所遇，亦未可知，我怎麼為他擔憂？」想罷，欲要去睡，怎奈一時再睡不著。忽又想道：「我思天地間造物，有物必有則，有則必有偶，決不獨生而使之獨往獨來。所以同聲相應，同氣相求之

理存焉。我今細細想來，五倫之內，夫婦、朋友皆在其中。我今不得才美之女以成夫婦，莫若有此才美之友以為友，豈不是以美愛美，以才愛才，成天地間造物而有偶矣！他今既在松江，此去不遠，我今何不訪尋彼地，與此生訂一知己之交，何其快也！」一時想得歡然，而甜其寢。

　　在許繡虎眼中，自己尚不知其名姓的這位翩翩佳公子「比花還媚，比柳還柔」，是美男又似美女，如何能不令人「見而魂銷」？可此後他一直難有機會再見到公子。第十二回，他

　　　　無聊無賴，難以消遣，因想道：「古來文人以填詞為勝，我今何不將此一段愛慕思念之情譜成詞曲，到也可破一時寂寞。倘或想到無可奈何之路，將曲以消懷，有何不可？」一時想定主意，因見園中幾樹海棠開得嬌豔鮮妍，不勝欣然舉筆：
　　　　【畫眉序】兜底上胸膛，好教我費盡端詳。他家何處是？料近天旁。訪雲間，踏遍街衢，魚雁杳絕無音耗。只應夙世交情淺，今生裏□結芝蘭。
　　　　【黃鶯兒】羨殺少年郎，美丰姿，意氣揚。風流記得嬌模樣，心懷企仰，何時敢忘。怨天公付我男兒相。細思量，此身速變，下嫁鳳求凰。
　　　　【集賢賓】非是心中亂想，他若肯換衣裳，不亞當年西子龐。枝頭鳥雀爭喧嚷，誠求上蒼。倘若許我商量，何須長，敢將缺陷自芬芳。
　　　　【貓兒墜】兩形判久，頂立同天壤，筆□將來友誼長。訂交生死有何妨，怎望這種相思擔子承當。
　　　　【尾聲】天教相見非虛謊，若得論心共飲漿。敢怕事到方濃醉海棠。

　　這裡許生對他「小年美男」的懷想已經到了一種癡迷的程度，但他是才子佳人小說裏的正面人物，所以感情只能到此，不可能對公子懷有性慾，產生更深一步的想法。後來他終於見到並結交了居公子，居公子後又變成了居小姐，到那時，許繡虎的友朋之情才最終變成了夫妻之愛。

　　而在世情、豔情小說中，故事則有時就是另一種表現了：真男若對假男有意，他可能會直接了當地產生同性戀的真實心理，採取同性戀的實際行動。

如在西泠狂者所著《載花船》中，唐朝武則天當政年間，宮妃尹若蘭受命裝做內監，帶人到外地去為武皇搜求男寵。其時建康（南京）城中「僑寓著一個才子，乃云間人氏，姓于名楚，字粲生。這粲生生平有一僻性，詩酒外極愛孌童，至於腥臊下賤又所不屑。值尹監案臨，眾友相邀到三山街酒樓觀他節鉞。少頃到來，八人轎上坐著一員如花似玉的宦寺。粲生不覺心動，竟起朵頤之思」。於是過後于楚前往謁見，「相見之次，粲生深訝，尹監宛然仙子，比前愈覺天然豔燁。吾得竊彼後庭，庶不虛此跋涉。這尹監又喜粲生面龐俊雅，舉止優閒，存心細觀其鼻，卻更豐而且直」。于、尹二人「彼此關情，兩下留意」，詩酒往還，交誼日漸親密。可由於子楚並不知道尹監實是女子，彼此之間雖然有情卻想的不是同一件事。「尹監每與粲生接談，進內即意亂神昏，魂顛夢倒。這粲生酒後狂興發時，也常以邪言挑逗，尹監怎好率然允許？這粲生還一味認作龍陽以特命之尊，不敢造次胡弄。遂至時日蹉跎，未成歡好。」一日，二人西園乘涼，「粲生道：『衾枕獨對，形影自憐，每欲一操求鳳，苦無文君得心，誰有憐者？』尹監道：『若嫌寥寂，明日訪一美妓相陪何如？』粲生道：『青樓薄倖，文人鄙之，敬辭佳貺。若肯垂憐，咫尺之間，可尋樂地，何必待妓女而後消寂寞耶？』尹監暗自驚訝道：『此人已知吾為女身耶？罷罷，即以芳軀付之，此生女貌郎才，亦非失所！』粲生言畢覷定尹監，尹監以微笑應之」。尹監是想以粲生做丈夫，粲生卻想以尹監為龍陽。見尹意有暗允，早已急不可耐的粲生便相機在飲酒時把「他」勸醉，然後以交接男子的方式與之發生了性關係。自感嘗到了龍陽滋味，事後粲生心滿意足，「以臉搵貼尹監香腮，笑道：『不才冒犯威嚴，罪誠重矣！蒙不深責，恩寵無涯，銘心鏤骨，斷不敢忘。今日之情，願共珍之。』」在尹監，男女初經的她竟幼稚地以為自己已經「失身」，便對粲生不再掩藏，結果在洗浴時顯出真身。幸好粲生南北兼好，大吃一驚後立刻就接受了所歡新的性別。為避禍患，兩人不久趕緊潛離開建康，去做了一對恩愛夫妻。〔註 635〕

（二）認男為女

社會上既有女扮男裝，同樣會有男扮女裝，並且後一種方式相對要顯得多見。（圖 195 至圖 196）除了舞臺上的男旦，日常生活中也時有所聞。

清初小說《風流悟》這樣形容一位女子：

〔註 635〕《載花船》第十至十一回。

只見一隻小魚船來，中間坐著一個縞素婦人，你道生得如何？

妖冶風情天與措，青瘦香肌冰雪姤。滴滴櫻桃紅半吐，一枝梨花
初著雨，海燕空驚無處去。含情凝睇倚江濱，疑是洛川神乍起。〔註636〕

　　船中的這一婦人其實是位真男，作為同性戀者，他易裝的目的是和自己
的同性戀夥伴一起合作騙人。明清時期有一種名為「粲火囤」的騙術，即一位
女子假意對某男示媚，等男女將要成事之際，忽然女子的「親朋」前來捉姦，
某男當場只得出錢以遮醜事。一般的粲火囤，女子就是女子，可在《風流悟》
中卻是假女，不過同樣卻也能取得成功。被騙者付出一大筆銀子回家後，還在
不明就裏地掂念那位美麗「小姐」的命運，倒也可見「小姐」表演之逼真，迷
人之有術。（圖197至圖200）

　　程度稍輕的騙局，《聊齋》載：「一官紳在揚州買妾，連相數家悉不當意。
惟一媼寄居賣女，女十四五，丰姿姣好，又善諸藝。大悅，以重價購之。至夜
入衾，膚膩如脂。喜捫私處，則男子也。駭極，方致窮詰。蓋買好僮，加意修
飾，設局以騙人耳。黎明，遣家人尋媼，則已遁去無蹤。中心懊喪，進退莫
決。適浙中同年某來訪，因為告訴。某便索觀，一見大悅，以原價贖之而去。」
〔註637〕（圖201）對文中的「揚州買妾」應當加以注意，明清時的揚州，女色
聞名全國，乃至產生了一個專有名詞「揚州瘦馬」。所謂「瘦馬」是指經過色
藝教導的當地美女，專門供豪官富賈買去做妾，這在揚州已經形成了一個買賣
市場。《聊齋》中的這位假美女能夠把買主一直騙到相交之夜，應是表面上極
為柔媚。與《風流悟》不同，這裡沒有捉姦時的激烈場面，可謂騙得還算文
雅。而同年某一見此「女」便把他從官紳手裏贖去，其目的最大的可能是想蓄
養一個龍陽吧？

　　明代成化年間曾發生過一宗轟動一時、流傳久遠的案件，當時及後來的
多種記載都進行了反映。較早如《蓬窗類記》謂：「成化庚子，京師有寡婦，
善女工，少而艾，履襪不盈四寸，諸富貴家相薦引以教室女補繡。見男子輒羞
避，有問亦不答。夜必與從教者共寢，亦必手自鑰戶，嚴於自防，由是人益重
之。庠生某慕寡婦，必欲與私，乃以厥妻紿為妹，賂鄰媼往延寡婦。婦至，生
潛戒其妻：將寢則啟戶如廁。妻如戒，生遽入滅燭，婦大呼，生扼其吭，強犯
之，則男子也。厥明，繫送於官，訊鞫之，姓桑名狲，年才二十四。自幼即縛

〔註636〕《風流悟》第一回。
〔註637〕《聊齋誌異‧卷十一‧男妾》。

足小，而為是圖富貴家女，與之私者若干人。法司上其獄，憲廟（明成化帝廟號憲宗）以為人妖，寘諸極典云。」〔註638〕《庚巳編》所言更詳：「都察院為以男裝女魘魅行姦異常事。該直隸真定府晉州奏：犯人桑沖，供係山西太原府石州李家灣文水東都軍籍李大剛姪，自幼賣與榆次縣人桑茂為義男。成化元年，訪得大同府山陰縣已故民人谷才以男裝女，隨處教人女子生活，暗行姦宿，一十八年不曾事發。沖要得傚傚，到大同南關住人王長家尋見谷才，投拜為師。將眉臉絞剃，分作三柳，戴上髲髻，妝作婦人身首。就彼學會女工，描剪花樣，扣繡鞋頂，合包造飯等項，相謝回家。比有本縣北家山任茂、張虎，穀城縣張端大，馬站村王大喜，文水縣任昉、孫成、孫原前來見沖，學會前情。沖與各人言說：『恁們到各處人家，出入小心，若有事發，休攀出我來。』當就各散去訖。成化三年三月內，沖離家到今十年，別無生理，在外專一圖姦。經歷大同、平陽、太原、真定、保定、順天、順德、河間、濟南、東昌等府，朔州、永年、太谷等，共四十五府州縣，及鄉村鎮店七十八處。到處用心打聽良家出色女子，設計假稱逃走乞食婦人，先到傍住貧小人家投作工。一二日，使其傳說，引進教作女工。遇晚同歇，詫言作戲，哄說喜允，默與姦宿。若有秉正不從者，候至更深，使小法子。將隨身帶著雞子一個去青，桃卒七個，柳卒七個，俱燒灰，新針一個，鐵搥搗爛，燒酒一口，合成迷藥，噴於女子身上。默念昏迷咒，使其女子手腳不動，口不能言，行姦畢，又念解昏咒，女子方醒。但有剛直怒罵者，沖再三陪情，女子含忍。或住三朝五日，恐人識出，又行挪移別處求姦。似此得計十年，姦通良家女子一百八十二人，一向不曾事發。成化十三年七月十三日酉時分，前到真定府晉州地名聶村生員高宣家，詐稱是趙州民人張林妾，為夫打罵逃走前來投宿。本人仍留在南房內宿歇。至起更時分，有高宣婿趙文舉潛入房內求姦，沖將伊推打，被趙文舉將沖摔倒在炕按住，用手揣無胸乳，摸有腎囊，將沖捉送晉州。審供前情是實。參照本犯立心異人，有類十惡，律無該載。除將本犯並姦宿良家女子姓名開單，連人牢固押法司收問外，乞敕法司將本犯問擬重罪等因。具本奏，奉聖旨：『都察院看了來說。欽此。』欽遵。臣等看得桑沖所犯，死有餘辜，其所供任茂等俱各習學前術，四散姦淫，欲將桑沖問擬死罪。仍行各處巡按御史，挨拿任茂等解京，一體問罪，以警將來。及前項婦女，俱被桑沖以術迷亂，其姦非出本心，又干礙人眾，亦合免其查究。成化十三年十一月二十日掌院事太子少

〔註638〕《蓬窗類記・卷第一・妖人記》。

保兼左都御史王等具題。二十二日於奉天門奏。奉聖旨：『是。這廝情犯醜惡，有傷風化，便凌遲了，不必覆奏。任茂等七名，務要上緊挨究，得獲解來。欽此。』」〔註639〕

這是一件離奇的案子，而如果同性戀的情節再加入進來，自然就顯得更加離奇。先是在明代，小說家馮夢龍《醒世恒言》第十卷亦寫此事，其中的行姦者為桑茂。《恒言》這樣描述他的從師經過：「成化年間，山東有一男子姓桑名茂。一日父母教他往一個親戚人家去，中途遇了大雨，閃在冷廟中躲避。那廟中先有一個老嫗也在內躲雨，老嫗看見桑茂標緻，就把言語調他。桑茂也略通些情竅，只道老嫗要他幹事。臨上交時，原來老嫗腰間到有本錢，把桑茂後庭弄將起來。事畢，雨還未止，桑茂終是孩子家，便問道：「你是婦道，如何有那話兒？』老嫗道：『小官，我實對你說，莫要洩漏於他人。我不是婦人，原是個男子。從小縛做小腳，學那婦道妝扮，做一手好針線。潛往他鄉，假稱寡婦，央人引進豪門巨室行教。女眷們愛我手藝，便留在家中。出入房闈，多與婦女同眠。』桑茂被他說得心癢，就在冷廟中四拜投老嫗為師。」桑茂學的是姦人手段，可在開始卻是以被師雞姦為入門。

在清代蒲松齡的相關描述當中，桑沖門人王大喜的弟弟王二喜成為了故事主角。二喜自其兄處習得桑沖之術，便開始四處淫遊。一夜，將欲騙姦馬姓某生的妻子，沒想到馬生已對「她」起意，暗中自己和妻子做了調換。二喜的真情立時暴露，（圖202）馬生的處置很有特點：「生以其行可誅，思欲告郡，而憐其美，遂反接而宮之。血溢殞絕，食頃復蘇。臥之榻，覆之衾，而囑曰：『我以藥醫汝，創痏平，從我終焉可也，不然事發不赦。』王諾之。生餌以湯，糝以散，日就平復。夜輒引與狎處，早起則提汲補綴，灑掃執炊，如媵婢然。」王既被閹，則就成了一個非男非女的人妖，既可謂媵婢，也可謂是龍陽。雖說不尷不尬，不過，這一結果卻使他因禍得福，免遭一死：「居無何，桑沖伏誅，同惡者七人並棄市，惟二喜漏網。檄各屬嚴緝，村人竊共疑之，集村嫗隔裳而探其隱，群疑乃釋。王自是德生，遂從馬以終焉。後卒，即葬馬氏墓側，今依稀在焉。」〔註640〕

晚於蒲松齡的袁枚在他《子不語》中記有一個發生在清代的相類事件：「貴陽縣美男子洪某，假為針線娘，教女子刺繡，行其伎於楚、黔兩省。長沙李秀

〔註639〕《庚巳編·卷第九·人妖公案》。
〔註640〕《聊齋誌異·卷十二·人妖》。

才，聘請刺繡，欲私之，乃以實告。李笑曰：『汝果男耶？則更佳矣。吾嘗恨北魏時魏主入宮朝太后，見二美尼，召而昵之，皆男子也，遂置之法。〔註641〕蠢哉魏主！何不封以龍陽而畜為侍從，如此不獨己得幸臣，且不傷母后之心。』洪欣然就之，李甚寵愛。數年後，又至江夏，有杜某欲私之，洪欲以媚李者媚杜，而其人非解事者，遂控到官，解回貴陽。臬使以為妖人，非斬不可，乃置極刑。」〔註642〕這裡，洪某固然最終事敗見殺，不過他遇女姦人遇男受姦的方式是比其前輩「周密」的，看來姦邪之術也有一個不斷發展的過程。另外，故事中的李秀才曾對北魏主（北齊主）的殺尼行為表示惋惜。其實，故事作者袁枚於異地遠人的言談不可能知道得如何清楚，惋惜之論應是他本人的一種想法。

（三）娶男為婦

以同性為妻妾，這最能體現同性戀中的主動—被動關係。作為主動者，他極大限度地控制了自己的男寵；作為被動者，他極大限度地對主夫表示了自己的依從，人與人之間的差距竟有如此之甚者。《客窗閒話》記有發生在嘉慶年間的妖人邢大案：

燕人邢大，幼失怙恃。年十七，豔麗過好女，因無事業，偃蹇不堪。里有洪大者，家小康，有龍陽之癖，亦無父母妻子。途遇邢，目逆而送之曰：「此天下尤物，可遇而不可求者。」尾至其家，見頹垣敗室，虛寂無人，入門啗之。邢見洪來，羞澀之態，亦若女子之初見良人者。洪訊得困苦狀，不勝憐憫曰：「弟若肯隨至家，我能溫飽之。」邢本無能，腆然隨去。洪為置鮮衣，給美食，撫養周至。邢實心感。一日，飲內室，薄醉，邢顏色煥發，洪不能復忍，擁之求歡。邢曰：「弟受兄德澤，無以加矣，身非草木，焉得無情，以身報之，固所願也。但日後色衰愛弛，弟仍落魄無依，徒貽失身之誚，不如其已。」洪曰：「我只圖好色，不分牝牡，弟若蓄髮披髽，終身相從，即我妻也，決不再娶，誓無異心。」邢遂與同宿。兩情益密，邢從此養髮貫耳，作旗裝，儼然國色。且習女工針黹，刺繡甚巧，洪嬖愛益甚，所欲無不順從。服飾之珍，飲饌之腴，甲於貴冑。夫

〔註641〕 北魏主實為北齊後主，太后為胡太后。《北齊書・卷九・武成胡后傳》：「帝聞太后不謹而未之信。後朝太后，見二少尼，悅而召之，乃男子也，皆伏法。」
〔註642〕 《子不語・卷二十三・假女》。

好男色者，必病股與目，況旦旦而伐之，有不速斃者乎！三年，洪業漸敗，目既眊而半身不遂矣。先有劉六者，亦美男子。洪與結為昆季，恒引至家與邢相見，則曰：「我妹也。」劉見其娟美，亦愛戀之。洪已有交易之心，而邢不許，故每見劉，則一禮而退。劉亦無可如何。值洪病革，劉願以重聘婉求其妹為妻，洪與邢謀曰：「我病不能復起矣，今汝已習女裝，聲容舉止宛然好女，本相訂終身，不意半途拋撇。若戀我，則無男子守節理；若仍改男裝，則已失本來面目，又未習丈夫事業，後作餓殍，皆我累汝矣！汝縱無怨，我在九泉，亦不瞑目。不如因劉子之好，嫁之。我得財禮，可藉以飾終，汝亦得其所矣。」邢曰：「我非真女，彼娶而後覺之，能相容乎？」洪曰：「世無不好色者，彼若覺察，汝須善為調停，溺愛之人，決無償事。況劉之為人，與我相同，我故願託之也。」邢諾。洪以告劉，遂轉告父母，邀媒行聘，擇吉娶之。父母親戚，見新婦婉孌柔順，與其夫一對玉人，交相慶慰。劉更欣喜，至晚入房曰：「妹何見我即避，今夜更避何處耶？」擁入衾中。邢早於兜肚下作帶，將腎囊、前陽包起。仍曲舉其股，以臀竅受淫，故不覺也。然日久廝熟，時亦漸熱，劉必欲盡去邢之上下衣，強赤其體。無從慢藏，厥物顯露，劉不禁駭異。邢擁劉，盡媚而實告之曰：「爾若捨我，恐女子中未必有勝我者。」劉曰：「我固不忍捨汝，但娶妻為子也，汝能生育乎？況我家不過僅可度日，無餘資再娶，不誤我後嗣耶！」邢曰：「毋恐，我有祖傳符籙，能看香治病，爾倩人繪女仙像供養，我將有仙人附體，治病神效，傳播人知，業必興隆。得財後，再置妾媵，不爾禁也。」劉曰：「為我謀則善矣。但汝以男子身而為此，何能忍乎？」邢益媚嫵之曰：「此事始雖楚而後樂，恐天下男子知此味，人人欲嫁丈夫。世間甘為此者，非我一人也，爾如不信，請嘗試之。且閨中事，外人不知，何妨互相為樂耶？」劉亦迷而順之。從此夫其夫而亦婦其夫，婦其婦而亦夫其婦，兩美交融，眷戀之情益切。劉發財心勝，告於父母，別居附近鄉屯，傳播仙姑治病之說。人見以美婦行醫，爭相延請，日得時錢數貫。一番役垂涎婦色，詐病喚邢去，入室，突擁而撫其下體。出其不意，不及掩飾，居然偉男子也。役縛而訊之，邢哀求包容，願任難姦，而多與之賄。役曰：「村中不乏

少女婦女，非親即故，容汝在此，皆不得作完人矣！且我獲妖人，官賞必厚，豈貪汝賄，自貽伊戚耶！」並獲劉六，送坊轉入秋部鞫實。於左道惑人本罪上，加重問擬繯首，即行正法。劉六照為從例，刺配黑龍江，給索倫達呼爾為奴。此嘉慶十二年四月案。

《閒話》作者吳熾昌戲判道：「看得邢有宋朝之美，洪生衛靈之心。食我餘桃，既若情諧合卺；報其斷袖，何妨長與同衾。倘暫解弁冕，以披髻鬟，時之所有；乃永謝衣冠，而為巾幗，古之所稀。創新法於狂童，應遭冥殛；使舊龍為歸妹，隨肆奇情。潛跡閨門，法猶可避。竟敢炫奇閭里，情無可原。立異者，律以妖人，允宜繯首；為從者，配充奴子，投彼索倫。此判。」〔註643〕

劉六最初是並不知道自己嬌「妻」真實性別的，而紀昀所記的某主人則是特意以男為婦：「前明天啟中，魏忠賢殺裕妃。其位下宮女內監，皆密捕送東廠，死甚慘。有二內監，一曰福來，一曰雙桂，亡命逃匿。緣與主人曾相識，主人方商於京師，夜投焉。主人引入密室，語二人曰：『君等聲音狀貌在男女之間，與常人稍異，一出必見獲。若改女裝，則物色不及。然兩無夫之婦，寄宿人家，形跡可疑，亦必敗。二君身已淨，本無異婦人，肯屈意為我妻妾，則萬無一失矣。』二人進退無計，沉思良久，並曲從。遂為辦女飾，鉗其耳，漸可受珥。並市軟骨藥，陰為纏足。越數月，居然兩好婦矣。乃車載還家，詭言在京所娶。二人久在宮禁，並白皙溫雅，無一毫男子狀，又其事迥出意想外，竟無覺者。二人感主人再生恩，故事定後亦甘心偕老。」〔註644〕就這樣，主人和他的一「妻」一「妾」安安穩穩地過起了家庭生活，一直到清初順治年間才先後去世。

在此附論一下男子女性化問題。

傳統社會很重視男女兩性的自然差異，由此就形成了男女之間的社會分工。男性的社會角色要求他們具有陽剛堅毅之氣，在職業選擇、言談舉止諸方面要有與女性不同的特點。如果某些男性偏離了通常形貌，程度不同地與女性趨似，就可稱為女性化的男子。

這類人物在異性戀中即有存在，比較顯見的產生原因是家庭的刻意培養。袁枚曾記：「蜀人滇謙六富而無子，屢得屢亡。有星家教以厭勝之法，云：

〔註643〕《客窗閒話·續集第五卷·妖人邢大》。此事《大清律例會通新纂》卷十五亦載。

〔註644〕《閱微草堂筆記》卷二。

『足下兩世命中所照臨者，多是雌宿，雖獲雄，無益也。惟獲雄而以雌畜之，庶可補救。』已而綿谷生，謙六教以穿耳、梳頭、裹足，呼為小七娘。娶不梳頭、不裹足、不穿耳之女以妻之。果長大，入泮，生二孫。偶以郎名孫，即死。於是每孫生，亦以女畜之。綿谷韶秀無須，頗以女自居，有《繡針詞》行世。」〔註645〕像滇綿谷的父親這樣由於害怕自己兒子早夭而以育女的方式育兒，這是家庭教養上導致男子女性化的原因之一，其他像有的父母因多生男孩而把有的兒子通常是幼子當作女兒看待，或者僅僅是對兒子過於溺愛，都可能使他們長成之後表現得趨於柔弱，缺乏男性氣概。

就社會原因而言，某些特定人群如戲班中的男旦因為職業關係所以必須在行為舉止乃至性格特徵上都去模擬女性。而即使一般的社會成員，如果社會風氣不甚剛健，有的人也會在世風影響下顯得有些陰柔。（圖203）袁枚還記：「近來習尚，丈夫多臂纏金鐲，手弄椰珠。余頗以為嫌，而謹厚者，亦復為之。陸（陸飛，乾隆間人）作詩刺之云：『我聞遠賈多艱虞，纏金或以資窮途。途窮未必非懷寶，懷藏亦足來萑苻。世人金多揮不足，舉袖滿堂黃映肉。指環臂釧乃女子，男化女兒何日始？』」〔註646〕承平日久，乾隆年間較之順康之世，世人就日漸奢靡儇巧了。

再就單純的生理原因進行考慮，由於內分泌等方面的差異，人們生來的稟賦就存在著區別。有人從小就性格內向，面貌白皙，而有人則正好相反。兩相比較，前一類人物生而就已經或易於女性化，如果再遇有家庭或社會原因的促進，自然還將會更加明顯。

雖然女性化現象在異性戀男子中不乏存在，但人們在這方面認為表現最突出的還是同性戀男子，尤其是其中作為被動一方的孌童龍陽者流。早在漢代，班固在形容佞倖時就講：「柔曼之傾意，非獨女德，蓋亦有男色焉。」〔註647〕此論相延，後世對於男寵經常會做出兩點評述，一是講他們的相貌嬌麗如好女，二是講他們的行為是男做女工、變亂陰陽。（圖204）事證繁多，茲不細舉。總之，把同性戀伴侶的相互關係和異性戀中的夫婦關係相比擬是古代對於同性戀的一種普遍做法。為「婦」者自然難免被認為是女性化，甚至有的會被認為與女子幾乎完全無異。

〔註645〕《子不語・卷二・滇綿谷秀才半世女裝》。
〔註646〕《隨園詩話》補遺卷一。
〔註647〕《漢書・佞倖傳贊》。

對於這種觀點，一方面，不少變童龍陽因其在同性戀關係中所處的地位確實有一種柔化的傾向，從而同性戀行為可以講是導致某些人女性化的原因。但另一方面，有柔必有剛，如果認為同性戀關係中的一方會表現得女性化，由於對這種情態的欣賞是由相互關係中的另一方進行的，則另一方就必然會因而加強自己的剛性氣質，不然他就會難以具備對柔的欣賞駕馭能力。所以在同性戀人物中，有李延年的同時就有漢武帝，有書童的同時就有西門慶。同性戀活動不但培養了一些人的柔媚，而且也培養了另一些人的剛硬，強調一面而忽視另一面的觀點是不全面的。

另外，實際地講，第一，同性戀雙方中的被動者不僅有其性角色的特點，而且，還要有其社會角色的特點。例如，一個兼為龍陽的僕從，作為龍陽，主人可能希望他嬌柔一些；作為僕人，社會則要求他表現得如一般男性，不然就會對他加以嘲諷。所以，被動者面對社會壓力時，還是會儘量避免女性化的。第二，希望被動者嬌柔，這只是一部分主動者的趣好，相當一些主動者願意或可以接受的是外表與一般男子無異的男寵。第三，對於不或基本不存在主動—被動關係的同性戀夥伴而言，雙方更是都沒有女性化的特殊理由。第四，同性戀中的大多數是雙性戀者，雙性戀者中某些人的女性化既存在於他們的同性戀當中也存在於他們的異性戀當中，許多情況下，這樣的女性化談不上是由同性戀方面的原因造成的。

現代觀察的一般結論是：女性化在同性戀和異性戀當中都可以發生，同性戀並不必然導致女性化，同性戀男子和異性戀男子總的看不存在外表上的區分。這一結論基本適用於中國古代。當然由於古代的具體情況，當時同性戀中雖不明顯但畢竟存在的女性化的程度，是比現代高出一些的。

（四）以色騙財

蒲松齡謂：「人情鬼蜮，所在皆然，南北衝衢，其害尤烈。如強弓怒馬，禦人於國門之外者，夫人而知之矣。或有劙囊刺橐，攫貨於市，行人回首，財貨已空，此非鬼蜮之尤者耶？乃又有萍水相逢，甘言如醴，其來也漸，其入也深。誤認傾蓋之交，遂罹喪資之禍。隨機設阱，情狀不一，俗以其言辭浸潤，名曰念秧。」〔註648〕蒲氏這段話深刻揭示了世道的艱險，所謂念秧即以

〔註648〕 《聊齋誌異‧卷四‧念秧》。近人孟森對念秧的解釋是：「按《寄園寄所寄》
引《稗史》云：京師有婦女嫁外京人為妻妾者，初看時以美者出拜，及臨娶
以醜者換之，名曰戳包兒；過門信宿盜其所有逃去者，名曰拿秧兒。此拿秧

陰狠的手段來騙取他人錢財。雖然並非必用男色，不過蒲松齡所記的兩例卻都是如此。

在第一例中，山東王子巽攜僕進京，路遇一金姓少年，自謂江南書生，此行是入京尋親。晚上，王、金共宿同一客店，金與他人賭博，王也由人代賭，結果王輸數十金。金與王商量，讓王先把輸金拿出，等明天他將再原數歸與，王因對金有好感便答應可以如此。實際上，金某和其他賭徒本是一夥，他既已騙得王子巽之財，又擔心王的僕人對他可能已產生了懷疑，於是夜間同睡時，故意對王僕進行勾引，兩人既發生了性事，後者縱有疑心也就不欲對主人講出。第二天一早，金某先行，表示將在前面一站相待，王子巽竟也輕信。結果自然是一去杳然，王這才悟知是受了念秧者的欺騙。這夥人「為數十金，委綴數百里，恐僕發其事，而以身交歡之，其術亦苦矣」。（圖205）

第二件事發生在幾年之後，金某和他的同夥繼續行騙，只是他由金姓變成了史姓，所騙對象是由京返鄉的吳生。這一次，史某以男色手段迷惑吳生，吳則將計就計，使其身體大遭苦痛。並且因有狐仙相助，最終吳生不但未受損失，反而還得到了念秧者中的一位女子，史某即是她的丈夫。這樣一來，史某賠了夫人又折兵，蒲松齡評論道：「何意吳生所遇，即王子巽連天叫苦之人，不亦快哉！旨哉古言：騎者善墮。」（圖206）

摹擬《聊齋》，與其在風格、題材上都比較接近的《螢窗異草》寫有一篇《續念秧》，同樣涉及男色，並且比《聊齋》中的事例更直接、更明顯：某公子自南入京，途宿旅舍，「酒將半，又有客至。主人導以入，其一人鬚髯如戟，冠服不類齊民；其一則形軀短小，年僅成童，美好如處女」。不類齊民的某人逐漸取得了公子信任，並且講明美如處女者是他自京攜出相伴的旦優。夜間三人同宿一室，「少年果隨某同臥，儼然伉儷，公子因竊笑之」。可隨後不久，那兩位故意演示給公子的性交行為卻使他不禁「情大動，惟恨不舍彼而就此」。又過一會兒，「齁聲聒耳，某似熟眠，且聞少年笑曰：『誤人黑甜，旋又醉夢，為歡幾何！』公子頓思招之。鈴柝已四鼓，俄而耳畔有人小語曰：『君盍少竊，敬來答垂盼之情。』語未及竟，身已入衾。公子覺膚香襲人，若薰蘭麝。值火災祅廟之時，寧復有舟返剡溪之事？少年又極洽澩，百倍閨人，公

兒即《聊齋》所謂念秧音之轉也。南方俗語謂之捉溫生，又謂之牽空子。蓋以其人有遭殃之道而拿之，正合兼弱攻昧，取亂侮亡之意。」見《心史叢刊·三集·心史筆粹》。

子初嘗試之，能不神魂顛倒哉！」至此，公子也就終於落入了圈套。如果講前面以男誘男的紮火囤還終究是以異性戀做掩飾的話，這裡的結果則完全是以同性戀的面貌出現：第二天一早，某人「發現」公子和他的「男寵」睡在了一起，於是他便像親夫捉到了姦夫、姦婦一樣大發雷霆，怒吼道：「以若文人華胄，何倚勢奪人所愛耶？斯事無足涉訟，予只撲殺此獠！」公子和當場被捉了姦的姦夫一樣只好低頭賠罪，任其要挾，以數百金的價錢把少年買下。可隨後不久，少年又被一群「京差」拿走，公子本人則在私狎「王府家優」的罪名下再被勒索了八百金。思前想後，公子終於明白：「噫！予知之矣，此真念秧者也。」〔註649〕江湖險惡，盡人皆知，江湖中的男色騙局可謂是諸種險惡裏別具一格的一種。

（五）轉世靈幻

轉世靈幻中的同性戀者雖為人類卻有超自然的經歷或能力。這其中最出名的是和珅，按照稗史的說法他是某妃轉世，然後得到了乾隆皇帝的斷袖之寵。至於普通之人，《蟫史》卷之十六曾經寫道：「解歌兒者，名魚，龍陽（今湖南漢壽）人也。先一世為巴童角兒，撫軍（余述祖）為余美。見而悅之，與同寢處者十年。童以瘵疾死，美殉之。再一世為燕女牛氏，撫軍為金堅，其中表也。少相狎，長相憐，得遂其私。金堅先牛氏卒，牛亦以身殉。堅轉生河東，即今撫軍也。牛氏見金堅出世，投牒主者。主者憫之，請於天曹，仍復其男質。生龍陽民家，為歌兒解魚。年十六，夢金堅來覿，恍然憶夫君下地四十餘年。深恐情人既為顯者，華屋難尋。」解魚四處尋覓往日情人，終於在福建見到了官居撫軍的余述祖。兩情既合，撫軍喟然歎曰：「嗟乎！此情種不可失。雖復鬼瞰其室，終當吾老是鄉。」（圖207至圖208）為了剿滅海寇梅颯彩，余述祖割愛讓解魚去敵營實施美男計。魚以姿色歌喉迷惑了梅賊和幫助梅賊的連尾生，得曉了連尾生的致命弱點，幫助官軍獲勝。戰鬥行將結束時，解魚卻被官軍兵士誤殺。余述祖哀慟不已，嘔血亦亡。（圖209至圖211）

人間如此，鬼域可知，這裡談3個方面的表現。

（一）崇拜司掌男色的神鬼

清代的民間信仰或迷信無處不見，普通民眾對儒、釋、道三教能夠兼收並蓄，並且還能不斷地因事造神，只要有所祈求，就會想出善司其事的靈仙。對

〔註649〕《螢窗異草·三編卷三·續念秧》。

男色神鬼的崇祀即是如此，既然有好男不疲的人群存在，他們就不會不向超自然的世界尋求不現實的護佑。

這種男色神鬼南北不少地方都有。在直隸（今河北），「河間府獻縣城隍廟，泥塑皀隸，昂首注目，狀若傾耳而聽。相傳隸兩耳無聞，喜為人作龍陽之媒。焚楮鏹，附耳私語者，實繁有徒」。在廣東，「嶺南潮洲揭陽城隍廟，亦有聾隸，人俱呼為三官。有調孌童不得者，焚香隸前，以指抉其耳竅，吻近竅，密禱之，事無不諧。諧後，酬以牲醴。肩摩踵接日夕不休，若忘其有城隍神，垂紳正笏，危坐於上者」〔註650〕。在河南和安徽，「汲縣有紂王廟，凡龍陽胥禱於是，潁之衛靈公廟亦然」〔註651〕。

類似情形，還有廣西的雙花廟、福建的胡天保廟、夏德海廟〔註652〕等。契哥契弟們在祈神許願時小心唯謹，在潮州，人們相信：「城隍最靈異，凡入廟不誠者，殛無赦。所以有求於隸，必吻接其耳，虞城隍神之有所聞也。」〔註653〕因怕城隍知道自己的隱私，竟乃只好用偷偷摸摸的方式和聾隸「交流」，煞有介事，如同舞臺演戲。其實，普遍地講，多神崇拜貌似虔誠，但人對神主要還是在進行利用。不但求而不得就會棄置不信，而且即使所求有驗也會事過境遷，不再念念於心。所以，表面上中國人無所不信，實際卻是無所真信，虔敬程度並不如基督徒對他們唯一真神天主上帝的崇拜。若論世俗化，中國是要比西方明顯的，中國的傳統是重視現世和人功，求神拜佛最主要的作用只是求得心理安慰。具體到同性戀，那些「調孌童不得者」若想事克有成，則拜完聾隸之後還得要去冥思苦想，若沒有實際的方法和行動，孌童是不會自動為其所調的。

（二）人與妖鬼的同性戀

中國的妖鬼文化源遠流長，雖然儒家的傳統是「不語怪力亂神」〔註654〕，並且政治生活裡中國古代的神權色彩也確實比較淡薄。但在日常的社會生活當中，神仙鬼怪卻是無所不在的，中國的情況正是基督教所嚴厲指斥的偶像多神崇拜。鬼怪的種類很多，其中能和同性戀發生聯繫的包括：

〔註650〕《夢厂雜著·卷二·聾隸》。
〔註651〕《兩般秋雨盦隨筆·卷一·世俗誕妄》。
〔註652〕見本書第 305、639～641、643～644 頁。
〔註653〕《夢厂雜著·卷二·聾隸》。
〔註654〕《論語·述而》。

1. 動物型的妖

　　動物有血有肉，與人多有相似之處。在初民的漁獵──採集社會，圖騰崇拜的觀念就已把人和動物緊密地聯繫在了一起，乃至於認為彼此渾然一體，可以互相轉化。進入農業社會，這種觀念以改變了的方式依然遺存下來，有關靈異動物的眾多傳聞和故事成為傳統民間文化的重要組成部分。各種動物各有不同的特點，相對儇巧或怪異的總是被特別看中。在中國古代，狐狸就以其窈窕的體態，機敏的反應而被認為具有特別的媚力。《太平御覽》卷第九百九引六朝時期的《玄中記》曰：「五十歲之狐為淫婦，百歲狐為美女，又為巫神。」引《名山記》曰：「狐者，先古之淫婦也，其名曰『紫』。紫化而為婦，故其名自稱阿紫。」可見狐狸和女色的聯繫是有長久歷史的，最著名的如《封神演義》中的千年狐妖，它化做媚豔的妲己，迷惑得商紂王斷送了天下。其實非獨女色，妖狐可女也可男，則它們為男時就可能會與同性戀發生聯繫。《獪園‧卷十一‧狐妖八》是一則明代的狐──人同性戀故事：「〔萬曆〕癸丑春，杭州貓兒橋有一雄狐，每日至晚變為美少年，迷惑往來淫夫，有獨行者便隨之去。杭人多好外，見輒引歸。淫狎日漸，尫瘠成病，乃知狐祟所為。」清代紀昀《閱微草堂筆記》是一部出名的談怪說鬼的短篇小說集，其中的狐仙有時也對男色表現得很有興趣。卷七記：「滄州近海處，有牧童年十四五，雖農家子，頗白皙。一日，陂畔午睡醒，覺背上似負一物，然視之無形，捫之無質，問之亦無聲。數日後，漸似擁抱，漸似撫摩，既而漸似夢魘，遂為所污，自是媟狎無時。時或得錢物果餌，亦不甚多。鄰塾師語其父曰：『此恐是狐，宜藏獵犬，俟聞媚聲時排闥嗾攫之。』父如所教，狐嗷然破窗出，在屋上跳擲，罵童負心。」卷十六：「李蟠木言：其鄉有灌園叟，年六十餘矣。與客作數人同屋寢，忽聞其啞啞作顫聲，又呢呢作媚語，呼之不應。一夕，燈未盡，見其布衾蠕蠕掀簸，如有人交接者，問之亦不言。既而白晝或忽趨僻處，或無故閉門。怪而覘之，輒有瓦石飛擊。人方知其為魅所據。久之不能自諱，言初見一少年至園中，似曾相識，而不能記憶；邀之坐，問所自來，少年言：『有一事告君，祈君勿拒。君四世前與我為密友，後忽藉胥魁勢豪奪我田。我訴官，反遭笞。鬱結以死，訴於冥官。主者以契交際末，當以歡喜解冤，判君為我婦二十年。不意我以業重，遽墮狐身，尚有四年未了。比我煉形成道，君已再入輪迴，轉生今世。前因雖昧，舊債難消；夙命牽纏，遇於此地。業緣湊合，不能待君再墮女身，便乞相償，完此因果。』我方駭怪，彼遽噓我以氣，惘惘然如醉如夢，

已受其污。自是日必一兩至，去後亦自悔恨，然來時又帖然意肯，竟自忘為老翁，不知其何以故也。一夜，初聞狎昵聲，漸聞呻吟聲，漸聞悄悄乞緩聲，漸聞切切求免聲，至雞鳴後，乃嗷然失聲。突梁上大笑曰：『此足抵笞三十矣。』自是遂不至。後葺治草屋，見梁上皆白粉所畫圈，十圈為一行。數之，得一千四百四十，正合四年之日數。乃知為所記淫籌。計其來去，不滿四年，殆以一度抵一日矣。」（圖212）

　　當然，古人寫怪並非單純地是為了搜奇記異，其中還往往有另意存焉。即如上面《閱微》卷七中的故事，紀昀就接著寫道：「塾師呼與語曰：『君幻化通靈，定知世事。夫男女相悅，感以情也。然朝盟同穴，夕過別船者，尚不知其幾。至若孌童，本非女質，抱衾薦枕，不過以色為市耳。當其傅粉熏香，含嬌流盼，纏頭萬錦，買笑千金，非不似碧玉多情，回身就抱。迨富者資盡，貴者權移，或掉臂長辭，或倒戈反噬，翻雲覆雨自古皆然。然則與此輩論交，如搏沙作飯矣。（圖213）況君所贈，曾不及五陵豪貴之萬一，而欲此童心堅金石，不亦顛乎？』語訖寂然。良久，忽聞頓足曰：『先生休矣，吾今乃始知吾癡。』浩歎數聲而去。」紀昀通過這則故事是想說明與孌童龍陽建立同性戀情誼的不易，確實是語語中的。由此也可看出，古人寫怪時未必真信其有，借鬼怪言人事的情況是普遍存在的，他們對仙鬼多是持將信將疑的態度。

　　而如果狐仙幻化成為女子，則偶而也可能出現女性同性戀之事。這種情形很少見，所以同時很令人覺得有趣。《聊齋誌異·卷五·封三娘》：「范十一娘，曨城祭酒之女。少豔美，騷雅尤絕。父母鍾愛之，求聘者輒令自擇，女恒少可。會上元日，水月寺中諸尼，作盂蘭盆會。是日，遊女如雲，女亦詣之。方隨喜間，一女子步趨相從，屢望顏色，似欲有言。審視之，二八絕代姝也。悅而好之，轉用盼注。女子微笑曰：『姊非范十一娘乎？』答曰：『然。』女子曰：『久聞芳名，人言果不虛謬。』十一娘亦審里居。女笑言：『妾封氏，第三，近在鄰村。』把臂歡笑，詞致溫婉，於是大相愛悅，依戀不捨。十一娘問：『何無伴侶？』曰：『父母早世，家中止一老嫗，留守門戶，故不得來。』十一娘將歸，封凝眸欲涕，十一娘亦惘然，遂邀過從。封曰：『娘子朱門繡戶，妾素無葭莩親，慮致譏嫌。』十一娘固邀之。答：『俟異日。』十一娘乃脫金釵一股贈之，封亦摘鬢上綠簪為報。十一娘既歸，傾想殊切。出所贈簪，非金非玉，家人都不之識，甚異之。日望其來，悵然遂病。父母訊得故，使人於近村諮訪，並無知者。時值重九，十一娘羸頓無聊，倩侍兒強扶窺園，設褥東籬

下。忽一女子攀垣來窺，覘之，則封女也。呼曰：『接我以力。』侍兒從之，驀然遂下。十一娘驚喜，頓起，曳坐褥間，責其負約，且問所來。答云：『妾家去此尚遠，時來舅家作耍。前言近村者，緣舅家耳。別後懸思頗苦，然貧賤者與貴人交，足未登門，先懷慚怍，恐為婢僕下眼覷，是以不果來。適經牆外過，聞女子語，便一攀望，冀是小姐，今果如願。』（圖 214）十一娘因述病源。封泣下如雨，因曰：『妾來當須秘密。造言生事者，飛短流長，所不堪受。』十一娘諾。偕歸同榻，快與傾懷。病尋愈。訂為姊妹，衣服履舄，輒互易著。見人來，則隱匿夾幕間。」後來封三娘撮合范十一娘與孟生婚配。為能一直相聚，十一娘勸說三娘亦嫁孟生。三娘婉拒，十一娘遂「陰與生謀，使偽為遠出者。入夜，強勸以酒；既醉，生潛入污之。三娘醒曰：『妹子害我矣！倘色戒不破，道成當升第一天。今墮奸謀，命耳！』乃起告辭。十一娘告以誠意而哀謝之，封曰：『實相告：我乃狐也。緣瞻麗容，忽生愛慕，如繭自纏，遂有今日。此乃情魔之劫，非關人力。再留，則魔更生，無底止矣。娘子福澤正遠，珍重自愛。』言已而逝。」

除去狐仙還有蛇精。流傳廣泛的斷橋等故事使它們易於和美女相關聯，形成諸如美女蛇之類的形象。袁枚《隨園詩話》卷十三則記：「海鹽馬士榮，字煥如。所著詩集有《白生歌》云：『白生者，蛇精也，化美男子，為錢千秋孝廉所狎。孝廉謫戍出塞，白與偕行，情好綢繆。後遇赦歸。錢官司李，白以手帕託錢求張真人用印，事破受誅。乃乞錢以玉瓶裝其骨，道百年後，可仍還原身。』事甚詭誕。」（圖 215）

屠紳《蟫史》中的連尾生是一個鱧魚精。在該書第十八卷，他與解魚相交接，事後解魚尋問他的來歷。

尾生曰：「我之名齊於鯉，鯉或化龍，而我自為我，乃混濁不分之鱧耳。」（圖 216）魚曰：「是何精修？而道行至此。且鱧也者，齊風僅比於魴鰥，郭賦不先於鯪鯉，連行雖有相知之雅，出水初無久視之方。父道固高，兒何能踐形惟肖矣？」尾生曰：「昔洪水為虐，澤國徙高陵，庸氏第以大首遭烹，方家因以扁身至醢。我雜處其間，涵育無患，藉龍蛇之力，竄入羽淵。伯鯀之化黃熊，食淵魚且盡。我悲夫子孫之無遺類也，暴鰭揚鬐，以與彼戰。彼乃為泂陳五行之陣以困我，我因水漫土上，轉入土避之。土下逢木，質為木壞；木下逢金，氣借金斂；金下逢火，精神從火返。適尾宿下世，扶其精

氣神而收畜之，煉他人為質，以為子嗣，故名曰『連尾生』也。夏商之代歷鬼劫，秦漢之時歷仙劫，俱不能壞我煉質。」（圖217）

　　總之，連尾生是一個幾千年修煉而成的鱺魚精，而這段文字的表述實在曲折艱澀。在《蟫史》中，能夠化做「冶容少年」的連尾氏既有與同性相交的熟練技巧，同時還法術高強，來到人世幫助叛賊抵抗官軍。而解魚卻是官軍派到敵營的內應，他假借性關係博得了連尾生的好感，又進而探聽出了他的弱點所在，從而幫助官軍在後來的戰鬥中取得了勝利。心知對方為自己的敵人卻還要以身相奉，這種美男計被解魚用在了人、妖之間。

　　龍是具有中國特點的圖騰崇拜的產物，雖無實際存在卻被人描述得具體真切、活靈活現。俗言：一龍生九種，種種各別。龍中也有喜好男風的，《閱微草堂筆記》卷十三：「牛犢馬駒，或生鱗角，蛟龍之所合，非真麟也。婦女露寢，為所合者亦有之。惟外舅馬氏家，一佃戶年近六旬，獨行遇雨，雷電晦冥，有龍探爪按其笠。以為當受天誅，悸而踣，覺龍碎裂其褲，以為褫衣而後施刑也。不意龍捩轉其背，據地淫之。稍轉側縮避，輒怒吼，磨牙其頂。懼為吞噬，伏不敢動。移一二刻，始霹靂一聲去。呻吟塍上，腥涎滿身。幸其子持蓑來迎，乃負以返。初尚諱匿，既而創甚，求醫藥，始道其實。耘苗之候，饁婦眾矣，乃狎一男子；牧豎亦眾矣，乃狎一衰翁。此亦不可以理解者。」（圖218至圖219）

2. 植物型的妖

　　相對而言，植物不如動物易於成妖，但雖少卻並非沒有，如花妖、木妖之類就是能夠幻化成人的。紀昀記：「益都朱天門言：有書生僦居京師雲居寺，見小童，年十四五，時來往寺中。書生故蕩子，誘與狎，因留共宿。天曉有客排闥入，書生窘愧，而客若無睹，俄僧送茶入，亦若無睹。書生疑有異，客去，擁而固問之，童曰：『公勿怖，我實杏花之精也。』書生駭曰：『子其魅我乎？』童曰：『精與魅不同。山魈屬鬼，依草附木而為祟，是之謂魅。老樹千年，英華內聚，積久而成形，如道家之結聖胎，是之謂精。魅為人害，精則不為人害也。』問花妖多女子，子何獨男？曰：『杏有雌雄，吾固雄杏也。』又問何為而雌伏？曰：『前緣也。』又問人與草木安有緣？慚泚良久，曰：『非借人精氣，不能煉形故也。』書生曰：『然則子魅我耳。』推枕遽起，童亦艴然去。（圖220）書生懸崖勒馬，可謂大智慧矣。」〔註655〕採補行為是人—妖交

〔註655〕《閱微草堂筆記》卷八。

-365-

往中涉及到性關係時經常的一個主題，不過絕大多數是採陽補陰或採陰補陽，性關係的雙方是一男一女，而如此例則是採陽補陽，一「男」要吸取另一男的精氣，實屬少見。

3. 人死之後變成的鬼

有的「人」雖然生活在世上，卻知道自己已經死過，其實是鬼。同光間宣鼎曾寫過這樣的一個曲折故事：洛陽上官生夜遇一「臨風玉樹」般名琴的少年，一見傾心，便設計勾引。幾天後的晚上，「生遽偎琴坐，曰：『弟如此表表，又慧而文，僕若巾幗，當為弟相思死。』曰：『豈鬚眉即不為我相思死耶？然則猶非真情種也。』曰：『實告弟，目睹玉容，已顛倒衣裳輾轉枕席兩晝夜矣。』琴縱體入懷，戲嘲曰：『龍陽君情急矣。』生喜，即狎抱求歡。」可等到「解衣就榻」之後，上官生卻發現琴實際是一女子，不過他喜南亦愛北，遂便與琴歡好無間。事畢，男裝的琴講她還有一位女裝的男伴娟郎，同樣願意委身事生。上官生自然高興，第二天晚上，琴、娟同至，「三人一枕。捫其下體，累累者偉男也，琴就其前，而生就其後，終夜翻騰，自古秘戲圖無此花樣」。自此，「終日局雙扉，晝夜與共」。上官生在他的溫柔之鄉盡意享受豔福，詎料幾年之後琴、娟忽然不辭而別，上官從留下的便箋中得知「真象」為：他自己的前生與琴、娟前生的前生相交為友，等他死後，二友卻做了對不起他子嗣的惡事，結果陰律施懲，琴、娟轉世為卑賤的婢僕，後又不得好死，重做幽魂，閻王還不放過，判他倆「幽媾填報」，應以女、男二色去侍奉轉為今世的上官生。原來「事實」如此！上官氏傾心相戀的男女「非人非妖，乃含冤負孽之鬼也」〔註656〕。

4. 原生形態的鬼神

這類鬼神不是由動植物或人變化而來，它們的形態向來如此，比如閻王小鬼、城隍土地之類。它們與人同性戀的例子，《子不語》曾載：北京寶泉局「有土地祠，旁塑木皂隸四人，爐頭銅匠咸往祀焉。每夜眾匠宿局中，年少者夢中輒被人雞姦，如魘寐然。心惡之，而手足若有所縛，不能動，亦不能叫呼。如是月餘，群相揶揄，終不知何怪。後祀土地，見一隸貌如夜間來淫人者，乃訴之官，取鐵釘釘其足，嗣後怪絕。」〔註657〕

〔註656〕《夜雨秋燈錄·卷四·上官生》。
〔註657〕《子不語·卷十七·木皂隸》。

（三）妖鬼之內的同性戀

鬼不但戀人，而且還會戀自己的同類。《斬鬼傳》中，色中餓鬼是一個既喜婦人又好小夥兒的淫僧：

> 這色中餓鬼與這私窠婦人，頑了一個時辰，方才雲收雨歇。婦人道：「你今夜回庵中去麼？」和尚道：「庵中有鍾馗〔註658〕住著，甚不方便，今晚在這裡歇罷。」又飲了幾杯美酒，方才抱頭交股而睡。這地溜鬼聽得是色中餓鬼，慌忙溜將出來。此時已是黃昏時候，所以小和尚也不曾看見。飛走回來，報與鍾馗。鍾馗提了寶劍，跟了地溜鬼，往這私窠人家來。小和尚不肯放入，鍾馗大怒，令地溜鬼：「索了牽回庵去，待俺再問他。」地溜鬼牽了小和尚去了。鍾馗進門，大喝一聲：「禿廝何在？」這婦人驚的赤條條跳下炕來，叩頭求命。鍾馗只見婦人，不見和尚，大驚問道：「禿廝那裏去了？」婦人道：「剛才與小婦人同宿，淫情未厭，如今往別處耍龍陽去了。想他就回來。」鍾馗聽了大喝一聲，手起劍落，砍了兩段。心下想到：「這禿廝想必還來，不免在此等他。」等勾頓飯其間，只聽得色中餓鬼隔窗叫道：「親親，你睡著了？我好快活有興，再和你耍耍如何？」鍾馗聽見是他，提了寶劍，劈頭就砍。這色中餓鬼猛吃一驚，脫身就跑。〔餓鬼最終是死在了鍾馗劍下〕。〔註659〕

《平鬼傳》借溜搭鬼、催命鬼的觀察巧妙顯示了色鬼和小低搭鬼之間的斷袖關係。語言詼諧，調笑風趣。

第二回：

> 〔巫婆溜搭鬼去看望他生病的姘夫色鬼〕，及至進了色鬼的大門，來到色鬼的臥房，看見色鬼面如金紙，瘦如乾柴，遂問道：「色哥，你的病體好些麼？」色鬼一見溜搭鬼，不覺滿心歡喜，問道：「情人為何許久不來？」溜搭鬼道：「家裏事多，總不得閒。」說著就在色鬼床沿上坐下。見一個年幼家童，送茶過來，年紀不過十六七歲，白面皮、尖下巴，兩個眼如一池水相似。溜搭鬼接茶在手，遂問道：「這個孩子是幾時來的？」色鬼道：「是前月新覓的，名叫小低搭鬼。」溜搭鬼笑道：「無怪你的病體直是不好。」色鬼道：「實

〔註658〕民間的打鬼驅邪之神。
〔註659〕《斬鬼傳》第九回。

因無人扶侍，並無別的事情。」溜搭鬼目觸心癢，不覺屢將眼去看他。小低搭鬼也用眼略飄了兩飄，只是低著頭微笑不語。

第三回：

〔小低搭鬼請來郎中催命鬼賈在行，等催命鬼給色鬼開完藥〕，小低搭鬼又插口道：「先生有痔瘡藥否？」賈在行道：「可是足下？」小低搭鬼道：「正是。」賈在行道：「若是酒色過度、饑飽勞碌得來，不治久則成漏。足下是因聚精養銳上得來的，不早治恐成終身之累。」小低搭鬼道：「如何成終身之累呢？」賈在行笑而不答。溜搭鬼道：「求明白賜教。」賈在行笑著向溜搭鬼耳邊說道：「恐成髒頭風。」溜搭鬼用手中扇子在賈在行頭上輕輕打了一下，說道：「他是真心求教，你偏有這些胡言亂語的！」

《何典》裏有餓殺鬼和劉打鬼的斷袖關係。

第二回：

那土地餓殺鬼非但貪財，又極好色。他手下有個門子，叫做劉打鬼，當官名字又叫做劉莽賊，年紀不多，生得頭端面正。他的母親劉娘娘，也生來細腰長頸，甚是標緻。娘兒兩個，都是這餓殺鬼的婊子。

第四回：

〔有媒人撮合寡婦雌鬼嫁給劉打鬼，雌鬼開始不願，道〕：「聞說這劉打鬼是土地老爺的湯罐弟弟，自身顧弗周全，還做別人的老婆。我去做那老婆的老婆，豈不是小老婆了！」

〔雌鬼後來同意了親事，她的弟弟形容鬼表示反對，道〕：「你是個好人家囡大細，家裏又弗愁吃，弗愁著，如何想起這條硬肚腸來？即使要再嫁，怎麼想嫁那劉莽賊？他是個千人騎，萬人壓的，有甚好處？若嫁老公弗著起來，也是一世之事，將來弗要懊惱嫌遲。」

像色鬼、小低搭鬼、劉打鬼等，他們雖有鬼名，但人的特徵是顯而易見的。

五、同性戀文獻

從書籍文獻的角度談清代同性戀，這裡選取小說、戲劇等七類。

（一）小說

清代小說中最與同性戀直接相關的當屬《品花寶鑑》。這部道光年間的作

品描寫了當時北京男色的各個方面，作者陳森既有親身經歷，又能細緻觀察，同時還具備深厚的文學功底，因而該書情節生動，語言精恰，無論文學還是社會學的價值都值得重視。(圖221至圖222) 書中人物許多是實有所指的，《小說考證》卷八引《郇羅延室筆記》，曾經記曰：

　　覺羅炳成，字集之，號半聾，因左耳重聽也。余於光緒元年入都，一日與談《品花寶鑒》中人物，半聾曰：華公子，予曾見之，其花園在平則門外，名可園。余見華公子時，公子已貧，無以自給，拆賣楠木橡柱山石以糊口。時適夏令，公子留食瓜。少頃，雛婢捧大玻璃盤二，一貯黃色，一貯紅色，瓜子皆剔淨。瓜又以黃金為之，柄則翠玉也，其侈猶如此。未幾，公子死，幾不能成喪禮。公子號華岩，父崇某，群呼之曰崇華岩。乃戶部銀庫郎中玉某之子，玉某者，旗人呼之曰玉八爺。沒後以虧空案查抄，家產蕩然，僅存一園以自給，故收局如是。徐子云者，名錫某，侍郎也。左手六枝指，故別號錫六指頭。其花園在南下四，即名怡園。蕭靜宜者，即吾皖江慎修先生也。至田春航、侯石翁，人皆知為畢秋帆、袁子才矣。史南湘即蔣苕生，屈道翁即張船山。梅學士為鐵保，而梅子玉、杜琴言，實無其人，隱「寓言」二字之意。至如潘三，乃內城錢糧胡同內興靴鋪掌櫃，姓蘇，諢號靴蘇者是也。奚十一為孫爾準之子，孫為兩廣總督，拆孫字偏旁，爾字上截，而湊為奚字。從廣東來，故稱廣東人。其來也，夾帶大土無數，至京販賣，故拆土字為十一，又呼之為老土也。姬亮軒為嵇文恭公後人，遊幕者也，隱嵇為姬。宏濟寺即後來之興勝寺，庚子拳亂，曾設壇於此，故洋兵焚之，今改醫局矣。寺中方丈善醫花柳病，光緒初年余入都，猶見寺門大書專治毒門招牌。田春航與蘇蕙芳之事，實有之，所謂狀元夫人者。畢督兩湖時，大權獨攬，招搖納賄，見諸參折中者，其真名則不能憶矣。魏聘才者，姓朱，號宣初，由一榜補內閣中書，截取同知，捐升知府，在京候選。詩畫皆佳，至今其畫價直甚昂。玉天仙者，實有其人，名亦未改。朱納之為妾，後正室死，即以為繼室。生子某〔註660〕，為名進士。時文最工，為江浙八名家之一，終於工部郎中。作者不知何故譏斥之不遺餘力，殆有私憾焉。至蘇侯即琦侯，

〔註660〕案：號雪塍。——原注。

而硬扭為田春航外舅，則不可解。孫亮功即穆揚阿〔註661〕，曾任廣西柳州知府。嗣徽、嗣元，即其二子穆四山、穆五山也。高品者，即陳森書〔註662〕，常州名士，即作《品花寶鑒》者。金粟者，旗人桂竹孫也。道光末年，以同知署常州知府，出資刻《品花寶鑒》，後因案革職，貧不能自存。群旦中唯袁寶珠原姓原名，即雲南甘太史為之自盡者〔註663〕。咸豐季年，其人尚存，然門前冷落車馬稀，無人過問矣。其餘如王文輝、王恂、顏仲清、李性全、王胡等，皆實有其人，不過姓名皆更易矣，不可枚舉也。道光季年，《品花寶鑒》未出版時，陳森書挾鈔本，持京師大老介紹書，遍遊江浙諸大吏間，每至一處，作十日留。閱畢，更之他處。每至一處，至少贈以二十金，因是獲資無算。半聾少時，隨其父浙江糧道任。陳至，留閱十日，贈以二十四金，彼猶以為菲薄也。

《品花寶鑒》著力表張士、優之間不涉淫慾的交誼。士人都要做名士，優人都要成名優，只是名額有限；並且如果沒有假名士、假名優也就顯不出「真者」的身價。結果便是士人相輕，優人相賤。晚於《品花寶鑒》幾十年問世的《兒女英雄傳》就把《品》中的正面寫成了反面。在第三十二回，鄧九公對安老爺講他看戲時的所見：

　　這個當兒，那占第二間樓的聽戲的可就來了。一個是個高身量兒的胖子，白淨臉兒，小鬍子兒，嘴唇外頭露著半拉包牙；又一個近視眼，拱著肩兒，是個瘦子。這倆人，七長八短球球蛋蛋的帶了倒有他娘的一大群小旦！要講到小旦這件東西，更不對老弟你的胃脘了。愚兄老顛狂，卻不嫌他。為甚麼呢？他見了人，請安磕頭，低心小膽兒，咱們高了興，打過來，罵過去，他還得沒說強說沒笑強笑的哄著咱們。在他只不過為那掙幾兩銀子，怪可憐不大見兒的。及至我看了那個胖子的頑小旦，才知北京城小旦另有個頑法兒。只見他一上樓，就併上了兩張桌子，當中一坐，那群小旦前後左右的也上了桌子，擺成這麼一個大兔兒爺攤子。那個瘦子可倒躲在一邊兒坐著。他們當著這班人，敢則不敢提「小旦」兩個字，都

〔註661〕按：即慈安后之父。——原注。
〔註662〕當為陳森。
〔註663〕《越縵堂日記補》咸豐十年七月二十日：「甘太史者，名守先，道光間為□歌郎寶珠債負鉅萬，自縊者也。」

稱作「相公」。偶然叫一聲，一樣的「二名不偏諱」，不肯提名道姓，只稱他的號。

我正在那裏詫異，又上來了那麼個水蛇腰的小旦，望著那胖子，也沒個裏兒表兒，只聽見衝著他說了倆字，這倆字我倒聽明白了，說是「肚香」。說了這倆字，也上了桌子，就儘靠著那胖子坐下。倆人酸文假醋的滿嘴裏噴了會子四個字兒的區。這個當兒，那位近視眼的可呆呆的只望著臺上。臺上唱的正是《蝴蝶夢》裏的「說親回話」，一個濃眉大眼黑不溜僦的小旦，唧嚕了半天，下去了。不大的工夫卸了妝，也上了那間樓。那胖子先就嚷道：「狀元夫人來矣！」那近視眼臉上那番得意，立刻就像真是他夫人兒來了。

我只納悶兒，怎麼狀元夫人到了北京城，也下戲館子串座兒呢？問了問不空和尚，才知那個胖子姓徐，號叫作度香，內城還有一個在旗姓華的，這要算北京城城裏城外屬一屬二的兩位闊公子。水蛇腰的那個東西，叫作袁寶珠。我瞧他那個大鑼鍋子，哼哼哼哼的，真也像他媽的個「元寶豬」！原來他方才說那「肚香」、「肚香」，就是叫那個胖子呢！我這才知道小旦叫老爺也興叫號，說這才是雅。我問不空：「那狀元夫人又是怎麼件事呢？」他說：「拱肩縮背的那個姓史，叫做史蓮峰〔註664〕，是位狀元公，是史蝦米的親侄兒。」我也不知這史蝦米是誰。又說：「那個黑小旦〔註665〕是這位狀元公最賞鑒的，所以稱作狀元夫人。」（圖223）我只愁他這位夫人，倘然有別人叫他陪酒，他可去不去呢？

徐度香等是《品花寶鑒》裏的名士，袁寶珠等是《品花寶鑒》裏的名優。徐某等好色不淫，袁某等守身如玉，可《兒女英雄傳》卻把他們諷寫得如此不堪。這就說明了一個問題，也即對人進行評價是相當複雜的一件事，不同的評者從不同立場出發會對同一個人或一類人做出差異很大的評定。再如對於隨園老人袁枚，在清代仰慕者有之，視他為文才卓越、情性風流的大名士、超級名士；鄙薄者亦有之，認為他詩格不高，耽聲溺色。《品花寶鑒》大致採取的是後一種觀點，書中曾經描寫杜琴言與侯石翁也即袁隨園之間的一段遭遇。在

〔註664〕　史蓮峰表面是指《品花寶鑒》中的田春航，田的生活原型係畢沅畢秋帆。而在實際上，此人是指道光年間的朱朵山。按：史—豕—豬—朱，蓮—朵，峰—山，參見本書第594頁《辛壬癸甲錄》的記述。
〔註665〕　黑小旦表面是指《品花寶鑒》中的蘇蕙芳，實際是指道光年間的陳長春。

第五十五回，琴言隨義父去訪石翁。「石翁見琴仙玉筍尖尖的，拿了把扇子，便要他的扇子看，順便拉了他的手看了看，贊道：『此子有文在手，是有夙慧的。』便將他的手翻來翻去，迷離了老眼看了兩回。」後又借機在琴言的扇子上題詩一首：

> 誰詠枝高出手寒，雲郎捧硯想應難。
>
> 羨他野外孤飛鶴，日傍瑤林偷眼看。

詩中的雲郎即清初名優徐紫雲，他和著名文學家陳其年的同性戀關係後面將談，石翁藉此顯示了他的覬覦之念，惹得琴言甚為不快。到第五十六回，琴言義父病逝南京，石翁前來弔唁。「石翁收了淚，掛了匾額，看了一看，歎口氣走進孝幃，琴仙忙叩頭道謝。石翁蹲下身子，一把挽住，也就盤腿坐下，挨近了琴仙，握了琴仙的手，迷離了老眼。（圖 224）此時石翁如坐香草叢中，此心不醉而自醉。琴仙心上不悅，身子移遠些，石翁倒要湊近些。琴仙見他這個樣子，兩隻生花老眼，看定了他，那神色之間，總不像個好人。心上又氣又怕，臉已漲紅。石翁笑道：『你倒不要多心，不是我說，你的年紀太小，又生得這好模樣，京城的風氣極壞，斷斷去不得。自然在我這裡，你令尊九泉之下也放心。你拜我作義父也好，拜我作老師也好，我又是七十多歲的人，人家還有什麼議論？』琴仙只當沒有聽見，站得遠遠的。石翁沒趣，睜大了三角眼，瞅了他一會，又道：『我是一片好心，你倒不要錯了主意。』便起身要走，琴仙只得又叩了兩個頭，道：『小佳不認得外邊，就算謝過孝了。』石翁要扶他，琴仙站了起來，離遠了。石翁無奈，只得走了回去。想了半日，明日著人送了一擔米，一擔炭，四兩銀來。試試琴仙的心，受不受？若受了自然慢慢的還肯到他家裏去。誰知琴仙執不肯受，石翁甚怒，罵他不受擡舉，以後也就無顏再來。」

　　讀者觀後不難看出，《品花寶鑒》具有才子佳人小說的一些特徵。所謂這種小說，主人公必是冰清玉潔，像梅子玉與杜琴言，然後還需有一些皮膚淫濫之徒作為陪襯，像奚十一與巴英官。因此，才子佳人文學裏缺乏既不一味淫惡又不極端清純的中性偏善的世俗化人物形象，具體到具有特定描寫對象的《品花寶鑒》，就是缺乏既具有現實的同性戀趣好又在立身行事方面總體上屬於正派的人物。（圖 225）但這樣人物是客觀存在的，《寶鑒》採取了兩種方式進行處理。一種是對於田春航、華公子等，他們說起來應是有同性戀經歷的，但這方面的事情未被明確寫及，從而田、華表現得就像是一般意義上的名士公子。

一種是對於侯石翁、李元茂等，他們人雖不惡但被寫得或老或愚，從而代表不了普通同性戀者的全部。石翁已述，他古稀之年，雞皮鶴髮，再去向美男示愛就是欲以少陽配老陽，旁人觀之總會心裏覺得不舒服；李元茂是梅家西席之子，後來僥倖中了一個秀才。他人雖年輕，可身貌笨濁，心思遲鈍，若去狎優也不會有風雅表現。《寶鑒》第五十一回，元茂將隨岳父出京，臨行前幾天，街頭忽遇相識的相公二喜，「便一徑同到了二喜寓處，進了客房，二喜道：『你此番去了幾時才來？你倒忍心撇得下我麼？』說罷便竄到元茂懷裏道：『我跟你去罷，你去了我在京裏也沒有疼我的人，不如咱們苦苦樂樂的在一塊兒。』說到此兩眼紅紅的，像要淌下淚來」。這些其實只是表演，和娼妓的偷寒送暖沒有什麼兩樣。二喜對元茂又是敬進皮杯，又是請吸鴉片，而且還進獻了身軀。既有付出，便要索取，他看上了元茂手腕上的金鐲。「二喜把著元茂的手，放在自己臉上道：『從前有位張少爺也與我相好，我也使過他的錢。他在京時問他要什麼他總肯，到他出京時我問他要個鐲子，他就支支吾吾，說這樣推那樣，不肯給我。』元茂見他這般光景，心裏甚是過意不去，支支吾吾的道：『我有東西給你。』二喜道：『我說那張少爺的鐲子，與你這個一樣的。你若做了他，還要等我開口麼？』說著要把元茂的鐲子除下來看，說道：『可是兩根絲攪成的？』即將下來看看，帶在手上，說道：『這種鐲子，我也得不少。若是不要緊的人給我，我也不記得他。若是你給的，那管是銅的，我也當他金的一樣，況是個金的，自然一發當作寶貝了。』一面說著看元茂。」結果，元茂的金鐲最終被二喜半要半奪地得到，弄得他「一肚子苦說不出來，喪氣而回」。這也是一場臨別相送，完全沒有梅、杜相別時的柔腸寸斷，萬種悲淒。有的只是肉慾和虛情，歸根結底是一場交易。

《品花寶鑒》寫了侯石翁和李元茂，想以他們作為一般同性戀者的代表，但現實生活中終究還有既不老憊也不愚呆的年少才高的同性戀人物。陳森回避了對他們的描寫，大概是覺著褒也不是、貶也不是吧。相關聯地，色藝雙全卻又不拒獻身的名優也未予以寫及。因此，《品花寶鑒》對當時社會的反映雖可謂近似，但不是全似。書中的正面角色顯得有些刻板，倒是被進行了反面刻畫的數人形象真實，現實感較強。周作人曾經評論道：「《品花寶鑒》雖然是以北京的相公生活為主題，實在也是一部好的社會小說。書中除所寫主要的幾個人物過於修飾之外，其餘次要的也就近於下流的各色人等卻都寫得不錯。」〔註666〕

〔註666〕《知堂書話》，第894頁。

　　《品花寶鑒》的寫作受到了《紅樓夢》的深刻影響，梅子玉的身上就閃動著賈寶玉的影子。關於《紅樓夢》及其相關著作中的同性戀，請見本書第 29～31、1134～1153 頁的詳述。

　　豔情小說方面，與明代一樣，清代的《肉蒲團》、《春燈鬧》、《姑妄言》、《杏花天》、《濃情快史》、《妖狐豔史》、《桃花豔史》、《燈草和尚傳》等雖以描寫異性情慾為主，不過也都間有一些同性戀的內容。其中，寫作水平最高的是《肉蒲團》，內容情節最豐富的是《姑妄言》。《姑妄言》卷之十四曾經這樣描寫富家子牛耕與兩性人奇姐的「夫妻」生活：

　　　　四月二十八日娶親，這個月是小盡，初一是三朝，請吃會親酒。他丈人家的這些親戚多敬了新姑爺幾杯，有些醉了，晚間上床睡覺。他前一連兩夜，因愛奇姐過甚，弄了八九次，乏困了，故不覺得。這第三夜不但弄不得了，且又沉醉。睡不多時，他的糞門是夜夜離不得人弄的，過了兩宿，此時又癢起來。他已醉了，見有人同他睡著，當是每常小子們陪侍他。想要弄弄奇姐，把個屁股儘著向奇姐跟前拱去。奇姐不知其故，忙向後退縮讓他，他又蹶著就了過來，不見動手，口中模模糊糊的道：「我癢得很，你怎麼不弄，倒躲開了？」奇姐牝中昨夜乍得了些甜頭，正想其中的妙境。這初一是陽氣發生之始，他淫情一動，那一段肉也便大硬起來，聽得牛耕說要弄的話，雖不懂內中的緣故，想道：「他既說要弄，我何不試他一試？」前日牛耕弄他時曾用唾，他也學擦了些，摟著他糞門，一頂而入。那牛耕每常叫這些小子弄他，但以僕弄主，未免踽踽踧踧，只不過殺癢而已。今遇了奇姐的這段奇肉，又粗又長，而且又硬，大肆衝突，弄得他有無窮的受用。

　　　　忽然醒來，見是自己的新洞房，卻又有人弄他，心中大疑。回頭一看，竟是新娘子大弄新女婿。他忙用手摸摸他屁眼中，乃是新娘子的陰門上的那一塊肉門簾。叫他拔了出來，問他原由。奇姐方告訴他是胎中帶下來的一段肉，上半月能硬，下半便軟。牛耕大異，忙下床，剔明了燈，拿過來照著。細看了一會，道：「我前日不好問你的，我先還疑是你的病。後來我同你弄，礙著他，又不見你說疼，我當是拖的一心子，原來是這樣個奇物。」拿陽物同他比比，奇姐這肉比他還魁偉許多，心中喜不容言，不但是娶了一個美婦，且又

得了一個美夫。從新上床了，他倒仰臥了，叫奇姐上他身來，拿那肉送入後庭。他自己用兩手扳著腿直豎，整弄了半夜。弄得牛耕哼成一塊，屁眼中丫油抽得一片聲響。丫頭們聽見，還只說姑爺弄得姑娘這等受用，那知反是姑娘弄姑爺。他兩口子這個恩愛真是少有，互為夫婦，果是一對奇夫妻。夜間或牛耕先弄奇姐，或奇姐先弄牛耕。他二人：

夫妻不須拘次序，誰人興動即先來。

（二）戲劇

清代傳奇雜劇的創作趨於案頭化，其中對同性戀的反映不如明代全面豐富，當然有還是有的。在古代四大名劇中清代佔了兩部，它們就都存在著同性戀描寫。《桃花扇》前面本書第 175 頁已經介紹，洪昇《長生殿》當中，第五齣有這樣一個插曲：貴家子弟某（小生）、丑女某（丑）、村婦某（淨）在路上相遇。

（小生作看丑介）（丑）你怎麼只管看我？（小生）我看大姐的臉上，倒有幾件寶貝。（淨）什麼寶貝？（小生）你看眼嵌貓睛石，額雕瑪瑙紋，蜜蠟裝牙齒，珊瑚鑲嘴唇。（淨笑介）（丑將扇打小生介）小油嘴，偏你沒有寶貝？（小生）你說來。（丑）你後庭像銀礦，掘過幾多人！（淨笑介）休得取笑。

笠翁李漁有幾部劇作也存在著同性戀情節。《意中緣》第十五齣，山大王（副淨）欲以擄來的假男（小旦）為書記，此「男」不得不暫從。王甚高興，與男飲酒。

（小旦）酒多了。（起介）（副淨）先生是少年的人，恐怕受不得寂寞，請在這些姬妾之中，選幾個去陪宿何如？（小旦）學生極喜獨眠，這個斷不敢領。（副淨苦勸，小旦力辭介）（副淨）哦，咱家知道了，我們福建人大概是喜南不喜北的，不如在這軍士裏面選幾個少年些的去伏事罷了。（小旦）這樁事學生不但不喜，又且深惡而痛絕之，一發不敢領教。（副淨）這等說起來，竟是個道學先生了。

《凰求鳳》第三齣，副淨、淨、丑三名妓女在一起尋究生意冷淡的原因和廣招主顧的方法。

（見介）（副淨）趙一姐、孫三姐，今年的生意比往年大不相同，

大家商量商量，用個甚麼法子，好招攬嫖客？（丑）沒生意的原故我們竟不知道。大家猜一猜，只要猜得著，就好醫治了。（副淨）我預先就想過了，只為如今半開門的女子，倒多似我們，那些嫖客都去走小路了。（丑）私窠子雖多，他的嫖錢東道，也替我們一樣。更有男風一路，最是蒸厭。他的價錢又賤，東道又省，近來的風俗，又作興這一椿。我們若要生意大行，倒不如女扮男裝，閉了前門，只開後路。包你錢財廣進，主顧多招，不像這般冷淡了。

《比目魚》第二齣，下面是一個散戲後的場景。

【不是路】（外、副淨扮男子，老旦、丑扮婦人，小旦扮幼童，一齊挨擠嘩噪上）（合）挨擠喧嘩，貴賤雌雄沒財查。（外偷覷老旦介）（老旦）路又不走，只管瞧我做甚麼？休招罵。（外）不是我有心看你，都只為挨肩擦背起情芽。（副淨跟小旦背後，挖臀嘻笑介）（小旦）離開些走，不要挨挨擦擦，討人的便宜。莫搔爬。（副淨）我見你挨擠不上，就像推車的一般推你上去，倒說我不好。

雖然總起來看，清代傳奇雜劇裏的同性戀內容不多，但有一點，隨著清代演劇業的越來越盛，有關優伶生活的反映也就越來越多，就連戲劇本身也對優伶題材給予了一定重視。並不是講一提優人就必及男色，可畢竟此業中人易於成為豪貴大老們的賞愛對象，因此優伶題材或虛或實與同性戀容易發生瓜葛，這終究是實際情況。《品花寶鑒》曾對著名的狀元夫人故事，也即田春航（實際生活中的畢沅）與蘇蕙芳（實際生活中的李桂官）的關係進行了細緻的描寫，《桂枝香》傳奇據此又以戲曲的形式加以表現，劇中的李桂芳即《寶鑒》中的蘇蕙芳。主要情節是：

第一齣　拜塵。困境中的舉人田春航對名優李桂芳特別迷戀，一次街頭相遇，李對田也印象頗深。

第二齣　議寶。李邀田來訪，二人訂交。

第三齣　浪酒。李用計擺脫富商潘其觀對自己的糾纏。

第四齣　流觴。李督促田備考。

第五齣　憨偵。李盼望田能會試得中。

第六齣　酸潑。田中狀元。

第七齣　鼎宴。李得狀元夫人之名。

第八齣　離筵。田任官陝西，李相隨出京。

　　這齣戲中明確涉及男色的地方在第三齣，潘其觀去李桂芳下處的目的只有一個，就是想和他如此如此，可結果卻是喪氣而返。對於主角田春航和李桂芳的關係，劇中始終沒有明言達到了同性戀的地步，不過在描寫田、李訂交的第二齣中，所用詞彙有些還是讓人起疑的。開始李獨白，他「廣納纏頭，囊中充裕。欲得同心之侶，訂以終身，便可跳出火坑，脫離苦海。每演戲至《獨佔》一齣，竊歡彼此鍾情，得人而事」。《獨佔》係李玉《占花魁》中的一齣，此劇寫的是名妓花魁為賣油郎秦小官的真情所打動，最終以身相嫁的故事。桂芳在此顯然是在以花魁自比，接著他又唱道：「暗傷懷長歌短歌，苦糾纏情魔愛魔，向人顛倒待如何？參不透三生果，廣寒宮謫降了秋香一朵。」聯繫上下文，糾纏李桂芳的情魔愛魔是因同性而起的。隨後他著人將田春航請來相會，互表想念之意後，田把李形容為自己可以「得共晨夕」的「寶友」：「花濃雪豔，玉軟香溫，是為寶色；環肥燕瘦，肉膩骨香，是為寶體；巧笑工顰，明眸善睞，是為寶容；千嬌側聚，百媚橫生，是為寶態；嬌語嗔花，憨啼泣露，是為寶情；金佩飛霞，珠鈿刻翠，是為寶妝；再益以清歌妙舞，檀板金樽，宛轉關生，輕盈欲墮，則又謂之寶藝寶人。」如此一位「寶人」，不知田春航是否僅以一般的心理相待？最後，李桂芳表示：「我和你今日訂交，此生勿負。一切旅費，我自任之。如有虛言，有如咬日。我非早即晚，每日來看一次。天氣不早，就在我宅子裏下榻罷。」下榻後的景象如何？戲無明文，只好由讀者自去想像。不管怎樣，李桂芳這位待價而沽的花魁算是找到了自己可以「訂以終身」的「同心之侶」。

　　與《桂枝香》對優伶相公的讚賞態度相反，雜劇《業海扁舟》則是為了進行勸誡而作。前劇的文學性是具備的，而後劇由於說教氣太濃，因而戲曲表現僅有形式，倒可看成是勸善書的特別一類。該劇第四折借一老翁和一群遊人之口對嘉道年間北京相業的情況進行了詳細描述。老翁講相公們每天唱完戲後，「早則是慌慌急急，紛紛亂亂上飛車，趕到那有名的大飯鋪，尋著那大大方方、撒撒漫漫、呆呆傻傻、惑惑突突出錢的主顧，堆笑臉張張羅羅，勸酒持壺。得到了些銅銅鐵鐵的銀，唱了些淫淫豔豔的曲，鬧鬧吵吵，挨挨擠擠，各整歸途。很孽師搜搜檢檢，悲悲切切，和盤托出。霎時間換上了一身襤襤褸褸，粗布衣衫隨便服」。一遊人因而道：「細想起來，那些私相公也甚是可憐。不知前世作何罪業，今世受這樣苦楚。」老翁則謂：「此時的苦楚還算不得苦楚，到後來的苦楚，咦！更有羞向人言之苦，難形筆墨之苦，種種暗昧不忍見

聞之苦。這些私相公自知，教老漢實難啟齒。請列位細思老漢實難啟齒之意，再替這些青年子弟設身處地之際慢慢的想去，才是十分苦到極處哩。」什麼是極處之苦？這裡應是不需提示的。

《業海扁舟》把私相公分為兩類。一類是因家貧而「一失足成千古恨」，他們「即欲早早改行，豈得能夠？」這一類相公可以寬恕。還有一些則不然，他們「自以卑賤為榮，飽食暖衣，出乖賣俏，得意洋洋，靦不知恥，迷而不悟，不肯改行」。這一類就是「深堪痛恨，可惡之極，實屬卑鄙不堪，可憎可嫌可惡」的了，必須「嚴加懲治，以警將來」。可見，當時還有自願去私下處賣色賣身的人存在，他們「跳出樊籠，毫不費力」，可自己卻對「樊籠」依戀不已，視之為衣食逸豫之地。以《扁舟》作者的觀點，這當然是人心澆薄，世風日下的表現了。

而最為《扁舟》所痛恨的還是「將良家子弟弄來做香餌，哄騙那些浪子的錢財」的「師家」們，他們「原都是私徒弟出身，因年紀大了些，哄不動銀錢，所以也養幾個私徒弟，報復從前之怨，且圖晚年快樂」。劇中老翁唱罵他們道：「罪和孽前生既召，冤和債今生未了。何當又蓄此心苗，這愆尤怎消怎消。阿鼻城專為伊行造，無間獄鬼判文書到，罪狀兒焉逃。劍樹刀山，碓磨樁燒，要償還惡報，惡報。鐵面閻王不肯輕饒，滯重泉惟有青磷弔。惆悲號也么哥，悔不早也么哥，改過回頭是俊豪。」可揆諸嘉道咸同間的社會現實，像老翁這樣的言論看來戒止作用並不明顯，悔改回頭的師家徒弟是不曾多見的。

清代戲劇是一部花雅角勝的歷史，崑腔為雅部，弋陽腔（高腔）以及新興的各種地方戲如梆子、皮黃等為花部。總的趨勢，花漸勝雅，最後形成了京劇這一水平最高的戲曲劇種。可雖然有清一代花部劇目難以數計，劇本卻並不多見。傳戲經常是師徒之間的心領口授，或雖有腳本也多不外傳，不進行有一定規模的刊刻流通。現在可常見到的花部劇本，乾隆間錢德蒼增輯《綴白裘》在梆子腔、西秦腔、亂彈腔、高腔的名目下收有一些。另外，民初王大錯所編《戲考》收取豐富，雖是民國時舞臺演出的本子，但距清不遠，其中許多清代也曾演出過。在兩書所收當中，某些劇本的用語比較穢褻，科諢大不嚴肅。涉及性事的話題主要講異性戀，同性戀間或亦有。

《綴白裘》第十一編裏有一齣《請師》，寫周德龍請王法師打鬼事。情節很簡單，只是靠科諢玩笑取樂觀眾。對話當中，男色內容不時出現，包括王法師（付角）稱自己好「括小官」，稱周德龍（旦角）是「做小官的」等。

〔周德龍家中鬧鬼，來請王法師降拿。周叫門〕，（付內）不在家裏。（旦）明明是王法師的聲口，怎說不在家？（付內）口在人不在。（旦）休得取笑，快些開門。（付上）來哩。

【急板令】家在杭州鼓樓前，靠山。一生屁股慣朝天，要錢。賭錢吃酒括小官，撒漫。誰人門外叫聲喧？開看。原來是周小官，翻板，翻板。

（旦）耍子翻板？（付）烏龜嚌翻板。我說你做小官的好屁眼，會賺錢。（旦）休得取笑。

〔旦請付到自己家〕。（旦）到了，待我開了門。（開門介）（付）阿嘎！好騷氣！（旦）敢是妖氣？（付）不錯的，是妖氣。（旦）王法師，你看是什麼妖怪？（付）臭得緊，是個屁精。（旦）噯、噯、噯！屁那裏有什麼精的？（付）咳！你不曉得，小官家相與得大哥哥，多受這些精華，肚皮裏結成了胎，養出了一個兔子來，就變了個妖怪了嚇。（旦）休要取笑。

〔付做法〕。（付）待我來拿了這把可憐。（旦）啥子可憐？〔付〕可憐就是劍哩，跟我來。（付一面哼，一面踏罡步。旦跟付走，付又做鬼臉，旦拜介）（付作仰困在地介）（旦）王法師，你在那裏做什麼？（付）伏陽。（旦）只有伏陰，那裏有什麼伏陽的？（付）你不曉得，以前原是伏陰的。我有個徒弟到人家去做做法事，在那裏伏陰。不道他是蘇州人，愛男風的，看見我那徒弟的屁股鞠在那裏，竟被他打了個死老虎去。因此我們道士行中齊了行，大概是伏陽的哩。（旦）原來如此。

……

（付）如今要畫符哩。（旦）嚇，畫符。（付）我奉太上老君急急如律令。敕！拿去貼在大門上。（旦）嚇，大門上。（付又畫介）敕！貼在二門上。（旦）嚇，二門上。（付）敕！後門上。（旦）我家沒有後門的。（付）姐的做小官的沒有後門的？（旦）不要取笑。〔最終付也未把妖精拿住〕。

《戲考》裏玩笑戲或者說淫戲更多。《紡棉花》一劇，張三（丑）外出貿易，其妻王氏（旦）在家獨守。三年後張三返家，在門外偷聽王氏唱曲。

（丑白）唱的真不錯，待我再來敲門。慢著，我到底不放心，

再來聽聽看。（旦唱思調）姐在房中哭，姐在房中哭，哭來哭去哭他的丈夫。為什麼真真哭？為什麼真真哭？怕的是丈夫賣了屁股。哎哎呀。（丑白）唉，我在外頭賣了屁股，他怎麼曉得的？

在《二姐逛廟》裏，劉二姐向一老婦講她新婚之夜的所見。

（劉）天氣晚呢，人客刻就散了。我們當家的，他就回了房呢。我想看看我們當家的，又怪害羞的。可巧牆上掛著一面鏡子，我接著鏡子這麼一瞧，我們當家長的真真好看。（老）劉二姐，長的有多好看？（劉）雪白的臉膛兒，沒有麻子，漆黑的頭髮，大辮根兒。不笑不說話，一笑兩個酒窩兒。但此一件，沒有個鼻子。（老）長的這麼好看，怎麼沒有鼻子？（劉）我們當家的，在蘇州城當鋪裏學買賣。掌櫃的見他長的好看，搬著個脖子，叫了聲乖乖，一口把鼻子刻就咬了去呢。（老）當鋪裏掌櫃的，就有這樣的下式籃。（劉）掌櫃的說呢，你不要著急，我就苟你開了股份。（老）哦，你們當家的叫人家開了股封了。（劉）哎，乃是股份買賣。

清代的淫粉之戲對於某些市井游民、遠行商賈等是很有吸引力的，它們的表現方式，一是在視覺上展現裸露的肢體、猥褻的動作，二是在聽覺上進行不雅的對話或獨白。即使異性戀的內容，由於觀眾都知道旦角是由男子扮演的，因此那其中也有同性戀的色彩。再進一步，像《請師》、《紡棉花》中直接的同性戀科諢，它們給某些看客所帶來的刺激就更加強烈了。

（三）詩詞

在清代，詩詞當中有關同性戀的內容可以說是豐富的，從《隨園詩話》、《鄭板橋全集》等書來看，不少清人不忌藉詩詞以表現自己的同性戀經歷以及他人和社會中的同性戀活動或現象。清初徐釚編有《本事詩》，其自序講到：「歌憐河滿，時時誤識櫻桃；情比鄂君，夜夜偷熏繡被。臥秦宮於花底，錯賜纏頭；羨霍氏之家奴，無勞半臂。既云鍾情，自在吾輩。因傳本事詩，願續斷腸句。」這說明時人有的把斷袖之愛當作了感情的一種，《本事詩》卷十二載有葉舒穎的一首《楓涇即事同元禮弟戲作》：

水剪雙眸弱不支，風光細膩少人知。

鄂君又向舟中去，繡被香濃好待誰？

既是戲作，就只是在開玩笑。而徐釚編《詞苑叢談》所載的一首詞卻是寓莊於諧，主人對男寵的癡愛實在無以復加：

　　林鐵崖嗣環使君口吃。有小史名絮鐵，嘗共患難，絕憐愛之，
不使輕見一人。一日宋觀察琬在坐，呼之不至。觀察戲為《西江月》
詞云：

　　閱盡古今俠女，肝腸誰得如他。兒家郎罷太心多，金屋何須重
鎖。　　羞說餘桃往事，憐卿勇過龐娥。千呼萬喚出來麼？君曰期
期不可。〔註667〕

　優伶男風是清代男風的重點，美伶們的麗色嬌音容易引起賞愛者的詩情。
因此，相關吟詠佔了清人同性戀詩歌的相當部分。《清代燕都梨園史料》裏就
載有多首，如：

　　斷袖何如割臂盟，胥靡猶係故人情。

　　未知仗義孫賓碩，肝膽曾為若輩傾。

　　餘桃已失分甘愛，斷藕猶牽別緒長。

　　奚似杜陵漚燕侶，去來親近兩相忘。

　　東風一曲紫山翁，旖旎無妨學道功。

　　歌舞情懷聊漫興，任他人笑比頑童。

　　玉貌誰誇冠一軍，碧城仙望回如雲。

　　枯蘭瘞到生香筆，青翰難追越鄂君。〔註668〕

　趙翼《甌北詩鈔》中的《計五官歌》是一首歌吟優伶的長詩，詩曰：

　　紫稼歌殘薊苑霜，百年曲部黯無光。

　　天公恨斷煙花種，又出人間計五郎。

　　計五生來好姿首，家近虞山黃子久。

　　竟體香分景滌蘭，纖腰軟入靈和柳。

　　天風吹落到揚州，一日聲名不脛走。

　　冠蓋西園夜賞花，笙歌北里朝酣酒。

　　偶然斜睇眼波橫，勾盡滿堂魂不守。

　　座中耆宿也發狂，簾內嬋娟自嫌醜。

〔註667〕《詞苑叢談》卷十一。據《稗說》，林鐵崖與絮鐵之間的感情甚深。文曰：「林
　　　鐵崖公，閩人，為嶺南羅定監司。羅有小吏鄧某，素馴謹，得公意，因昵焉。
　　　公以他事註誤，械之北，鄧間關數千里從之。天寒，公時鑷首，鄧為擘絮衣
　　　裏銀鑞，上身分荷其重。夜則襲公側，伺動止，未嘗少間。」見《稗說‧卷
　　　一‧鄧小吏絮鐵》。
〔註668〕這4首詩分別在《梨園史料》，第43、50、51、1014頁。

　　　　無人不愛鄭櫻桃，只是有心難出口。

　　　　揚州樂府聚風華，陳寶秦坑人共誇。

　　　　絕調能翻金縷曲，丰容雅稱玉鉤斜。

　　　　小垂手博纏頭錦，初上頭添繫臂紗。

　　　　計郎一出爭相惱，斂避都甘作房老。

　　　　尹邢豈但怕相逢，元白已皆慚壓倒。

　　　　若非占得十分妍，妒口如何亦稱好。

　　　　乃知一樣眉目清，天獨為他陶鑄巧。

　　　　我來作客十餘年，看盡梨園舞袖翩。

　　　　太息選仙空彩格，老來方遇鄂君船。

　　　　鬢絲禪榻茶煙颺，腸斷春風擁楫憐。〔註669〕

　　詩歌當中，竹枝詞以善於反映風土人情而見長，語言通俗淺易，詩後還時常附有對內容的解釋。明清江南地區民豐物阜，人文薈萃，文人們寫起竹枝詞來自然是得心應手，毫不費力。僅就揚州一地而言，董偉業等作者就寫了《揚州竹枝詞》、《邗江竹枝詞》等多種。揚州地極繁華，男色廣有，這在竹枝詞中可以看出。

　　　　將軍墳上妖童廣，太守堂前妓女多。

　　　　撩撥春心收不住，手搖春帕眼摩娑。〔註670〕

　　　　不惜黃金買嬌童，口含煙送主人翁。

　　　　看他呼吸關情甚，步步相隨雲霧中。

　　　　梵覺僧房寓楚狂，當年燈火記聯床。

　　　　青童散去黃金盡，何地淹留忘故鄉？〔註671〕

　　　　標品跟班氣象雄，主人得用不相同。

　　　　其中骨病何能識？俱本平時救急功。

　　　　走班小旦寔風騷，打扮穿衣媚且嬌。

　　　　裝出百般流動戲，鹽台焉得不魂消？〔註672〕

　　從江南轉至荊楚，《漢口竹枝詞》卷五提供了當地剃頭徒弟賣身的情況：

〔註669〕《甌北詩鈔》七言古五。

〔註670〕《廣陵古竹枝詞》。

〔註671〕《揚州竹枝詞》。

〔註672〕《邗江竹枝詞》。

　　　　晝入飄行夜出堂，萬年臺上學鴛鴦。

　　　　一千二百風流價，落得他人吃肉湯。

　　　　雍髮者俗呼飄行，侍客曰出堂，床上曰萬年臺，得價千二必請

　　同店食肉。

　再從楚地轉至巴蜀，《錦城竹枝詞》提供了成都「大毛辮子娃娃」的情況：

　　　　耍狗蠅藏黃鱔尾，大毛辮貼太陽膏。

　　　　醉歸舍物嫖包月，閒約窩家睹燙毛。

　　　　俗指潑皮為耍狗蠅，腰下暗藏小尖刀，名黃鱔尾。又濃髮少年

　　與龍陽等者，名大毛辮子娃娃，兩鬢旁用紅緞剪膏藥如圍棋子大，

　　貼以助媚，謂之太陽膏。呼妓為舍物，誘人局睹名燙毛。

　從巴蜀還向裏走，《異域竹枝詞》描寫的地域甚偏，那是在回疆的葉爾羌（今新疆莎車）地方：

　　　　綠轉妖媚儼明妝，殊俗風如閩粵狂。

　　　　漫說餘歡難敞席，前魚未解泣成行。

　　　　葉爾羌風俗淫佚，喜好男色，有閩廣之風。回童少聰俊，輒不得

　　免。然亦修飾妖媚，與人燕好，往往情密至長大而不能絕交。〔註673〕

（四）俗曲時調

　　俗曲集《霓裳續譜》編成於乾隆之末，序謂：「京華為四方輻輳之區，凡玩意適觀者，皆於是乎聚，曲部其一也。妙選優童，延老技師為之教授，一曲中之聲情度態，口傳手畫，必極妍盡麗而後出而誇客。故凡乘堅策肥而至者，呼名按節，俾解纏頭。紅氍匝地，燈回歌扇之光；采袖迎人，聲送明眸之睞。朱纓白紵，與曉風殘月爭妍，亦所以點染風光，為太平之景色也。」以此，《霓裳續譜》中的曲子是由優童演唱的，並很有吸引力。其中情歌按所唱情感是指向異性還是同性可分幾類，第一類，唱的是男女之情。這時，由於唱者是男優，某些具有龍陽之好的聽者會以自己的口味對曲詞進行另解，把異性戀思緒當成同性戀來聽。

　　《卷之一・神魂困倦》：

　　　　神魂困倦，悶倚鴛枕，夢魂尋夢。猛聽見咳嗽一聲，恰似才郎，

　　奴這裡笑臉相迎。則見他體瘦形衰。惱恨全消，怎不教人悲慟。終

〔註673〕　《誌異新編》卷之一。

待要挨肩攜手，共入羅幃，與郎同訴別後離情。又被那窗外鐵馬，驚散了鴛鴦夢。癡呆呆杏眼微睜，醒來錦帳依舊空。霎時間軟玉溫香，反作了巫山幾萬重。無限傷情，怨一番窗外簷鈴，罵一聲負心薄悻。

《卷之一·嬌滴滴玉人兒形容》：

【黃鶯調】嬌滴滴玉人兒形容可愛，軟蓮花藕半開，粉臉桃腮。似這等芙蓉未足比嬌嬈體態，故意的又把風流賣，俏立花陰自徘徊。

【折桂令】好一似玉天仙在何處飛來，他髻挽烏雲，鬢嵌鸞釵。愛煞我似蝶引蜂採，花枝般似燕子形骸。好一似紫鸞簫，吹出鳳臺。恰更似白羽扇，飛下瑤階。打動我的情懷，牽惹我的情懷。教我如醉如嗑，紫游江誤入，誤入到天臺。

第二類，含義模糊，確切性不強。

《卷之四·我想你來誰知道》：

我想你來誰知道，我想你來對誰說。我想你，只有哭來那有笑。我想你，想你今日到。白日想你還有旁混著，到晚來一想，想你一個雞兒叫。

《卷之六·一見多嬌我的魂魄兒飄搖》：

一見多嬌，我的魂魄兒飄搖，想起你那會人的方法果然的高。教我心兒裏癢癢，甚是難熬。越瞧越看我乾急燥，恨不能這一會與你打個交道，我今偏要想個法兒和你對的著。

《卷之八·門樓兒高來門樓低》：

門樓兒高來門樓兒低，門樓底下遇見了你，見了情人我作揖。我這裡作揖，你那裏笑嘻嘻。騎大馬的，坐大轎的，人人都說我眼裏有了你。騎大馬的，坐大轎的，人人都說我眼裏有了你。

這幾首俗曲，感情到底是向著同性還是異性？恐怕理解會因人而有不同。有些人是願意做同性戀方面的體會的。

第三類，唱的是同性相戀。

《卷之八·聽說離別》：

聽說離別我的魂不在，叮嚀著我那情人，囑咐著我那情人，你可早去早來。你去了留下相思，你可教誰害。害相思，難割難捨多恩愛。想當初咱們爺倆相交，可是俺趕著你來，可是你趕著俺來，

可是誰趕誰來？為什麼小小的人兒，你把良心壞。壞良心，頭上自有青天在。

此曲中的「情人」顯然是一個年青小夥兒，「我」說出「咱們爺倆相交」的話，用的是男子口氣，表現的是「我」對「情人」三心二意的無奈。〔註674〕

嘉慶間編成的《白雪遺音》也是一部出名的俗曲集，卷二中有一首《一口一口》：

一口一口長歎氣，不歎別人，歎我自己。歎自己，那有一個疼我的。疼我的人，不知流落到何方去。刀尖上的日子，能過幾時？為什麼拿著真心換假意？大丈夫為何受著兔孩們氣！

「兔孩們」是指北京的相公優伶，這曲《一口一口》唱的是老斗被薄情相公冷淡後的哀悔。而當他們同過「刀尖上的日子」的時候，分桃斷袖之事恐是難免的吧？

子弟書是清代中葉以來流行於北京、東北等地的一種曲藝形式，創作演唱者多有八旗子弟，現實內容的作品也常是反映八旗生活。按常理推斷，有關同性戀的內容是不宜公開演唱的，有之，就是男風強盛的一種表現，而子弟書恰恰在這方面不予回避。本來，清朝統治者對武事相當看重，為了保持尚武精神的延續不衰，總是竭力抑制滿洲人玩物喪志的享樂傾向，控制他們的聲色之娛，例如在北京不准旗人看戲，不准內城演戲等。這樣的規定在清前期還算有效，但承平日久，綱紀日隳，八旗子弟依恃特權，逐漸竟成了玩色耽聲的典型。

先看一看少年貴胄的紈絝模樣。《鬍子論》：

有個哥兒正少年，渾身佩帶顯多錢。南琴雙臉兒漢文式，洋縐單衫萬字連。標布襪椿偏喜窄，湯綢套褲總宜寬。蓬鬆辮打青絲線，撑繞鍋圈兒係捻纏。脖項兒後半露兜兜銀鎖練，二鈕兒上十八羅漢數珠懸。綠搬指翠碧晶瑩驚肉眼，金圓鐲光輝燦爛動奴顏。拏著個粉定煙壺珠嵌蓋，搖著把銀紗團扇錦沿邊。襯著那粉妝玉琢白牙亮臉，大凡是世人見了無不垂涎。〔註675〕

哥兒公子都有錢有勢，既然生活在相公滿布的京城，自會去做追歡買笑的老斗。《捐納大爺》唱道：

〔註674〕當然，揣摩此曲的語氣，除去「爺倆」兩字外，倒更像是一位女子在懷思和嗟怨。
〔註675〕見《清蒙古車王府藏子弟書》，以下所引亦出自該書。

有一個世家公子是名人的後，所有那有名的小旦他全都識認，捐了個老斗哥兒還得意洋洋。〔一天，幾個氣味相投的朋友前來相訪〕，大爺說今日是壇辰寂寞的狠，有一個說倒有個新鮮的所在其妙非常。齊問道甚麼去處你快著些兒講，那人說長巷中間的雙桂堂。這起人齊聲贊道真正是妙處，水旱〔註676〕俱備憑爺所好，也好把那助興提神的鴉片嘗。這大爺聽見是優童的下處心歡喜，忙吩咐套車備馬咱們同去，等我去換上衣裳你們別忙。

《祿壽堂》先寫一位「大爺」在相公堂的瀟灑：

這大爺帶笑下車說來遲了，一面走歌聲盈耳一派笙簧。眾朋友正在歡呼見大爺來了，齊站起亂說後到當罰不當？小旦們皆陸續席前參老斗，皆因是大爺近日酷好龍陽。小廝們獻茶已畢爺說擺酒，實在是大家兒氣派異乎尋常。

過後，大爺回府，還要在家中尋歡：

小旦們陸續跟隨將車上，大爺一執手車走風行進了正陽。轉眼間離家不遠家丁們伺候，到門前大爺吩咐先到書房。齊下車大群外寵圍隨入內，這大爺恣情縱慾顛倒陰陽。

至於戲樓觀劇、酒館狎飲，那同樣是日以為事，《老斗歎》：

想當初八根柴的車兒繞街跑，半支蜂的頂馬款樣新。廣和、中和與天樂〔註677〕，把四喜、春臺、三慶〔註678〕尋。那些阿哥們一見都團團圍住，官座內賞心悅目酒席自橫陳。曾記得桂齡、遐齡得人意，哄得我心花撩亂五內歡欣。俏身軀歪在我的車兒上，到酒樓斜跨那五彩繡花墩。論月談花添我三杯興，攜手同杯顯我二人親。一盞燈快樂半天鴉片，兩皮杯採來一簇花心。（圖226）消受了五更天氣後庭花債，又到那三里河的水路握雨攜雲。

只是盛筵必散，盛極必衰，《老斗歎》歎道：

可歎我三六年華不懂人事，整整的冤了十數春。一天的歡樂變為煩悶，十二時中無一刻安神。太來、東來代銷前賬，福全、會仙各欠十緡。一早五更都把門來叩，一行行全是堂號齋軒園館居樓買

〔註676〕女男二色。
〔註677〕都是有名的戲樓。
〔註678〕都是有名的戲班。

賣人。三街六巷大都來擠著看，又來了按契收房的一個人。他說道
門內的東西急急搬去，限定我三日之內就要起身。只落得九族親友
無人理，十字街前排的我委實難禁。

　　這就是八旗子弟破落之後的形象，所以有一種說法，以為清王朝的滅亡不
是由於革命黨的暴動起義，而是由於滿洲人的嗜戲迷優。此論固然偏頗，但其
中還是有一些道理的。

（五）尺牘

　　李光祚所輯《增補如面談新集》〔註679〕中收有一些內容明確或比較明確
的同性戀書信。

1.《御集‧饋送果品門》

饋桃子

桃林正熟，綽有仙風。僕食而甘之，不敢獨享，思足下道骨不
殊，曼倩敬上數枚，幸勿曰是啖我以餘桃者。

答謝

夏至園林，妝紅帶綠。惠來五木精，風味甜美，不異武林種也。
愧乏瓊瑤為報也。

2.《亨集‧豐情門》

邀約契友

向接芳顏，即蒙殷殷愛厚，真三生有幸哉！嘗羨足下時方妙齡，
而美容冠玉，風致襲人。徒懷夢想，敬謀一酌於某肆中。把臂交歡，
結成知己，自當永矢勿諼。伏惟金諾，專候玉臨。

答允

台下天挺人豪，風流標格。乃以蒲柳微姿，謬辱青眼，何緣獲
此奇遇乎？即欲當侍左右，未敢妄自報謁。適承寵召，幸獲交臂談
心，倚榮玉樹，深慰平生願矣。踴躍趨赴，無勞再促。

3.《亨集‧豐情門》

結盟契友

蒙不鄙謬劣情誼，兩相契洽。吐心膽，忘形骸，神魂夢寐不相

〔註679〕此書當中有明人尺牘。

離，誠千古大快事也。第恐時移事遷，未必常如今日，則肝腸寸寸裂矣。惟願堅如山，深似海，此情此誼，生死不易，乃足慰吾懷耳。懇乞固結鳳盟，無負前好，銘感曷其有極？

答復

幸荷鳳緣，同心相契。朝共談笑，夕聯衾枕，即百年猶如一日，何得有初鮮終也。但恐龍陽愛斷，不無前魚之泣，又在台下忽忘舊好。庶使堅如金石，固若膠漆，乃可為刎頸交耳。耑此裁復。

4. 《亨集·豐情門》

思念契友

別我契兄屈指已逾半載，懷想夙昔交歡時，竟不復能聚首。兩地相思，末由自解。腸如襯線條條斷，淚若泉源混混流矣。第未審契兄胸中亦不忘某生否乎？何時再得會晤，勝如枯木再逢春也。今因鴻便特具鯉篇，少申問安之忱。尤望早寄鸞箋，慰我懸眸。

答復

自違顏范，志切傾葵。恨不能奮飛左右，話敘闊悰。好事徒從心上積，離魂都向夢中號。足下寧非知我者乎？而乃以無情人視我，過矣！秋風動時，會晤可期，當如花再重開月再圓也。寸楮申候，並謝存問之誠，統惟鑒炤。

5. 《亨集·豐情門》

戲怪契友

憶昔為契兄戀情鍾愛，用了無限心思，費盡許多錢財。朝同食，夜同眠，疾病相扶，患難與共。方期海誓山盟，永可不移矣。詎料忽忘恩義，棄舊迎新。數日不睹顏面，頓使我朝思暮想，愁腸莫解。諒契兄素非忍人，何若是恝然也！還望垂念夙愛，早賜降臨，凝眸以待。

答復

沐愛數載，情同骨肉，雖金石可銷而此義實難磨矣。人非土木，安敢一旦忘情哉！昨因舍親偶有小事，奉父命代為幹理，不得已耽遲數日，未遑陪侍色笑。身雖兩地，而心則若在一堂矣。足下乃以負義疑我，甚非知己者所言也。遲一二日即擬趨候，無勞懸念。

6.《亨集‧豐情門》

託求契友

昨於某處遇某大哥，器度超凡，丰姿絕世，極足快人心目。欲得一會，無由相通。聞足下與渠素相善，倘肯邀至敝齋，劇飲通宵，歡歌談笑，此亦生平樂事也。幸勿以他辭推卻。乃徵至愛，乃感厚情，不佞即當置酒拱候。

答復

某大哥體度雍容，資性恬雅，輕不與人交遊。足下風流豪曠，亟欲餌以酒食，豈能邀之使來乎？不佞非敢託辭推卻，但足下試自裁之，果有若是容易事也？待遲日婉轉調停，或可不負所囑耳。尚容面議一策，倘肯厚謝其媒，不忘引進之功，則事必成矣。呵呵笑也。

7.《亨集‧豐情門》

碎錦

昨者邂逅相遇，即蒙顧以顏色，吐以心腹，足下真高曠士也。敬謀一酌，屆即枉顧勿卻是荷。

一日不見，如隔三秋，信非虛語也。晚間的望駕至，毋使我獨宿孤眠，冷冷清清。幸甚。

適有某人、某人，皆足下素相知者，攜一壺在此，敬邀同飲。酒甚甘甜，並無酸味，即共作通宵之樂可也。幸勿畏怯不來是望。

昨對兄言某相公乃風流豪曠，疏財重義之人。約至某館一會，如得心相契厚，將來必重藉提攜，即終身受用不盡也。萬無爽約至禱。

某相公素相愛慕，恨未得見一面。但渠既有俯就之心，兄可無仰高之念乎？即望同往拜訪是幸。

《尺牘含芳》卷四中的這句話也是屬於「碎錦」：「避女色而就孌童，捨家雞而尋野鶩。」

《寫心集》卷二中有一段反對比頑信尼行為的文字：「人有一定之冠裳，不可相假。惟戲旦則以男子而為婦人之飾，尼姑則以婦人而為男子之飾，陰陽反覆，莫此為甚。昨過兩友人，一以夫比頑童而致反目，一以妻信女僧而致仳離，可發一笑。此兩種人原為圖利起見，而兩家之耗財，直從無始以來便有此

病根，不知何以到此輩身上反肯撒漫也。」

比頑斷袖之事常人中存在，名人中更有。前面曾已講過，隨園老人袁枚對其門生劉霞裳的關愛很可能已經超出一般程度，不再是普通的師生之交。對此，褒者固有之，而貶者亦有之。乾嘉之際官居廣東巡撫、兩廣總督的名儒朱珪就曾直接書致隨園，信中寫道：

> 不晤光霽者，十年矣！甲寅秋，珪當有江寧監臨之役，以為坐隨園有竟日歡，而竟不果，其緣慳邪！令弟〔註680〕重來粵中，出手書並《自壽》詩相示，不禁神往。海內靈光落落，況如先生之函蓋一切，玉山頹唐，籠罩意氣，可想可慕。然竊疑先生遊戲如曼倩，即如公家中郎〔註681〕，尚有詩文流弊，然其專心淨土，實足蕩滌綺語，獨透光明。先生又另樹一幟，久而論定，不可不防其濫觴也。珪遊峽山，見有人刻先生之詩，並及同遊人（劉霞裳）姓名，珪不覺大叫，曰：「先生何負於汝，而不為賢者諱過乎？」急取筆抹去。珪實敬愛大賢，故敢獻此狂愚，祈恕之。《竹垞先生集》不刪《風懷二百韻》〔註682〕，豈非孝子慈孫之恨？好事者又從而實之，可為痛哭流涕。先生得不以珪為大迂邪？珪不敢言風雅，然其意則可質神明。先生他日當思我言。呵呵，干冒前輩，死罪！死罪！

朱珪這封信的核心內容是向袁枚指出他與劉霞裳的關係已經引起了許多人的懷疑和鄙薄，希望他能老而自重，維護聲譽，把自己詩文中的相關內容刪去。此信所言是非常直接的，實際就是在要求袁枚明確回答：你和劉霞裳之間到底有沒有斷袖之事？可能是覺得來函問中了要害，袁枚長文作答，曰：

> 香亭弟寄到手書，見和壽言十三首，富哉言乎！公在嶺南，持督、撫二篆，王事如麻，猶能通書禮士，拄笏吟詩，真古大臣中所罕見。惟是熟讀來書，諄諄規勉，教將集中華言風語，大加刪削，似乎尚書愛枚過深，而知枚轉淺。竊思古人所貴乎知己者，非徒知其長，兼知其短也。枚本無長，其短處公固知之，而所以不諱其短之故，公尚未知。則不得不布露所蓄，直陳於大君子之前。
>
> 枚今年八十一矣，夕死有餘，朝聞不足，家數已成。試稱於眾

〔註680〕袁樹，字香亭。
〔註681〕袁宏道，明代文學家，字中郎。
〔註682〕朱彝尊，號竹垞。著有《曝書亭集》，所收《風懷二百韻》為男女風情之詩。

曰「袁某文士」，行路之人或不以為非；倘稱於眾曰「袁某理學」，行路之人必掩口而笑。夫君子之所以比德於玉者，以其瑕瑜不相掩故也。如必欲匿其瑕，皇其瑜，則玉之真者少矣！枚尤不可解者，公遊峽山，有刻枚詩者，並刻同遊人姓名，公一見勃然，急橫抹之，云為賢者諱過。枚初瞢然不解，徐思之，似指門下劉霞裳秀才，則公誤矣。夫遊亦何過之有？若云師弟不可同遊邪，則樊遲不應從遊於舞雩之下；若云年少不可同遊邪，則曾點「浴乎沂，風乎舞雩」。不偕年高有德之人，乃與童冠同遊，反為夫子所與者，何也？若以劉生非端人邪，則公在六千里外，未見其人，未聞其語，未考其居鄉事蹟，而毅然疾惡如仇，舉筆塗抹。然則使互鄉童子潔己以進，聖人其將掩面不視，遽命小子鳴鼓而攻之邪？凡「疑」之一字，由人心生也，人心有定而無定。假使枚與然明遊，公不疑也；與宋朝遊，公遽疑之。是不肖之心從公生，不從枚起。以「想當然」三字，學臯陶斷獄，四方聞之，必以劉生有大過惡，故正人君子不許留姓名於集上。而不知渠乃劉念臺〔註683〕先生之曾孫，居家孝友，詩文清妙，實佳士也。其大不是處，在初生時不求造物，與一醜面而來，致生物議。然此權乃女媧氏黃土所摶，非渠所能自主。隨園粲粲門子尚有五六人，如陳梅岑、周青原輩，皆是也。得聞此信，人人自危。霞裳何負於公，而使之獨蒙惡聲？枚又何德於公，而為之欲蓋彌彰哉？恐賢者之過將有所歸，枚不能為公諱也。

　　昔者舜取人以貌，禹取人以言，文王取人以聲，漢選博士弟子，取儀狀端正者，古之人未嘗不以貌取人也。公本大儒，登朝之後，仁義其身，禮樂其民，以忠誠結主知。現在枚卜之期指日可待，天下無智愚、賢不肖，皆在鈞陶器使之中。倘但知同體之善，而忘異量之美，又或聽言太廣，所見太狹，皆非為國家愛惜人材之道。何況風情黯昧，悠悠之談，宜絕智者之口。賈生，王佐才也，吳公為漢時第一循吏，乃太史公稱生年十八，受吳公知，召置門下，最愛幸。夫愛可也，幸不可也。然而二千年來，不以此疑二公也。費褘少年，為孔明驂乘，當時但驚其寵，不以為疑。古禮最嚴男女之別，乃朝廷制律，不以風聞定案。忠厚之士，不談閨闥。且有明犯瓜李

〔註683〕晚明著名學者劉宗周號念臺，按他在《人譜類記》等書中曾嚴厲譴責男風。

之嫌，而坐懷不亂者有之；侍婢多年，完然處子者有之。處人人可疑之地，而尚且有萬萬不可疑之人，何況魤魤大男子？師弟傳經，李固負笈以從；田何枕膝，而授無所為非。即果有情慾之感，亦必須捧匜之妾，滌溺袴之僮，方能探風影以相誣。達官長者，何由探知？於自家身分，不無小損。且天下之至可信者，目也，然孔子見顏淵拾塵，疑為竊飯。見而知之，尚且誤矣，而況聞而知之者乎？枚幼嘗病魘，太母抱置懷中，弱冠甫離，自後不能孤眠。故香亭、阿遲，一弟、一兒，皆同臥起，即問香亭，可知也。俗子不讀史書，便生物議，可知漢武與衛青、霍去病同臥起乎？光武與嚴子陵同臥起乎？關忠武與劉先主、張桓侯同臥起乎？然此猶云英主賢臣、年長者事也。《三國志》載孟宗之母，為長枕大被，招致四方文士，教兒同臥起，以求氣類之親，卒能致官司空，名傳賢母。當其時宗尚少年，使生於今之世，則輕薄兒必造出無數讕言，將並其母而污之矣！聖人《繫辭》云：「窺觀女貞，亦可醜也。」言閉戶而窺，在女為貞，在男子則為醜也。枚犬馬齒載，久讀孔子閉房之記矣，非有心闌禁也。血氣漸衰，止乎其所不得不止也。

　　追溯平時跅弛處，東山所挾，記憶難清；元則所憐，絲毫無染。皇天后土，實聞此言。惟其無所愧於心，是以無所擇於口，風流自賞，言過其實，惟恐人不知，是則枚之過也。然而桑間濮上，聖人不刪；前言戲之，子游不慍。屈原以美人比君，蘇武以夫妻喻友，卮言十出，豈可據為口實哉！惟是《禮經》云：「七十非人不暖。」枚小星凋謝，無所取諸，不得已而求諸氣類相同者。嗣後將訪求古所稱盲禿、傴尪、仇麋、敦洽之徒，與同宴遊，以省浮言。又恐非人情，不可近。老泉曾言之「避嫌之事，賢者不為」，伊川先生曾言之「盧杞面藍，亦復奸邪」，更覺逡巡兩難矣。還望尚書有以教我。〔註684〕

　　袁枚此信讀起來也是很坦率的，它的基本內容是：我雖然曾與霞裳同臥起，但這和我與堂弟袁樹、親兒阿遲同臥一樣，其中並不存在性的因素。正因為我問心無愧，所以出言為文才無所選擇，結果竟招致了紛紛物議，冤哉！果真如此嗎？筆者感到袁枚在這裡講的大概不是實話。細讀《小倉山房詩文集》

〔註684〕《小倉山房尺牘》卷九。

裏的相關內容，袁一劉之間的斷袖情誼已是紙中之火，只差最後的明確了。一般讀者恐怕都不會相信他們兩人就只是純粹詩文授受的一對師生吧？當然，袁枚所言也是可以理解的，讓他像招認似地承認自己曾經以門徒為變寵，這也太難為他了。

（六）笑話

明清同性戀的聯繫在笑話當中可見一斑。明代馮夢龍輯有《笑府》，清代遊戲主人輯有《笑林廣記》，後書中的男色笑話就與前書有諸多相同，可見能使明人發笑者清人也還覺著有趣。當然，時代畢竟不同，清末程世爵輯撰的《笑林廣記》便基本未收《笑府》裏的笑話。程氏《笑林》比較突出的一點是對優伶同性戀的嘲弄，相公的職業簡直就只有賣身一種。如《不懂眼》云：

> 一闊客狎優宿娼，縱情花柳。一日，跟兔與撈毛同來催請，闊客說：「我一人如何到兩處去？我出一對，那個對得上，我到那家去。」二人說：「粗俗的尚可。」闊客說：「肚臍眼。」跟兔的說：「我對屁股眼。」闊客說：「對不上。」跟兔的說：「肚臍眼對屁股眼還說對不上，想來不好男風。」撈毛的說：「我也對肚臍眼。」闊客說：「更對不上。」撈毛說：「肚臍眼對肚臍眼，那才真對上了呢。你還說對不上，你這個人不但沒開過眼，簡直的不懂眼。」

其他內容的如《嘲場官》云：

> 有一闊少酷好雲雨，內寵外寵不一而足。其雲雨之情竟至無日不試，無夜不試，無時不試。每於試之時，猶恐有人窺其試，必派二人監其試。一管試內寵，謂之內監試，一管試外寵，謂之外監試。如有新收之內外寵，歸內外收掌管。如新收之寵不洽意，另調可心者，歸提調官。如遇不試之期，又專派一人，親臨內外監司各房試卷，謂之監臨焉。

《鬼怕色》云：

> 一色鬼宿柳眠花，淫蕩無度。家止一妻，雲雨之事竟無虛夕。其妻疲於奔命，已至厭厭瘦損。閻王查知此事，命兩小鬼拘之。小鬼領勾魂牌，潛至色鬼家中。先在窗外竊聽，婦人說：「你饒了我罷，我的已經成了鬼了。」色鬼說：「我全不管，就是鬼我也要玩。」兩小鬼聞此言大驚，抱頭鼠竄而去。來至陰曹，見閻王以實告之。王勃然變色曰：「這色鬼好大膽，連你兩個都放不過，不知他問我沒有？」

除去專門的笑話集，其他著作形式中會偶有一些零星的短則。《履園叢話・卷二十一・五兩輕》對優伶男色就刻畫得入木三分：「國初有某監察眷戀一優兒，連袂接枕者五六夕，賞以五金，其人不懌。一客聞之笑曰：『此唐時王右丞有詩已說其輕矣。』問何詩，曰：『惡說南風五兩輕。』」〔註685〕《庸閒齋筆記》卷八記有一則因北官不解南音而鬧出的笑話：「有北人任淮安令，民有控雞姦者，訴曰『將男作女』。官不解其故，叱曰：『江南下雨，與爾江北何干？』眾為哄堂大笑。」而《見聞瑣錄・前集卷四・散館詩》中的某官則是對男色太過敏感了：「有某翰林散館詩，題為《薰風自南來》，其破題第二句云：『南風句亦薰。』閱卷為旗下某公，見而斥之曰：『此人必好男色。』人問其故，曰：『以詩中言南風知之。』聞者不覺匿笑。」聞者匿笑的是某公的學識淺陋、妄做關聯。他只知道南風意同男風，卻不知《史記・樂書》曾載：「昔者舜作五弦之琴，以歌《南風》。」裴駰集解引王肅語曰：「《南風》，育養民之詩也。其辭曰『南風之薰兮，可以解吾民之慍兮』。」虞舜所歌《南風》與男風是毫無關係的。

（七）遊戲作品

猜謎活動是一項啟智悅心的文字遊戲，到清代已發展得非常興盛，出現了毛際可、費源、葛玨、張起南等著名謎家，產生了《玉荷隱語》、《十五家妙契同岑集謎選》、《餘生虎口虎》、《廿四家隱語》等著名謎集。清人燈謎的謎材常是取自四書五經、詩文古典，因此，對於現代讀者來說，如果不熟悉古代的文章事蹟，再簡單的謎語猜射起來也是很困難的；再加上各種謎格的使用，情況就更是如此。現存清謎的數量很大，其中與同性戀相關的按內容可以把它們分成幾類。

1. 以同性戀的典故、名詞等入謎的

謎面	謎目
（1）殘桃遺君	《禮記》一句
（2）任君誇富如劉通〔註686〕	縣名

〔註685〕 明末王思任（號謔庵）所寫一則與這個笑話相似：「優兒譚惟孝一時豔哄，每戲闋，少年候勞，進參鴨者恐後。某生私之，得出門溲遺，略奉其手，納金一鋌，色猶薄恕。謔庵聞之曰：『所謂南風五兩輕也。』」見《文飯小品》卷二。「惡說南風五兩輕」出自王維詩《送楊少府貶郴州》。

〔註686〕 當為鄧通。

（3）老龍陽　　　　　　　　　唐詩

（4）有斷袖癖　　　　　　　　戲名

（5）小官人　　　　　　　　　《聊齋誌異》篇名

（6）阿房　　　　　　　　　　古人名一

（7）宋公子有美色　　　　　　古詩〔繫鈴〕〔註687〕

（8）與子路之妻兄弟也　　　　《左》人〔註688〕

（9）丈夫收了小二房　　　　　打《志》目〔註689〕

（10）為兒補過　　　　　　　　古人

（11）孫二娘　　　　　　　　　《聊齋》目

（12）十八傳，南北混　　　　　四書人一

（13）霍光愛幸馮奴　　　　　　四書〔落帽〕〔註690〕

（14）後其婢私泄之，
　　　蓋使女而男淫耳〔註691〕　《詩經》

（15）果然兄弟形相似，
　　　細看方知彌子妻　　　　　四子〔註692〕一句

（16）彌子之姨　　　　　　　　《孟子》〔落帽格〕

（17）夫為寄豭，殺之無罪　　　《論語》

（18）將棄妾配孌童　　　　　　四書

謎底　　　　　　　　　　　　謎書

（1）臣先嘗之　　　　　　　　《玉荷隱語》卷二（圖227）

（2）銅山　　　　　　　　　　《文章遊戲・二編卷六・燈詩》

（3）豈宜重問後庭花　　　　　《燈社嬉春集》卷上之三

〔註687〕將謎底中的多音字讀成其另音後扣合謎面。

〔註688〕《左傳》中的人名。

〔註689〕《聊齋誌異》中的篇目。

〔註690〕將謎底第一個字摒除後扣合謎面。

〔註691〕這句話出自《閱微草堂筆記》卷二十二中的一段記載：「河南一巨室，宦成歸
　　　　里，年六十餘矣。強健如少壯，恒蓄幼妾三四人；至二十歲，則治奩具而嫁
　　　　之，皆宛然完璧。娶者多陰頌其德，人亦多樂以女鬻之。然其在家時，枕衾
　　　　狎昵，與常人同。或以為但取紅鉛供藥餌，或以為徒悅耳目，實老而不能男。
　　　　莫知其審也。後其家婢媼私泄之，實使女而男淫耳。」「女而男淫」指以肛交
　　　　方式與女子發生性關係。

〔註692〕《四書》。

（4）《偷雞》　　　　　　　　　《燈社嬉春集》卷上之十

（5）男妾　　　　　　　　　　　《燈社嬉春集》卷上之十一

（6）秦宮　　　　　　　　　　　《文虎》卷上

（7）朝為媚少年　　　　　　　　《山椿吟館謎稿》

（8）許瑕　　　　　　　　　　　同上

（9）男妾　　　　　　　　　　　《春燈謎彙纂》

（10）彌子瑕　　　　　　　　　《隱語鯖腴》

（11）男妾　　　　　　　　　　《絕妙集》

（12）宋朝　　　　　　　　　　《餘生虎口虎》

（13）〔不〕知子都之姣者　　　《反隅書屋謎稿》

（14）變彼諸姬　　　　　　　　《聘梅仙館謎稿》

（15）非由內也　　　　　　　　《新燈合璧》卷上

（16）非由內也　　　　　　　　《四子鼗音》初編卷六

（17）而有宋朝之美，

　　　　難乎免於今之世矣　　　《四子鼗音》四編卷之二

（18）是之謂以其所不愛及其所愛　《味腴草堂謎語集成》

2. 以清代相業名詞如相公、兔子、老斗、小旦等入謎的

謎面　　　　　　　　　　　　　謎目

（1）斗金　　　　　　　　　　　詞牌

（2）誰知狎優客，竟沒兒女情　　六才〔註693〕

（3）掩兔　　　　　　　　　　　《禮記》

（4）相公下處　　　　　　　　　《國策》

（5）老相公　　　　　　　　　　唐文

（6）兔窟　　　　　　　　　　　千字文

（7）上相公書　　　　　　　　　獸

（8）灌倒小相公　　　　　　　　《詩》〔註694〕

（9）治狎優罪　　　　　　　　　蟲名

（10）豈有相公此時出應客乎　　《易》〔註695〕

〔註693〕《西廂記》。

〔註694〕《詩經》。

〔註695〕《易經》。

（11）醜相公	物

謎底	謎書
（1）《後庭花》	《亦囂囂堂謎稿》
（2）斗起英雄膽	《海棠龕謎稿》
（3）旦畢中	《棣華仙館謎稿》
（4）有旦宅	同上
（5）一旦以年七十	同上
（6）微旦孰營	同上
（7）白兔	同上
（8）酌以大斗	《謎拾》卷上
（9）科斗	《謎拾》卷下
（10）日中見斗	《御湘謎語》
（11）斗見愁	《燈謎集腋》

3. 內容不雅的

謎面	謎目
（1）仲突	四書
（2）還唱《後庭花》	《西廂記》
（3）雞姦	《聊齋誌異》篇名
（4）後庭花	《中庸》
（5）肉杯	《孟子》
（6）我以龍陽君為妻	《詩經》
（7）男妾	四書

謎底	謎書
（1）忽焉在後	《燈社嬉春集》卷上之二
（2）怎生不掉過臉兒來	《燈社嬉春集》卷上之七
（3）造畜	《燈社嬉春集》卷上之十一
（4）反求諸其身	《四子觳音》續編卷上
（5）而以餂啜也	《四子觳音》三編下
（6）予室翹翹	《俞選謎虎》
（7）樂其道而忘人之勢	《味腴草堂謎語續集》

同性戀謎在清人各種謎書中的分布規律是既分散又集中。分散，是因為男

風並未受到特別的忌諱，燈謎製者都可以從中取材；集中，是因為某些製者對男風具有濃厚的興趣，注重從中取材。在未能流存下來的謎書當中，以及在未曾形成文字的口頭謎語當中，還會有數量較多且時或是被集中編製出來的同性戀謎語的。

酒籌是清人酒桌上常見的娛樂用具，以竹、木、骨、象牙等材料製成，上面刻寫詩詞、曲文、人名等令辭以及行令、飲酒的方法。使用時將籌子置於籌筒之中，搖筒掣籌，再按掣出籌子上的令約、酒約行令飲酒。酒約一般是標明具有某某特點者飲，如初婚者、近視者、遲到者飲等。各種特點當中，有的關係到了男色。

《唐詩酒籌》：

　　丈夫好新多異心　　有美僕者飲。

　　雲雨巫山枉斷腸　　愛旦者二杯。

　　玉兔有情應記得　　有僕、侍妾者飲。

《花風令》：

　　櫻桃　　喜優童者飲。

《紅樓人鏡》：

　　襲人　　　破題兒第一夜　　愛優伶者飲一杯。

　　春燕　　　管什麼拘束親娘　　有俊僕者飲。

　　鮑二家的　盡人調戲　　　　愛戲旦者飲。

《集西廂酒籌》：

　　從來斬釘截鐵常居一　無外寵者一杯。

下面具體分析兩支酒籌。

《集西廂酒籌》：

　　誰道你色膽天來大　有外寵者一杯。

作為一個名詞，「外寵」在清代主要是指孌童龍陽，不過用來指外室也是可以的。對這樣的酒籌，一般喝酒的人都能靈活運用：如果酒桌上有好男風者，外寵就會被大家當作男性；如果有好外婦者，則會被當作女性。總之，酒籌既被抽了出來，就要找人把酒喝下去。

《唐詩酒籌》：

　　坐間恐有斷腸人　貌美者飲。

以美貌而令座客中有人斷腸，此客對貌美者豈能是一般的感情？如果美

男是侑酒的相公優伶的話，那麼斷腸人就是他的老斗，較易找到；而如果座間沒有侑酒之人，大家身份相同呢？這時美男當然可以找出，可為他斷腸的人則未必真有，但還是要找，結果難免就要互揭底細、強去安排，那種調弄戲笑的場景自然是很熱鬧的。

六、道德與男風

道德輿論對於同性戀的態度主要存在於普通民眾的觀點傾向當中，在這方面，勸善書一類的書籍給我們提供了豐富的資料。

清代善書層出不窮，不但重印前代，而且還不斷自作，從而清代成為歷史上善書數量、種類最多最完備的時期。它們的刊刻者許多是地方上施粥育嬰、開設善堂的「善人」，自願出資，不為牟利。能寫得恰合眾意、膾炙人口的善書，其作者一般都具有深厚的文化功底。但多數只是中下級知識分子所作，眼界不寬，文筆粗疏，給人總的印象是深度不夠，且多宣揚因果報應，因而高級知識分子在一定意義上對它們並不予以看重——主要並不是否定其中的觀點，只是覺得所講道理過於淺顯直露。它們所能影響的是社會中功名不高的讀書人和粗通文字的農、工、商人，並通過這些人再進一步去影響目不識丁的普通百姓。

善書作者們對於同性戀的態度概括起來就是兩個字：反對。其勸誡形式靈活多樣：

（一）勸善文

勸善文是以文章的形式勸善戒惡。惡的種類繁多：淫、盜、殺、賭、毒等皆是，「淫」則為惡中之尤者。《首惡篇》：「為惡之首，莫甚於淫。淫則天地嫉之，鬼神怒之，父母責之，朋友鄙之，子女恥之，妻妾忌之，里巷傳之，婦孺睨之，歌曲譜之，匪人緝之。所淫之祖宗怒目而視之，所淫之骨肉操刀而逐之，所淫之鄉里設險而陷之，所淫之親屬痛心而噬之。甚至因淫而奪其科名，窮年潦倒；因淫而削其祿籍，畢世窮困；因淫而報在房幃，妻女償風流之債；因淫而艱其子息，祖宗抱斬嗣之冤。天下之惡孰有甚於此乎？故行首惡之行者，必負首惡之名；懷首惡之心者，必受首惡之禍。惡居其首，故貧居其首，賤居其首，而不如意事亦居其首也。」淫的種類也很多：淫節婦、淫室女、淫媵婢等，這些都屬女淫，此外便是男淫：「若夫男色，律重雞姦。乃有不肖師長，漁獵生徒。日中講學，夜則行姦。斯文掃地，辱及同人。此天地所不容，

神人所共憤，奪其紀算不足蔽辜，擬伊大辟夫復何疑？至外託朋友之名，陰圖夫婦之實。姦人者固不具論，為之姦者稟乾剛之德而安地道之卑。嗟哉！蠢子枉作男兒！或乃狎俊童，昵美僕，屈無知之小子，為床上之佳人。父母有知，能不赫然震怒乎？又況室有子都，誰能蔽目？我既魂消，金閨腸斷，偷香竊玉，理所宜然。此亦首惡之一也。」〔註696〕

男淫既位在首惡，其害曷可勝言？還有文章認為：「男淫惡孽，不知創自何人。既非陰陽配合之宜，又無蓮步雲鬟之媚。乖人夫婦偏愛寵童者，必夫婦失好，姦人妻女內外不分者，必男女相竊。耗人精血亢陽極傷精血，且穢氣入腎必成瘄疾，絕人子嗣。好此者精冷無子，為害不小。若官役苟交，主僕求合，恃寵擅權，致禍尤烈。歷有明驗，人亦何苦而好之哉！若夫青年俊士，一時失足，即遺臭終身。不齒於士林，見譏於鄉黨，玷辱於父母，慚愧於子孫，人又何忍而造此孽哉！陳成卿曰：『養生家每言男淫損人尤倍於女，〔註697〕所當誓絕。況主人狎比狡童，多至閫範內亂，更宜防戒。』崑山諸景陽作書規俞門士曰：「精為至寶，施之於人，尚能生人。留之於身，豈不自生。況施與女人，猶可生人，若施於男子，倍覺可惜。」俞不能從，卒至於夭。嗟乎，狗彘相交，尚循牝牡，人求苟合，不辨雌雄，怪乎不怪？先儒云：女淫以人學豕，男淫豕所不為。此言真堪警醒。」〔註698〕豕也即豬，女淫是以人學豬，男淫豬所不為，這恐怕是對同性戀最嚴厲的責罵了。

勸善文勸誡起同性戀者來可謂苦口婆心，不憚其煩，各篇的觀點大體不出害人害己的範圍。雖少創新，但眾口一辭，想來數量也會變成質量的吧？再如：

> 妓女之流毒甚矣哉！而俗士甘之，奇已。至於龍陽，尤屬多事。幸得為男矣，無何被污矣。乃於無可污之處，必求其污之之道，豈非自尋煩惱耶？不知何人作俑，其習至今存也。潔白之士，宜並戒之。〔註699〕

> 陰陽交媾，各有元氣感通，然過度尚足傷生。況男風一途，初

〔註696〕《勸善書》，書名代擬。
〔註697〕嘉道年間的華胥大夫張際亮就認為男色「最足傷人，狎之甚者必得目疾，老則盲，或陽痿不能生子。是故與其男淫，毋如遊狹邪也」。「遊狹邪」指嫖女娼。見《南浦秋波錄·第三·瑣事記》。
〔註698〕《全人矩矱·卷二·先儒論說·戒狎頑童說》。
〔註699〕《慾海回狂·卷一·勸親狎妓童者》。

無精氣往還，其害命更甚於女色。世人不知，恬不為怪。外借朋友之名，陰圖夫婦之好。孌狡童如處女，狎俊僕若妖姬。優伶賤類，引作知己，群小狎邪，親於妻妾。無論後庭之戲誠為污穢不堪，適足戕身喪命，亦思內外有別，奚容引賊入室，致使鑽穴逾牆，釀成閨醜乎？有犯此者，急宜痛改前非，庶保閨門整肅。〔註700〕

富厚之人，華堂峻宇，妾媵滿前，所欲靡有不遂。天之厚我，不越他人萬萬哉。即使日日行善，尚不足以報天之德。顧乃飽暖之餘，惟思淫慾。既獲家雞，又鍾情於野鶩；乍添雛婢，更溺志於龍陽。通宵燕樂，白晝宣淫。不數年惡貫滿盈，人謂是家氣運顛倒，不知正彼蒼現在之孽報。〔註701〕

（二）功過格

功過格的勸善方式很有些特色，它是將各種行為分成善、惡兩類，再依程度將各種善惡進行具體地量化，行之者每日、每月、每年都要總結計算，務求善功超惡，並且是多多亦善，以使人時時自警，事事修持。《文昌帝君功過格》的凡例細緻說明其使用方法道：「遵行是格者，擇一吉日，齋戒告天，置筆硯格冊於案頭，臨臥時憶一日所為，依格詳注，但記其數，不必錄其事。不得明功隱過，不得輕忽作輟。月終會計總數，功過相比，或以過除功，或以功折過，折除之外，注明功過實數。年終總結，多寡相較，便可自知罪福，不必更問休咎。除夕齋戒，將一年所計，用膳黃紙恭整書明，焚香告天，或告於文昌、關帝之神位前。庶乎起一念、出一言、行一事，有所敬畏。而功可以漸進，過漸寡也。」如此看來，做功過格很需要具備敬懼之心和持久毅力，因而，普及程度未必能有多高。但行之者畢竟有一定數量，不然清代店鋪中就不會有專門的簿冊出售了。

男風在功過格中當然屬於過惡類，通常是和其他淫行同列。為了能做一比較，看看男風屬於怎樣程度的過犯，這裡需要舉出一些異性戀方面的淫事淫過。

1.《孚佑帝君警世功過格》

敗一良家婦女節　　千過。

墮一良家子弟行　　千過。

〔註700〕《過淫敦孝編‧過淫篇‧隨遇致戒‧孌童》。
〔註701〕《過淫敦孝編‧過淫篇‧隨人致戒‧富人》。

　　　　姦淫微賤及原失節婦　三百過。

　　　　蓄俊僕豔婢，致啟邪淫　三百過。

　　　　虐使僕婢　五十過。

　　　　嫖妓及男淫一次　五十過。

　　　　演淫戲一場　二十過。

　　　　窺探良家子女　二十過。

　　　　留盼男女　五過。〔註702〕

2.《文昌帝君功過格》

　　　　因邪淫離人夫婦　千過。

　　　　誘姦幼女　五百過。

　　　　謀占人妻女　三百過。

　　　　蓄一戲妓俊僕在家　五十過。

　　　　姦一原失節婦女　五十過。

　　　　護淫童淫女　二十過。

　　　　起心私一婦女　十過。

　　　　遇一美色留盼　一次一過。

3.《立命功過格》

　　　　百功　貴族大家立家法，不用一俊僕，不用一強僕，惟用樸誠
忠厚勤慎準繩之人，使子孫世守。

　　　　三百過　破一婦女節。

　　　　百過　欲染人家婦女。

　　　　五十過　縱慾墮胎。

　　　　三十過　士庶人妻已生子而復置寵妾。

　　　　十過　宿一娼。

　　　　五過　與優童、家僕淫褻非禮。纂：淫褻一良家子弟加十倍。

4.《善過格》

　　　　欲染良家婦人為一百過，成淫加十倍。

　　　　欲染室女、孤寡節婦為三百過，成淫加十倍。

　　　　欲染倡優為三十過，成淫為百過，男淫同。

〔註702〕《呂祖全書》卷五十一。

不係邪淫，而非其地非其時為十過。

畜養戲妓俊僕在家，致啟邪淫，一日為十過。〔註703〕

5.《功過格分類彙編》

能立家法，不用俊僕強僕，惟用樸誠忠厚者　一人三十功。

路遇美人熟視　一次一過，動心加倍。

宿娼比頑，染一本淫婦　俱十過。

淫一失節婦　五十過。

淫一女婢　百過，強者加倍。

欲染良家婦　百過，成淫十倍。

欲染室女、孤寡節婦　三百過，成淫十倍。〔註704〕

6.《續證人社約戒》

多內寵、耽聲伎、比頑童、遊狹邪，一事積十過。

不同功過格出現的時間先後不同，不過它們在認定過犯程度上大致是採取了共同的標準，即一般是淫處女、節婦為最重之淫惡，然後是已婚良家婦、女婢，而淫男色通常是和宿娼、淫失節婦處於同一程度，再次便是只起淫心等了。由此，男淫在淫惡中的位置就基本可以確定了。

（三）條律

條律與功過格有些類似，但不標示各種善惡的功過數。有的是常人所作，《欲海回狂・卷二・居官門》：

鼓勵風俗第二　禁畜娼優。

謹防物議第七　不以美女幼童結權貴，不納舞女歌童，不赴優

觴妓席。

《卷二・居家門》：

杜邪第一　妓女不許入門，梨園不許入門。

遠慮第八　不畜美貌乳母，不畜豔婢，不畜俊童。

《卷二・廣戒門》：

出外第五　不往茶軒酒肆，不赴娼優席，與男子同被不解下衣，

不同浴同廁。

〔註703〕《壽世慈航》卷之六。
〔註704〕《全人矩矱》卷四。

相與第六　編撰淫書者勿友，談論閨門者勿友，親狎妓童者勿友，好酒賭博者勿友。

《卷二·滅罪門》：

懺除業障第三　懺悔邪淫出家四眾之罪，懺悔邪淫朋友妻妾之罪，懺悔邪淫奴僕婢媵之罪，懺悔邪淫歌童妓女之罪。

有的戒律雖是出於人手，但卻要加上神的幌子，以使「權威性」更能凸顯。孚佑帝君（即呂洞賓）為神中之一：

孚佑帝君云：從來惡孽，惟淫為大。陽罰甚重，冥罰尤嚴。為罰極多，姑撮其要，具此篇者，各宜戒勉。

誘姦處女律。誘姦處女，二世絕嗣，以上之劫，各二百五十，再轉為人，為疾病身。

誘姦室婦律。誘姦室婦，減壽二紀〔註705〕，以上之劫，各歷一百，再轉為人，為孤獨身。

淫娼妓律。淫一娼妓，減壽半年，若能改悔，免去減壽。漁獵男色，與婦女同，十六以上照處女論，十六以下照室婦論，挾幼童者照淫娼論。〔註706〕

靈佑帝君乃至上帝的觀點和規定是：

靈佑帝君曰：世人淫人妻女，皆為便宜，而不知天下人皆有貪此便宜之私心。種淫人妻女之種，不出三世，定生犯淫之花。余掌其職，隨時註冊，注後奏稟上帝，聽候降罰。

第一條，淫人室女，三世內出女犯淫報。

第二條，淫人婦，三世內出婦犯淫報。

……

第十條，淫造男色，三世內出女犯淫報。

以上十條，世人造有一條，余註冊後跪奏上帝，聽候降罰。旨將，余將案冊移交東嶽大帝處，余宮案冊一清，另查註冊，待奏天庭。

第一條，世人造淫室女孽一案，定三世淫女還償。

第二條，世人造淫人婦孽一案，定三世犯淫婦還償。

〔註705〕一紀為十二年。
〔註706〕《戒淫保壽錄·天律·冥罰淫律錄》。

……

第十條，世人造淫男色一案，定五世犯男色還償。

以上十條，世人造有一條，余定案後跪奏上帝，聽候施罰。旨將，余將案冊移交東嶽大帝處，余宮案冊一清，另查註冊。〔註707〕

靈妙帝君乃至上帝的觀點和規定是：

靈妙帝君曰：世人處世，有遇事心地靈明，揆度則中者；有遇事昏冒，舛錯百端者。余膺其職，凡有善德，余注靈明冊籍，以賜靈明。凡有惡孽，余注昏冒冊籍，將施昏冒，不稍恕焉。

第一條，世人遇童蒙，言講女色，注惡百，注昏冒冊籍。

……

第三條，世人遇童蒙，言講男色，注惡百，注昏冒冊籍。

……

第十條，世人遇童蒙，言講背師，注惡百，注昏冒冊籍。

以上十條，世人造有一條，心性昧良，余注昏冒冊籍，入奏上帝，聽候施罰。旨下，余將案冊移交東嶽大帝處，余宮案冊一清，另查定案。〔註708〕

古代向來重視「神道設教」，《周易‧觀象》：「觀天之神道，而四時不忒，聖人以神道設教而天下服矣。」傳統儒家重點是在政治的層面上使用之，而勸善書的作者們兼採儒、釋、道三教，以鬼神果報儆人，一定意義上可以講是在使其發揮社會倫理層面上的作用。

（四）詩歌、格言

勸誡男風的詩歌通常不大講究文學性，只求通俗實際，並且用詞比較嚴厲，似乎不如此就不足以驚醒人心。

無題

世間好色盡色癡，淫禍如何竟不思。

耗我精神癆病染，亂人閨閫殺機隨。

內多妾媵常生妒，外嬖倡優更損資。

即或一身無顯報，後來流毒有誰知？〔註709〕

〔註707〕《天律綱紀‧卷上‧淫亂司靈佑帝君掌之》。
〔註708〕《天律綱紀‧卷上‧奪魄司靈妙帝君掌之》。
〔註709〕《傳家寶‧三集卷之六‧消夜鐘》。

伶人

錯開情竇到梨園，色藝能教智者惛。

同體何堪成伉儷，嬌妝偏爾愛溫存。

盡憐幼艾將金擲，肯為餘桃戀我恩？

歌舞現身會說法，請看果報莫銷魂。〔註710〕

男色

配合原為正理，豈容顛倒陰陽。

污他清白暗羞慚，自己聲名先喪。

浪費錢財無算，戕生更自堪傷。

請君回首看兒郎，果報昭昭不爽。〔註711〕

外寵

姻緣雖巧豈宜男？漁獵紛紛作美談。

淫創乾坤所未有，怒攖神鬼實難堪。

赧然對面誰無恥，穢行污身竟自甘。

禽獸不如君愧否？雙雄相逐恣嬌憨。〔註712〕

《壽世慈航》載有帶格言特點的《龍陽六不可》：

喪威儀：淫污褻狎，顏面有靦。恭敬既喪，羞惡亦殄。

傷夫婦：棄爾結髮，嬖彼少年。乖氣致異，好惡有偏。

混內外：若輩挑撻，有何行檢。竊玉偷香，室人是染。

瀆神聽：舉頭三尺，定有神明。嗔怒其穢，降罰非輕。

防不測：律載雞姦，王法班班。姦又近殺，軀命攸關。

枯骨髓：非求爾後，妄泄爾精。愚哉是役，速戕其生。

（五）事證

「蓋聞首惡為淫，報應不爽。徒流斬絞，慘遭顯戮於王章；絕嗣夭亡，難逃冥誅於天鑒。……粉面兒郎，不過俊秀子弟，豈是嬌娥美顏？童僕不堪役使庭闈，何況近狎？乃陽作友朋，陰為伉儷；名分主僕，實似夫妻。絕不問貴賤尊卑，竟認作鸞交鳳友。因令外人而穿闈入室，醜態頻生；以致下隸而犯上淫

〔註710〕 《勸孝戒淫錄·茹狀元棻戒淫十詠》。茹棻為清乾隆四十九年（1784）狀元。
〔註711〕 《邪淫法戒圖說·戒淫冰言》。
〔註712〕 《戒淫十八律》。據清道光六年（1826）刻、保光編撰之《最樂編》卷一，此詩名《雞姦》，（清）蔡時英作。

尊，禍根不淺。後悔靡及，遺臭何堪？」〔註713〕據這段《遏淫文》，男淫之報必是昭昭不爽。不過若只講理論，說服力似乎還是不夠，再加上事證之後，勸誡就顯得更加嚴密了。因此，各種善書當中總不乏用來說明道理的事例，而且有的還是以記事為主。通過記錄某些人的善惡言行以及他們所獲致的良否結局以求達到揚善消惡的目的。

　　《太上感應篇》出現於宋代，雖然只有一千多字，卻是最著名的善書之一，對後世社會產生了深遠影響，解注之作甚多。《感應篇》開頭有一句話講到：「是以天地有司過之神，依人所犯輕重以奪人算。」（圖228）《太上感應篇圖說》注謂：「人一生所為，日夜時刻，上下四旁，皆有鬼神鑒察也。算謂壽數及享用衣食之類，奪除而去之也，犯輕者奪算亦輕，犯重者奪算亦重。過者無心之失，神尚衡其輕重以奪其算，而大奸大惡，上干神怒，立受顯戮，不問可知矣。」接著又舉一實例：「祁天宗恃才放誕，逢人自誇理學，而所為皆詭僻不經。尤不信鬼神，常肆嫚罵。讀書僧寺，天雨薪濕，呼童劈木身靈官作爨。」除去褻瀆神明，祁還「心志昏迷，貪酒戀色，無所不至。有名家少年子，強誘雞姦」。祁之所犯不可謂輕，被奪之算也就不能不重。「一日，白晝見二陰役持巨鎖，鎖去帶至東嶽府，發罰惡司。議罪司官檢閱冥簿：天宗二十九歲應得舉，三十歲成進士，官二品，七十八歲善終。因其少時狂蕩，減削其算，晚年以舉人為司鐸，轉知縣，官五品，年五十四卒於官。緣四十以後作惡萬端，日甚一日，上帝震怒，盡奪其算，罰入九幽之獄，萬劫不許超生。天宗醒告家人，大呼曰：『悔無及矣！』遂吐血而死。」（圖229）

　　實際生活當中，同性戀者因男色之欲而招恥受辱總是難免，但這裡有一個程度問題，因之而死的情況不會多有。而他們只要一入善書之域，不得好死就變得容易起來，善書作者們對於以死儆人表現出了濃厚的興趣：

　　　　沈某，揚州富室，好養俊童。後生二子，俱流蕩無恥，冶容誨淫，鄉里傳以為笑。某深醜之，與族長謀，欲將二子處死。族長斥之曰：「汝平日姦污男色，不一而足，果報昭彰，恐受罰尚不止此。若處死二子，罪更大矣。」某懊悔無及，一日渡江，舟覆溺死。〔註714〕

　　　　康熙辛亥，山西永寧州銀匠張崇義比一頑童武根耳子，寢食與

〔註713〕《勸善書》，書名代擬。
〔註714〕《萬應靈方‧卷七‧淫亂‧要姦現報》。

俱。一日張醉，先就枕。根耳子見鋪內有物，竟拉殺張，竊之而逃。〔註715〕

　　勸善書的觀點代表了一般民眾對社會諸現象的態度，這是無可置疑的事實。但在具體表述上，它們普遍地稍過嚴格了一些。從各種善書當中，我們可以濃縮出一位典型道學者的面貌：他崇信孔孟，又兼容佛道。重今生，又慎來世。平日諸惡莫做，眾善奉行，在鄉里鄰前是恂恂然正人君子之相。可他的生活畢竟顯得刻板：由粗婢鈍僕服侍，以粗茶淡飯為食，於酒色全不起意，對逸樂向不動心，白天不苟言笑，晚間早早安寢。極端的情況，竟至於「與男子不同浴同廁」〔註716〕。如此，浴堂和茅廁是否都應當拆掉才好？當然，不同浴同廁的規定在善書中也屬過甚，不過比較普遍的不甚合宜的主張也是有的，例如各種善書一般都反對觀看「淫戲」。淫戲泛泛地講是不宜看，但問題在於對其界定往往因人會有很大差異。大鬧銷金帳式的裸裎相向之戲如《滾樓》、《葡萄架》等名之以「淫」自無不可，可以道學者的眼光，哪怕《西廂記》這樣人人喜愛、長演不衰的名劇同樣是在摹現男女私媒之事，也會起到誨淫導欲的結果，男看則偷情，女看則淫奔，所有觀者皆非君子淑人。而實際情況呢？清代是中國戲曲非常繁榮的時期，由崑腔而亂彈，由雅部而花部，梆子、皮黃、京劇等都大行其時，大受歡迎。難道當時舞臺上演的都是關羽、竇娥一類的忠臣列女？其實還是張君瑞、崔鶯鶯這些才子佳人更為常見一些。如果嚴格按照勸善書的標準進行衡量，那麼一般觀眾就都存具犯禁之嫌了。人們在談及清代道學時，常常講到「虛偽」二字，對這一評論，首先，清代的社會生活較之現代終究沉悶乏味，這主要是道學影響的結果。其次，清人在嚴肅的外表下面，實對人生享樂有旺盛的追求，總有一種偏離常軌的傾向存在。因此，「虛偽」之評既不合適也算恰當，清人生活大體是以道學為基礎又不去完全遵從，後一方面就是「虛偽」，講得哲學化一些就是「知易行難」。由勸善書，我們可以大體對清代的道德面貌有一個基本認識，但還是不要全部相信為好。

　　有些筆記小說，作者們在敘述完故事後會以個人口吻因事進行評論，其中也能反映一些社會對男風的態度。比較有名的如蒲松齡在《聊齋誌異》裏就某人因「比頑童」而縱慾身死所作的一篇笑判：「男女居室，為夫婦之大倫；燥濕互通，乃陰陽之正竅。迎風待月，尚有蕩檢之譏；斷袖分桃，難免掩

〔註715〕《慾海回狂・卷一・勸親狎妓童者》。
〔註716〕《慾海回狂》卷二。

鼻之醜。人必力士，鳥道乃敢生開；洞非桃源，漁篙寧許誤入？今某從下流而忘返，捨正路而不由。雲雨未興，輒爾上下其手；陰陽反背，居然表裏為奸。華池置無用之鄉，謬說老僧入定；蠻洞乃不毛之地，遂使眇帥稱戈。繫赤兔於轅門，如將射戟；探大弓於國庫，直欲斬關。或是監內黃鱔，訪知交於昨夜〔註717〕；分明王家朱李，索鑽報於來生。彼黑松林戎馬頓來，固相安矣；設黃龍府潮水忽至，何以禦之？宜斷其鑽刺之根，兼塞其送迎之路。」〔註718〕（圖230）道光年間的朱梅叔仿《聊齋》筆法也就《隨園詩話》所載春江公子事〔註719〕發表判評：「自古男女居室，為人之大倫；夫婦媾精，有家之正則。而乃以石田為可墾，捨正路而不由；召僚友而娶契弟，徵優伶以作弄兒。遂有巾幗鬚眉，甘為兔伏；不知顧瞻肩背，願效龍陽。闢此蠶叢，自必開山力士；鑿將鳥道，竟來問渡漁翁。臀也忽生鑱柄，定教其行諔詭；頭乎應戴木楎，想見不可向邇。溝邊城闕，何妨布雨興雲；花底輿中，不惜誨淫引盜。小則督學罷官〔註720〕，大則斷袖傾國。好惡拂人，陰陽易位，於是極矣。夫淫同非法，何如以手出精；並是兩雄，誰謂不毛可入？《聊齋》云：是宜斷其鑽刺之根，兼當塞其送迎之路。老吏斷獄，處決了然。竊謂既好外矣，將空房難守，亦有鵲巢，宜令鳩處。彼狡童兮，或奇癢難熬，可帶蜂刺，以代蠅鑽。則野鴛社裏，庶幾高擡貴手常昭；黃鱔夢中，無勞雞姦訪舊矣。」〔註721〕

　　蒲、朱之文雖曰笑判，卻能把反對男色的理由說得很清楚：因男風違背陰

〔註717〕明人孫繼芳《磯園稗史》卷之二：「京師士大夫一時好談男色，恬不為怪，諢之曰『勇巴』。予深醜惡之，不欲其出諸口。有同僚戲予曰：『子莫非王學士乎？』問之，則曰：『王某守南祭酒，酷好尚此。適諸生有以是相競者，訟諸王，故為驚訝咤異曰「世間寧有此事耶？」王嘗私嬖一監生某，其人夢鱔出其跨下。人因為句曰：「某人一夢甚蹺蹊，黃鱔鑽臀事可疑。想是翰林王學士，夜深來訪舊相知。」有人倒其韻曰：「某人一夢甚蹺蹺，何物鑽臀鱔一條。想似翰林王學士，夜深來訪舊相交。」』予為之抵掌。」

〔註718〕《聊齋誌異‧卷三‧黃九郎》。

〔註719〕《隨園詩話》卷四：「春江公子，戊午孝廉，貌如美婦人，而性倜儻，與妻不睦，好與少俊遊，或同臥起，不知烏之雌雄。嘗賦詩云：『人各有性情，樹各有枝葉。與為無鹽夫，寧做子都妾。』又賦詩云：『古聖所制禮，立意何深妙。但有烈女祠，而無貞童廟。』後乙丑入翰林，妻楊氏亡矣。再娶吳氏，貌與相抵，遂歡愛異常。嘗觀劇於天祿居，有參領某，誤認作伶人而調之，公子笑而避之。人為不平，公子曰：『夫狎我者，愛我也。子獨不見《晏子春秋》諫誅圉人章乎？惜彼非吾偶耳，怒之則俗矣。』參領聞之，踵門謝罪。」

〔註720〕見本書第636~637頁。

〔註721〕《埋憂集‧卷三‧春江公子》。

陽之道，有傷夫妻之情，以及性行為方式怪異不經等。語言幽默，譏諷交加，這種行文風格不同於勸善文，是另一種典型態度的反映。因為並不是所有的人在對男風進行批評時都會達到義憤填膺、怒髮衝冠的程度。同性戀者是柔婉的一類人群，在社會道德輿論面前他們採取的是守勢，無力也不敢有什麼激烈對抗的表示。這倒使得許多異性戀者雖然對他們難以理解，卻不會極端地厭惡，於是便以譏諷調笑的方式表達批評的觀點，其情形和一群市井少年見到一位女氣男子後的起哄嬉笑有些類似，可以說就是一種「曖昧」吧。

至於比較嚴肅的態度，清初徐岳在講完兩位士夫對他們的寵僮如何特別深愛〔註722〕後感歎道：「若二君者，情則篤矣，安能免顛倒悖謬之譏乎？然以此篤摯之情，移之君則忠，移之親則孝，移之兄弟則友，移之妻則義，移之友則生死交，豈不為人倫之芳軌歟？奈何溺而不悟也，悲夫！」同光間宣鼎曾謂：「余生平有三畏：畏貴人變童，畏攔門惡犬，畏其家有極凶潑婦。有此三者，雖至親、至戚、至友，願終身不履其閾，不登其堂。間一誤值，佗傺歸來，則三日內魂夢為之不寧，畏可知矣。」〔註723〕把變童和惡犬並列，這就不是戲謔而是責侮了。

徐、宣的主張都是可以收入善書的，只是他們都未談因果，嘉道間黃芝所寫一則故事可為因果報應的主張提供一個事例。

> 昔有劉翁自言能記〔其〕三世事。初世為童子師，悅男色，一生貌極美，某以酒醉生污之。生憤甚，投繯死，無何某亦以疫疾死。氣初絕，有二鬼捽至一官府如王者居，見投繯生及平昔所污者，揶揄階下。既而王者出，傳言某既為人師，所學何事，乃不自重，可謂衣冠禽獸。科其罪，罰作女子身，命鬼押出。眾請曰：「須去其陽具為淫孽報。」王允之，命鬼褫其褲，割之痛入心坎，瀝血鳴嘶，眾方散去。鬼神押至山東為貧家女，及笄，歸一齷齪子，日與之淫，稍不從則搒掠數四，故放蕩無節，以瘵死。某念前生事，不敢他望，守志自懺。未幾流賊肆起，擄掠村民，各鳥獸散。某奔至一村，有嫗方炊，泣訴苦楚。嫗憐之，食以脫粟。無何一男子入，頻頻耽視。某偷視之，儼然投繯生，驚甚。是夜男子至求狎，某不從，男子怒

〔註722〕見《見聞錄・男寵》。其中一則本書第298～299頁已述，再一則是：「一士夫有寵僮死，殯殮之厚，過於子弟，七七大作佛事，以資冥福。為文祭奠，哀毀過情。」
〔註723〕《夜雨秋燈錄・續錄卷七・柳聲》。

縛某椅上，肆淫而去。某念前世事，彼為男子被污而死，我當報之，乃絕吭而死。復至前官府處，以強姦寡婦致死為詞。王不答，命吏稽嫗子壽，旁有長髯人檢籍視，白曰：「尚有二十五年。」王曰：「汝為女子，尚能矢志自懺，准復男身。俟彼二十五年後為爾子以解前孽。」遂投生於粵，是為劉翁。年十八受室，恒不育，七年後舉一子，知投緱生至，取名曰解吉。既長，多好狎邪遊，一日欲私其父妾，妾怒奔告劉。劉大笑，為置側室，解吉由此悔過，自後見父妾在輒走避。人咸謂劉姑息，而不知有以也。〔註724〕

乾隆間錢德蒼增輯有《重訂解人頤廣集》，卷八之《風流焰口儀範》是借佛家語言勸人戒淫，講如何敬請神佛救度風流幽魂，往生彼岸。其中寫及男色。

大眾聽者：這焰口施食道場，是我佛如來慈悲設教，救度冤魂。眾生起悟靈明正覺，百般冤孽仗此往生，一以悉登彼岸。惟有色慾幽魂，急切難離苦海。我今特發虔誠，另設慈悲科法，專度風月幽魂，不許諸魂雜遝。一齊靜聽宣揚，無得喧嘩咭嗒。咦！

……

不須媒妁，能邀魚水之歡；何用逾牆，可赴丘中之約。偎紅倚翠，誰知以弁而釵；鳳倒鸞顛，孰料將男作女。食餘桃，聲賀君，乘色乘愛。嗚呼：

年登二十未曾冠，猶是嬌癡效海棠。

嫋嫋風前頻盡髮，修成青鬢妒紅妝。

若有青年子弟，獻賣風情之流。構媚幽魂，此夜今宵，一同來受甘露味。

已歸五戒，由然酒色怡情；既受三皈，還向花叢覓翠。錦袈裟，陣陣時開脂粉氣；毗盧帽，朝朝偏惹麝蘭香。凡心一動，五姑娘權做嬌妻；慾念生焉，小徒弟將來煞火。慧眼番成色眼，那怕佛祖生嗔；禪心變作淫心，何懼伽藍加責。嗚呼：

生怕逢辰落釋門，惟有鐘鼓伴黃昏。

凡心一動津難咽，撇卻從前清靜心。

若有佛門弟子，沉埋慾海之流。墮落幽魂，此夜今宵，一同來受甘露味。

〔註724〕 《粵諧》。

……

　　獻媚龍陽，終日街前戲。撞著油花，騙入深房內。解褲撩衣，
兩腳高提起。弄死孤魂，來受甘露味。

　　無恥淫僧，設計偷嬋媚。慾火難禁，狠把牙關閉。摟定沙彌，
權當嬌娥戲。極死孤魂，來受甘露味。

……

　　爾等聽者：陰限急迫，毋容久延；陽令森嚴，宜當速退。急急
回頭，勿得重入煙花裏；忙忙退步，無教復溺慾波中。

　　從前作過風流債，今日承恩一旦消。

　　超出孽塵從此去，鶴上青雲鳴九臬。

七、法律與男風

　　在封建法律的制定方面，清代吸收前代立法經驗，顯得很是周詳嚴謹，這在同性性犯罪的問題上有非常集中的反映。本來同性戀在古代社會的狀態表現是以曖昧為特徵，人們對之儘量採取的是一種回避態度，清代社會也不例外。但在清代法律當中它卻表現得比較透明，清律對它的各個方面都有比較清晰的規定。

（一）法律延革

　　清承明制，順治四年（1647）頒布的清代第一部法典《大清律集解附例》明顯承襲了《大明律集解附例》的內容。明律有關同性性犯罪的專門規定簡略且歷時不長。據清末薛允升考察，嘉靖年間於律例之外又纂入了比附律六十餘條，「蓋因例無專條，即可援此以定罪也」〔註725〕。其中規定：「將腎莖放入人糞門內淫戲，比依穢物灌入人口律，杖一百。」〔註726〕但萬曆十三年（1585）重新修例時所定最後一例強調：「〔此次〕條例申明頒布之後，一切舊刻事例未經今次載入，如比附律條等項，悉行停寢。……」〔註727〕如此，比附律條只是在嘉靖萬曆年間行用了幾十年，不過清代則又予以了接受。據康熙四十五年（1706）所刻《大清律集解附例》，這些律條在順治二年（1645）也即順治《大清律集解附例》頒行之前即已奏定，注謂：「比附各條革久不用，

〔註725〕《讀例存疑》卷五十三。
〔註726〕筆者所見原文見《大明律例附解・附錄》，明萬曆元年（1573）刻本。
〔註727〕《大明律集解附例》卷之三十。

今亦存留備考。」批謂：「或有萬無可引者，然後用此。」由於早期《大清律》的律、例當中都沒有關於雞姦的規定，「將腎莖放入……杖一百」也就成了萬無可引之時的被引用之條，在順康年間發揮了它的一定作用。〔註728〕就字面含義而言，它所針對的到底是強姦還是和姦是難以確定的。假如是在明代，從當時總體的社會法律環境以及筆者所掌握的幾個具體案例來看，此條接近於針對強姦。而清人尤其清初人深詆明末世風之淫柔，在性道德上要顯得嚴肅，相應的法律規定也趨於嚴緊，此條也就開始針對和姦。康熙間《定例成案合鈔》卷二十五載有一和同雞姦成案，其中即謂：「陳六、孔珍雞姦王十學，應照穢物灌入人口律，杖一百。」

　　但是，上述規條終究是過於簡略的，遠不能適應同性性犯罪形式多樣性的現實，於是自康熙朝開始，相關條例開始漸次制定，日趨完備。立法者首先注意到的是惡劣、普遍的犯罪行為，康熙十八年（1679）議准：「凡惡棍夥眾將良家子弟搶去強行雞姦，為首者立斬。為從者，俱擬絞監候。若係和同者，照律治罪。」〔註729〕這一規定被列入了《現行則例》當中，據康熙六十一年（1722）重修的《現行則例》，此例的具體位置是《下卷・雜犯》：「凡不肖惡徒夥眾將良人子弟搶去強行雞姦，為首者立斬。為從者，俱擬絞監候，秋後處決。如和同雞姦事發者，照律擬罪。」〔註730〕這樣一來，「將腎莖放入……」條也就失去了作用，其具體內容改換文字後以明確的表達成為了條例，法律地位明顯上升。到雍正三年重修律例時，《現行則例》依類被匯入《大清律集解附例》，此例成為了《卷之十八刑律賊盜・白晝搶奪》之下的一個增例：「凡惡徒夥眾將良人子弟搶去強行雞姦，為首者斬決。為從者，絞監候。和同者，照律擬罪。」〔註731〕

　　「惡徒夥眾」例要比「將腎莖放入」條完備，不過這只是相對而言，該例需要完善之處尚多。為此，安徽巡撫徐本於雍正十一年十二月條奏進言，刑部據以上奏曰：

〔註728〕順康年間的《大清律》照錄了萬曆《大明律》的最後一條條例，這與比附律條的存在是有衝突的，屬於法律的前後未能照應。雍正三年（1725）修律，將此條例移到《卷之一・名例律・斷罪依新頒律》之內，刪掉了「一切舊刻事例未經今次載入，如比附律條等項，悉行停寢」這句話，這樣比附（比引）律條的法律地位才得以明確。不過當時「將腎莖放入……」條已為正式的條例所取代，故刪。
〔註729〕《大清律例通考》卷三十三。
〔註730〕見《大清律集解附例》，清康熙六十一年（1722）刻本。
〔註731〕見《大清律集解附例》，清雍正間刻本。

……內稱定例開載「凡不肖惡徒夥眾將良人子弟強行雞姦，為首者立斬，為從者絞監候」久經通行，遵照在案。但查強行雞姦一項內，有夥眾強搶者，亦有並不夥眾而只一人強姦者，有因雞姦將良人子弟殺死者，亦有未經殺死者，向因例並未分晰，是以各省無論殺死與不殺死，夥眾與不夥眾，概照為首之人擬斬立決。伏讀上諭：「凡因姦致死本婦者，向來律無正條，俱引因姦威逼人致死之律擬斬監候，秋後處決。但其間情事不同，如係強姦既成，本婦羞忿自盡者，擬以斬監候，固屬恰當。若強姦不從，將本婦立時殺死者，如此淫凶之犯，實與光棍無異，非立斬不足以蔽辜。至於強姦未成，但經調戲本婦即羞忿自盡者，非引招擬抵，固無以慰貞魂。而一例擬斬監候，又覺未為平允。似應擬絞監候，至秋審時將監候人犯俱以情實請旨，口為輕重得宜。朕意如此，著大學士、九卿會同詳議具奏。欽此。」仰見我皇上酌情定罪之至意。今強行雞姦之例，似應一體，分別更定。

查例內不肖惡徒夥眾將良人子弟搶去強行雞姦者，照光棍例，分別首從定擬。至有並不夥眾，而只一人將良人子弟誘去強姦；有將數歲幼童強行雞姦；有雖未夥眾，實因強姦而將良人子弟殺死者；亦有傷而未死者。向因例未分晰，是以各省及臣部衙門，無論夥眾與不夥眾，殺人與未殺人，概照光棍為首擬斬立決，似未平允。請嗣後有惡徒夥眾將良人子弟搶去強行雞姦者，無論殺人及未殺人，此等罪犯淫惡已極，應照光棍例，為首者擬斬立決，為從者擬絞監候，秋後處決。其雖未夥眾，實因強行雞姦將良人子弟殺死，及將良人未至十歲幼童誘去強行雞姦者，慘惡已極，亦應照光棍例擬斬立決。如強姦十二歲以下十歲以上幼童者，擬斬監候，和姦者，照強姦幼女雖和同強論律擬絞監候。若只一人強行雞姦，並未夥眾傷人，應擬絞監候。其雖未夥眾，但已傷人而未及死者，應擬斬監候。其強姦未成者，杖一百，流三千里。若年止十六七歲，尚屬童頑，有將未至十歲之幼童強行雞姦者，請照一人強行雞姦已成、未成例，各減一等發落。

該撫又稱，若二人強姦，又未殺人，將為首擬斬監候，為從擬絞監候等語。查強行雞姦已屬可惡，若二人強姦，雖未殺人，實係

輪姦，今將為首者擬斬監候，不足以蔽其辜。除夥眾搶去，止有首犯一人強姦，餘犯無強姦情事者，首犯照例擬決，餘犯發遣外，若係俱曾行姦，仍將為首者擬斬立決，為從者擬絞監候。但查雞姦情事，尤易誣陷，誠恐不肖棍徒設局誣陷。嗣後如有指稱雞姦誣害情弊，一經審出，即依所誣之罪反坐，至死減一等。罪至斬決者，照惡徒生事行兇例發遣。又查犯姦律內，並未載有和同雞姦之條，請嗣後審明，實係和同雞姦者，照和姦律，杖八十，枷號兩個月科斷。是否允協，恭候欽定，俟命下之日通行八旗直隸各省、各將軍一體遵行。臣等未敢擅便，謹題請旨。〔註732〕

雍正十二年（1734）二月，刑部遵旨以徐本條奏為基礎對「惡徒夥眾」例進行了增訂，但仍有不妥之處，乾隆五年（1740）該部按：「查原議內年止十六七歲尚屬童頑無知，有將幼童幼女強姦者，照已成未成律減等發落等語。先據原任江蘇巡撫邵基條奏：年至十六七歲已屬成丁，嗜慾日強。至強姦幼童幼女法律尤嚴，若從而減等，無以示儆。又據江西按察使凌鑄條奏：名例七十為老，十五為幼，十五以下十歲以上犯死罪不准收贖。而十六七歲強姦幼女猶為減等，似非所以戢淫暴等語。應如所奏，將原議十六七歲減等之處刪除，纂如前例入律。」〔註733〕乾隆五年是清代最後一次修律，《大清律集解附例》改名為《大清律例》，從此律文不再改動，條例則定時重修。新修之後的「惡徒夥眾」例成為了最早編入《大清律例》的懲治同性性犯罪的條例，也是最基本的、涉及面最廣的條例。（圖231）其位置是在《刑律犯姦・犯姦》而非先前的《刑律賊盜・白晝搶奪》，這一變化反映出立法者日益明確了雞姦類犯罪的性犯罪性質。該例全文：「惡徒夥眾將良人子弟搶去強行雞姦者，無論曾否殺人，仍照光棍例，為首者擬斬立決，為從若同姦者俱擬絞監候，餘犯問擬發遣。其雖未夥眾，因姦將良人子弟殺死及將未至十歲之幼童誘去強行雞姦者，亦照光棍為首例斬決。如強姦十二歲以下十歲以上幼童者，擬斬監候，和姦者，照姦幼女雖和同強論律擬絞監候。若止一人強行雞姦並未傷人，擬絞監候，如傷人未死，擬斬監候。其強姦未成者，杖一百，流三千里。如和同雞姦者，照軍

〔註732〕　《題為議定姦犯擬罪之律》，見《明清史料》，標號015613，臺灣「中央研究院」歷史語言研究所藏。轉引自《曖昧的姦情──清代乾隆時期男同性性犯罪問題探討》，第24～29頁。
〔註733〕　《大清律例通考》卷三十三。

民相姦例，枷號一個月，杖一百。倘有指稱雞姦誣害等弊，審實，依所誣之罪反坐，至死減一等。罪至斬決者，照惡徒生事行兇例發遣。」〔註 734〕此例後來有過局部修訂，道光元年（1821）律例館修例，將「餘犯問擬發遣」改為「餘犯改發雲貴兩廣煙瘴地方充軍」〔註 735〕。咸豐二年（1852）館修，又將「餘犯改發雲貴兩廣煙瘴地方充軍」、「其強姦未成者，杖一百，流三千里」、「照惡徒生事行兇例發遣」分別改為「餘犯發黑龍江給披甲人為奴」、「其強姦未成並未傷人者，擬杖一百，流三千里，如刃傷未死，擬絞監候」、「照惡徒生事行兇例發極邊足四千里充軍」〔註 736〕。

　　清律實行同罪異罰，犯罪人、受害人的不同身份會導致不同的判決結果。就強姦殺人而言，「惡徒夥眾」例針對的是姦殺良家子弟的情況，而被殺者如果已經與人有染則姦殺者將被減等治罪。乾隆四十年（1775）定例：「凡強姦殺死婦女及良家子弟，仍按例問擬斬決外。其有先經和姦後因別故拒絕，致將被姦之人殺死者，俱仍照謀故鬥毆本律定擬。」〔註 737〕若依本律，姦殺犯將被處以斬監候或絞監候，而不是斬立決。

　　在各種形式的同性性犯罪當中，案情最複雜、最不易定罪量刑的是男子拒姦殺人之案。拒姦當然正當，殺人則有過當、誣瞞的可能。清律起初並無專門條例，需要比附定罪。康熙二十七年（1688）的一案：「查黃大年未弱冠，黃昏時分路遇藺大略拔所帶小刀強逼雞姦，黃大畏勢允從，大略收刀入鞘，雙手脫褲。黃大即乘間奪刀亂搠大略腿肚等處，傷重殞命。黃大因藺大略強逼雞姦搠死，黃大應比照罪人犯應死之罪而擅殺律，擬杖。」〔註 738〕此案當中的量刑是比較輕的，而在後來的司法實踐中，拒姦殺人者也有被判處死刑的情況。山西按察史元展成認為需對不同案件做具體分析，乃於乾隆二年（1737）條奏建言：「臣審題在案，但查定例內開：強行雞姦未成，杖一百，流三千里。是強姦未成，雖罪不至死，然已非無罪之人。其被強之人，顧惜廉恥，一時情急拒姦鬥毆，以致殺傷身死，竟行擬抵，似覺可憫。臣愚以為，伺後如強姦無據，證見不確，指稱強行雞姦鬥毆殺死者，仍照律擬抵外，如果強行雞姦證據確切，實因拒姦以致殺傷身死者，似應請比照夜無故入人家，已就

〔註 734〕《大清律例》卷三十三，清乾隆初年武英殿刻本。
〔註 735〕《大清律例會通新纂》卷三十一。
〔註 736〕《大清律例彙輯便覽》卷三十三。
〔註 737〕《大清律例》卷三十三，清乾隆五十五年（1790）刻本。
〔註 738〕《定例成案合鈔》卷十九。

拘執而擅殺律，杖一百，徒三年。」〔註739〕對此，「刑部核擬，以姦情曖昧，最易捏飾，若輕縱以杖徒，則懷挾夙嫌而蓄意陰謀者，皆得捏姦以戕命。如果情可矜疑者，自可隨時酌量援例減等，奏請定奪」。奏准，此後「刑部核覆男子拒姦殺命之案，如遇圖姦有據，證佐確鑿者，即擬以滿流辦理。雖無岐誤，然此等案件事所常有，如每遇一事即援引多文，於案牘未免繁瑣。似應酌纂入例，以歸簡易，以便遵行」。於是乾隆四十二年（1777）定例：「凡男子拒姦殺人之案，除事後指姦並無實據者仍照謀故鬥殺本律定擬外，如當場見證確鑿及死者生供有據或屍親供認可憑者，照鬥殺律減一等，擬杖一百，流三千里，奏請定奪。」

此例在具體實行時對某些具體情況缺乏針對性，乾隆四十八年（1783）上諭：「嗣後〔男子〕拒姦殺命之案，該地方官必須將兇手與死者年齒詳細核對。如死者年長兇手十歲以外，則欺其稚弱圖姦，自屬情理。若死者與兇手年歲相當或僅大三五歲，又安知非兇手圖姦不遂因而致死滅口，恃無見證圖賴死者，希翼卸罪？」據此，乾隆五十三年（1788）修訂原例，規定：「凡男子拒姦殺人之案，除死者與兇犯年歲相當或僅大三五歲，事後指姦並無實據者，仍照謀故鬥殺本律定擬外，如死者年長兇手十歲以外而又當場見證確鑿及死者生供有據或屍親供認可憑者，無論謀故鬥毆，俱照鬥殺律減一等，擬杖一百，流三千里，奏請定奪。」

但此條例仍有不完善之處，「乾隆五十八年十二月內，刑部議覆河南巡撫穆和藺題孔狗因年長該犯四歲之郜起聰乘睡圖姦未成，當即不依喊罵，該鄰勸散。次早郜起聰瞥見孔狗，復以混充正經惡言羞辱。孔狗慮其日後張揚，無顏做人，憤恨交加，刀扎郜起聰身死一案。該撫聲明：郜起聰雞姦孔狗未成，眾證確鑿，死者在生亦自認不諱。但孔狗當時並未拒扎，後因被辱，慮及日後張揚，憤激殺死。未便以拒姦論，將孔狗照罪人不拒捕而擅殺律，擬絞監候。經刑部照擬題覆，奉旨依議在案。是此案以擅殺罪人定擬辦理最為允協，應分晰增纂入例，以便引用」。於是乾隆六十年（1795）刑部續纂一新例，規定：「凡男子拒姦殺人，除死者年長兇手十歲以外，而又當場供證確鑿及生供足據者，依例擬流。其年歲相當，又係事後指奸無據者，仍照謀故鬥毆本律定擬外。如

〔註739〕　《題為山西太原府祁縣民逯廣因拒雞姦殺死任談成擬徒杖事》，見《內閣漢文題本刑科命案類：婚姻姦情專題》乾隆元年至三十年，第三十一卷第三號，中國第一歷史檔案館藏，該館 1999 年縮微膠片。轉引自《曖昧的姦情——清代乾隆時期男同性性犯罪問題探討》，第 118、119 頁。

死者雖無生供，而年長兇手十歲以外，確係拒姦起釁，別無他故者。或年長兇手雖不及十歲，而拒姦供確可憑及圖姦生供可據者，無論謀故鬥毆，均照擅殺罪人律，擬絞監候。」

但就一事而立兩例顯得拖沓重複，嘉慶六年（1801）館修，兩例遂合為一例，原第 2 例內的「凡男子拒姦殺人……仍照謀故鬥毆本律定擬外」刪掉。〔註740〕道光五年（1825）館修，對例文又做了進一步的細化，減輕了拒姦殺人者所受的刑罰，乃至有時不以為罪。全文：「男子拒姦殺人，如死者年長兇犯十歲以外而又當場供證確鑿及死者生供足據或屍親供認可憑，三項兼備，無論謀故鬥殺，兇犯年在十五歲以下，殺係登時者，勿論，非登時而殺，杖一百，照律收贖。年在十六歲以上，登時殺死者，杖一百，徒三年，非登時而殺，杖一百，流三千里。至死者雖無生供，而年長兇犯十歲以外，確係拒姦起釁，別無他故，或年長兇犯雖不及十歲，而拒姦供證確鑿及死者生供足據或屍親供認可憑，三項中有一於此，兇犯年在十五歲以下，登時殺死者，杖一百，徒三年，非登時而殺，杖一百，流三千里，俱依律收贖。年在十六歲以上，無論登時與否，均照擅殺罪人律擬絞監候。如死者與兇犯年歲相當或僅大三五歲，審係因他故致斃人命，捏供拒姦狡飾者，仍分別謀故鬥殺，各照本律定擬，秋審實緩亦照常辦理。若供係拒姦並無證佐及死者生供，審無起釁別情，仍按謀故鬥殺各本律定擬，秋審俱入於緩決。至先被雞姦，後經悔過拒絕，確有證據，復被逼姦，將姦匪殺死者，無論謀故鬥殺，不問兇犯與死者年歲若干，悉照擅殺罪人律，擬絞監候。其因他故致斃者，仍依謀故鬥殺各本律問擬。」〔註741〕

清律對男子拒姦殺人之案的量刑是重於婦女的，《大清律例會通新纂》卷二十五：「婦女拒姦殺人之案，審有確據登時殺死者，無論所殺係強姦、調姦罪人，本婦均勿論。」將此例與前面的道光五年例做比較，可見清朝立法者認為男子有更強的能力可以擺脫受辱境地，同時也有更大的可能會將防衛引向過當。

對兒童進行性侵犯是古今中外均予嚴厲打擊的犯罪行為，清代也是如此。兒童分為男童和女童，清律的保護方針是男女等視，一體對待。例如乾隆十四

〔註740〕《大清律例知源》卷三十一。不過上面乾隆五十三年條例係引自乾隆五十五年刻《大清律例》卷二十六。
〔註741〕《大清律例彙輯便覽》卷二十六。

年（1749）定例：「凡強姦十二歲以下幼女未成審有確據者，將該犯發遣黑龍江。」這一條例並未提到男童，而在司法實踐當中強姦男童未成的情況也是存在的，於是乾隆三十二年（1767）修例時，在「幼女」之下加入了「幼童」二字，改為：「凡強姦十二歲以下幼女、幼童未成審有確據者，將該犯發遣黑龍江。」此一條例的具體懲罰措施後來有過數次修改，嘉慶十三年（1808）改為「民人發遣黑龍江給披甲人為奴，旗人發往當差」。嘉慶十七年（1812）改為「民人發回城給大小伯克及力能管束之回子為奴，旗人發黑龍江當差」〔註742〕。道光元年（1821）改為「民人改發雲貴兩廣煙瘴地方充軍，旗人發黑龍江當差」〔註743〕。咸豐二年（1852）改為「發黑龍江給披甲人為奴」〔註744〕。

（二）比附加減

比附也即現代法律概念中的類推，是中國古代的一種傳統判案方式。清末英祥曾謂：「律四百三十六門，例千五百七十三條，準情定罪，亦云備矣。而或有時而窮，則以情偽日滋，譸張為幻，不得不引一相似之例以衡其情，即不得不引一相似之律以定其罪。比而較之，使罪當其情，情如其罪，無畸重畸輕之弊，失出失入之嫌，而後案以成焉。」〔註745〕這就是說，犯罪的形式多種多樣，而法律條文總是難以全部涵蓋，於是就通過比附來對類似之罪進行判罰。這種方法如果不當地被濫用，定會使人人自危，不知何故即罹法網。而在具體司法實踐當中，如果應用得法，則確實能夠有效地打擊犯罪。就性犯罪而言，筆者感到至少在技術層面上清代的比附是比較恰當的。

與異性性犯罪相比，清律針對同性性犯罪的規條顯然比較簡單。可同性性犯罪的發生數量雖然較少，內容形式卻也很是複雜。從而有罪無例的情況就會有時出現，法律出現了真空。為了彌補這方面的不足，便需對有關異性性犯罪的律例進行比附。如：

1. 輪姦良人子弟未成

《刑部比照加減成案》卷二十八：「路四科兒見李進寶鋪內業徒高木林少艾，起意輪姦。隨商允賈紅桃，將高木林拉至空地，按倒拉褲欲姦，經李進寶趕至喝散。將路四科兒比照輪姦良人婦女未成為首例，發回城為奴。」

〔註742〕《大清律例知源》卷四十二。
〔註743〕《大清律例會通新纂》卷三十一。
〔註744〕《大清律例彙輯便覽》卷三十三。
〔註745〕《秋審實緩比較成案‧序》。

2. 輪姦已經犯姦男子

《刑部比照加減成案續編》卷二十八：「段二等因知陳套兒曾被人雞姦，輒起意將其拉至王玉兒住處，並主令將其捆按，與王玉兒輪流雞姦，自應以該犯為首。查輪姦犯姦男子，例無專條，自應比例問擬。段二應比照輪姦已經犯姦婦女已成者，為首發雲貴兩廣煙瘴地方充軍。王玉兒照為從同姦，杖一百，流三千里。」

3. 強姦未成，受害者因傷數日後身死

《加減成案》卷十六：「趙德剛因圖姦岳賴狗子不從聲喊，該犯慮人聽聞，順用鐮刀嚇砍，致傷岳賴狗子，越八日身死。將趙德剛比照強姦未成，將本婦毆傷越數日後因本傷身死例，斬監候。」

4. 但經調戲，受辱者羞忿自盡

《加減成案續編》卷十八：「鹿邑縣趙駱駝圖姦同姓不同宗之男子趙潮未成，致令羞忿自縊身死。例無治罪明文，惟圖保名節被辱捐軀，男女情無二致，自應比例問擬。趙駱駝應依但經調戲，本婦羞忿自盡例，擬絞監候。」

5. 殺死強姦未成罪人

《加減成案續編》卷三十一：「民人趙百進因見伊子趙歪子被石祥兒摟抱強姦，登時將石祥兒毆傷身死。趙百進應比依強姦未成罪人被本婦有服親屬登時忿激致死者，杖一百，徒三年。」

6. 和姦隱情敗露後羞愧自盡

《加減成案續編》卷十八：「忠縣李幗沅因哄誘劉金沅雞姦敗露，致劉金沅羞愧自縊身死。李國沅應照和姦之案，姦婦因姦情敗露羞愧自盡者，姦夫杖一百徒三年例，擬杖一百，徒三年。」

7. 毆殺和姦對象

《加減成案續編》卷十三：「陝州趙小兵始因貪利與刁思玉雞姦，後因無錢資助，即向拒絕。嗣刁思玉與該犯續姦不允爭毆，致被該犯推跌痰壅身死。趙小兵合依婦人貪利與人通姦後，因無力資助拒毆致死者，依鬥殺本律定擬。鬥殺者絞律，擬絞監候。」

8. 容留剃頭仔賣姦

《加減成案》卷二十九：「李常開設剃頭鋪生理，雇李順兒做夥。嗣李順兒被人雞姦，曾將賣姦錢文分給。李常圖分錢文，容留李順兒賣姦。將李常比

照無籍之徒窩頓流娼月日經久例，杖一百，徒三年。」

可以看出，異性性犯罪的形式劃分在清律當中是相當細密的，它們大多都有相對應的同性性犯罪形式。但後者比較少見，沒有必要去一一制定針對性的條例，這時比附也就成為了一種方便的判決手段。當然，也並非只有涉及異性性犯罪的條例才可以被比附的，如這裡嘉慶年間的一個案例：「張添佩開設浴堂，商同劉珍等，覓雇趙甫則等賣姦漁利。趙甫則本係良民，將張添佩比照設計誘買良家之子為娼例，枷號三個月，滿徒。」〔註746〕甚至偶而地同性性犯罪條例會反被比附，用於對異性性犯罪的判決。我們知道，清律當中惡徒夥眾強姦良人子弟例是內容比較詳細的，而雍正間制定的輪姦婦女例則相對簡單，對「同謀並未同姦之犯例無治罪專條」。因而，嘉慶六年修例以前，在辦理此等案件時，就「有比照惡徒夥眾搶奪良人子弟強行雞姦案內並未同姦之餘犯，同擬發遣者」〔註747〕。這就反映出了比附的靈活實用性，有之，無罪可以逃脫法網。當然這是一把雙刃劍，不應比附而強做比附、應當比附而不做比附、應當比此而卻比彼，就可能出現非罪成罪、是罪無罪、輕罪重罰、重罪輕判等後果，導致出入人罪，罪刑擅斷。

另外還有一些案件，對它們可以依照專門的或比附的律例進行審理，但律例的適用範圍和具體案件又有某些出入，這時就需在原例量刑的基礎上酌加或酌減，從而成為依照律例判案的又一種形式。如：

1. 強姦非良人子弟未成

《加減成案》卷二十八：「趙八稔知喜祿曾與蔣祿兒姦好，該犯亦欲將其雞姦。嗣因喜祿不允，將其牽跌倒地，拉褲尚未成姦即被拿獲。查律例並無強姦非良家子弟未成專條，將趙八依強行雞姦未成者滿流例上量減一等，滿徒。」

2. 拒姦殺人，當時未死

《加減成案續編》卷十三：「臨潼縣趙雄兒拒姦用小刀戳傷王惟新，越二十九日零七時，因風身死。該犯釁起拒姦，殺係登時，惟例無拒姦戳傷因風身死在十日以外作何治罪明文，自應按例量減問擬。趙雄兒合依男子拒姦殺人杖一百徒三年例上量減一等，擬杖九十，徒二年半。」

3. 嚇唬曾經犯姦者致死

《加減成案》卷十六：「曾興兒因向梁興旺續姦不允，用言嚇唬，致梁興

〔註746〕　《刑部比照加減成案》卷二十九。
〔註747〕　《大清律例知源》卷四十二。

旺服毒自盡。查梁興旺係因索錢不給拒絕，並非悔過自新。比照因姦威逼人致死斬候律上量減一等，滿流。」

4. 親屬雞姦曾經犯姦幼童

《成案新編》卷十八：「杜住兒係范二格同母異父之兄。范二格年甫十二歲，曾被無名乞丐雞姦，後經杜住兒雞姦。查首先雞姦十二歲以下幼童之犯拿獲時，照例應擬絞候。則雞姦曾經犯姦幼童者，應量減一等擬流。惟范二格係杜住兒同母異父之弟，按姦同母異父之姊妹例應附近充軍。范二格雖曾經犯姦，究係年在十二歲以下幼童，應酌加一等，將杜住兒擬發近邊充軍。」

5. 和姦隱情敗露後羞愧自殺

《加減成案續編》卷十八：「宋普兒與彭太平商換雞姦，彭太平還姦未遂斥罵，經雇主將宋普兒逐出。宋普兒被逐不甘，在外揚言，以致彭太平自戕身死。若僅照尋常婦女和姦敗露羞愧自盡，將姦夫問擬滿徒，殊覺輕縱。惟無治罪明文，自應比例問擬。宋普兒比照和姦之案，姦婦因姦情敗露羞愧自盡，姦夫杖一百徒三年例上酌加一等，杖一百，流二千里。」

可見，恰當地運用加減方式，罪刑就能夠更加相適應。

（三）特殊人群

特殊人群在身份上不同於普通人，從而發生在他們身上的同性性犯罪會受到特殊處理。為此，一些專門的條例會被制定出來，而隨著人群特殊性的改變或消失，條例也會相應地被修改乃至刪除，具有較大的靈活性。

1. 啯嚕

啯嚕活躍於清代中期的四川等省，搶奪盜竊，橫行城鄉。並且既賊則姦，時常會有強姦、雞姦之舉，甚至有時這還能成為他們發展新成員的一種手段：通過同性戀的雞姦行為來加強與所誘少年的關係，以使他們能夠心甘情願地成為新的啯嚕。《皇朝經世文編》卷七十五所收乾隆間邱仰文《論蜀啯嚕狀》曰：「啯嚕種類最夥，大約始乎賭博，卒乎竊劫，中間酗酒打降，姦拐幼童，甚而殺人放火，或同夥自殺，皆謂紅線。下此掏摸招包剪綹，別為黑線。」文中的「姦拐幼童」除去包括一般的姦淫之事，還可以理解為因姦而拐。啯嚕的猖獗使得乾隆年間川省治安狀況極差，乾隆皇帝多次嚴旨斥責地方官員，諭令根剿。乾隆二十三年（1758），刑部議覆四川按察使吳士端條奏定例，二十六年（1761）館修入律，規定：「川省啯匪有犯輪姦之案，審實，照強盜律不

分首從皆斬。其同行未成姦者，仍依輪姦本例擬絞監候。如因輪姦而殺死人命者，無論成姦與否，俱照強盜殺人例，奏請斬決梟示。」〔註748〕一般的輪姦之案定罪時需要分別首犯、從犯，而對啯嚕則是不分首從，體現了治亂地用重典的立法方針。條例中的「輪姦」即可針對女性，也可針對男性。

2. 海盜

海盜歷代均有，元代盜患重點是在浙江，明代是在浙江、福建，清代則在廣東、福建。嘉慶年間，廣東旗邦海盜集團和福建蔡牽、朱濆海盜集團都曾造成過一定聲勢。大海上缺乏女性的狹窄生活環境使得海盜男風向有傳統，明代福建海盜中的「契父—契兒」在《萬曆野獲編》補遺卷三中曾有反映，大商寇鄭芝龍就曾充當過契兒角色。清代盜患較明代為輕，不過具體海盜群體中的男風則依然興盛，這方面的情況可參考美國穆黛安（D. H. Murray）《華南海盜（1790～1810）》等著作。當時的盜情特點是夥從性明顯，在饑荒困苦之下，有眾多貧民基於各種原因而上了盜船，其中有些並非真盜，而是被脅在船服役如做飯、搖櫓等，甚至還有為海盜提供性服務的。清政府也認識到了盜船人員的複雜性，實行的是剿撫兼施之策，注意不擴大打擊面。嘉慶六年（1801）更定乾隆舊例，加入怎樣處置被脅雞姦、被誘上船之人的內容，其中規定：「洋盜案內如係被脅在船止為盜服役或事後被誘上船及被脅雞姦並未隨行上盜者，自行投首照律免罪，如被拿獲者均杖一百，徒三年，年未及歲者仍照律收贖。」〔註749〕經過全力剿撫，嘉慶以後海盜之患不再嚴重。

3. 煙匪

清代安徽的販煙匪徒當中也存在著誘拐脅從性質的雞姦情形，為此刑部於道光七年（1827）議覆安徽巡撫鄧廷楨條奏定例，道光十年（1830）館修入律，規定：「安徽省拿獲水煙箱主匪徒，除審有搶劫、殺傷、強姦、拐賣等情各照本律例從重定擬外，其但經攜帶煙童，或與雞姦或縱令賣姦或遇事挺身架護者，俱發極邊足四千里充軍。」〔註750〕

4. 剃頭徒弟

清代某些剃頭徒弟兼事賣身是一個全國性的普遍現象，《聖朝鼎盛萬年青》第十八回、《小倉山房尺牘》卷二、《漢口竹枝詞》卷五中分別有蘇州、南

〔註748〕《大清律續纂條例》卷二。
〔註749〕《大清律例》卷二十三，清嘉慶間刻本。
〔註750〕《大清律例彙輯便覽》卷二十五。

京、武漢等地的情況反映。北京也不例外，作於道光年間的《品花寶鑒》就有一些具體描寫。如果事發，對剃頭鋪的經營者就要比照窩頓土娼例治罪，而在北京更是明確了對出租房屋者等相關人員的懲治措施。嘉慶十六年（1811）刑部奉旨定例，十九年（1814）館修入律，規定：「京城內外拿獲窩娼並開設軟棚（剃頭鋪）月日經久之犯，除本犯照例治罪外，其租給房屋之房主，初犯杖八十，徒二年，再犯杖一百，徒三年，知情容留之鄰保杖八十，房屋入官。若甫經窩娼及開設軟棚即被拿獲，知情租給之房主杖八十，知情容留之鄰保笞四十，若房主鄰佑實不知情，不坐，房屋免其入官。如業主所置房屋交家人經手，有賃給窩娼、開設軟棚，伊主實不知情者，罪坐經手之人。倘係官房，即將知情租給經手官房之人，亦照前例治罪。」〔註751〕但雖有上述規條，就像土娼難以禁絕一樣，賣身剃頭仔也是一直存在的。況且他們可以合法生計做掩護，混處於守業剃頭仔當中，因此他們比起土娼來就更加具有隱蔽性。

5. 優伶

清代的優伶通常指的就是男優，在商業演出中女優很少見。優伶的卑賤地位自古一直如此，這在律典當中都有反映，《大清律例》卷三十三：「凡娼優樂人買良人子女為娼優者杖一百，知情嫁賣者同罪。」〔註752〕可見優伶並不屬於良人而是與娼妓處於同一位置。娼之所以受人賤視，很明顯是因為她們賣身，那麼優呢？他們賣藝之外賣色賣身的傾向也是有的，在旦角等角色當中應當講還表現得比較突出。天津、開封、南京、成都、福建等地的情況可以參見《津門雜記》、《歧路燈》、《儒林外史》、《川劇雜識》、《閩雜記》等。當然優伶男色最為興盛的還是在北京，乾嘉之際以來，私寓制度逐漸形成，相公賣色幾近公開。正因為優伶屬於賤民，所以清律對於買良為優的行為打擊很嚴，嘉慶十六年增訂舊例，其中規定：「設計誘買良家之子為優者，枷號三個月，杖一百，徒三年。」〔註753〕這就比本律的處罰要重。而且還要處罰姦宿者，咸豐二年（1852）增訂嘉慶十六年舊例，其中規定：「姦宿者，照抑勒妻女與人通姦姦夫杖八十律，擬杖八十。」而對於自願為優賣姦之人則認為是甘於下賤，也要予以懲罰，咸二例續謂：「若男子自行起意為優賣姦者，照軍民相姦

〔註751〕《大清律例》附嘉慶十九年纂修條例，清嘉慶間刻本。
〔註752〕清乾隆初年武英殿刻本。
〔註753〕《大清律例知源》卷四十二。

例，枷號一個月，杖一百。狎優之人亦照此例同擬枷杖。」〔註754〕上述條例明確肯定了優伶當中也有「賣姦」的情形存在。而如果優伶是遭到了性侵犯，根據有關良賤相姦的規定精神，在對實施了性侵犯的良人定罪時需要予以量減，道光二年（1822）的一個案例：「王忠貴因在家演戲，將戲旦蘇翠林雞姦，復率眾在途將蘇翠林搶奪。蘇翠林年止十二，惟係優伶下賤，且被人姦宿在先。應將王忠貴比照強搶犯姦婦女已成首犯，發煙瘴充軍。」〔註755〕

6. 僧道

僧道的特點在於按照戒律他們不能與任何人發生性的關係（但正一派道士可以婚娶），法律對此予以支持，僧道犯姦時所受懲罰要重於平人，《大清律例》卷三十三規定：「僧尼道士女冠犯姦者，各加凡姦罪二等，相姦之人以凡姦論。」又：「僧道及尼僧女冠犯姦者，各於本寺觀庵院門首枷號一個月發落。」〔註756〕道光四年（1824）的一個案例：「僧人福山，將年甫十歲之幼徒何招兒哄誘雞姦。查何招兒先經被人姦過，是該犯並非首姦之人。福山應勒令還俗，比依強姦十二歲以下幼童照姦幼女雖和同強絞監候律上量減一等，杖一百，流三千里。仍盡僧道本法，於本寺門首枷號兩個月。」〔註757〕

7. 塾師

塾師的特點在於他們尊仁講禮，傳道授業，與學生之間的關係近於父子。因此，師生之間如果發生了雞姦行為，就不能以凡姦論處。道光十四年（1834）的一案：「李長青開館教讀，輒敢雞姦學徒。應將李長青比照本管官姦所部妻女加凡姦罪二等，於軍民相姦枷號一個月杖一百例上加二等，杖七十，徒一年半，仍先枷號四十日。」〔註758〕

8. 旗人

滿洲旗人在清代具有優越的社會地位，是良人之上的良人。清律保護他們的特權，同樣的罪行旗人有犯時常會被減等治罪，不少情況下可以枷號抵折軍遣流徒之刑。而消除旗檔則是對他們當中寡廉鮮恥、有玷旗籍者的特別處罰，除檔後的身份即同於民人。嘉慶二十四年（1819）的一案：「扎布占因知廣寧

〔註754〕　《大清律例彙輯便覽》卷三十三。
〔註755〕　《刑案彙覽》卷八。
〔註756〕　清乾隆初年武英殿刻本。
〔註757〕　《刑部比照加減成案續編》卷二十八。
〔註758〕　《續增刑案彙覽》卷十四。

與人有姦，嗣見廣寧與吉林阿在茶館喝茶，即起意商同吉勒章阿等將廣寧揪出茶館，帶回家內與陳虎兒三人輪姦。將扎布占比照輪姦已經犯姦婦女已成例，擬遣。隨同雞姦之吉勒彰阿、陳虎兒均照為從同姦例，滿流。係旗人，實發駐防當差。吉林阿應與廣寧依和同雞姦例，枷號一個月，杖一百。廣寧係正身旗人，屢次與人雞姦，實屬寡廉鮮恥，應消除旗檔。」〔註759〕

（四）清末改革

20 世紀初，以八國聯軍侵華和《辛丑條約》的簽訂為標誌，清政府陷入了空前嚴重的內憂外患之中。應當講，在慈禧太后之下此時清廷是有變革意識的，並不想坐以待斃。光緒二十六年十二月（1901 年 1 月），光緒帝發布上諭，表示要學習「西學之本源」，開始實行新政。光緒三十一年（1905），清廷又派遣五大臣出洋，開始預備立憲，準備實行憲政。在這一大的歷史背景之下，法律改革作為新政和預備立憲的必要組成部分取得了突出實績，奠定了近代法律的基礎，對現代法律也產生了深刻的影響。

清末法律改革開始於光緒二十八年（1902），主要主持者是近代律學大家沈家本，另外伍廷芳、俞廉三等先後與之合作。沈家本諸人的改革思路是將傳統封建法律改為近代資本主義法律，所謂「折衝樽俎，模範列強」〔註760〕。結果，成熟於唐、調整於明、嚴密於清的中華法系在《欽定大清刑律》中幾被棄置，中國開始走歐洲大陸法系的道路。其主要表現，如（1）明顯減弱了禮教對法律的影響，（2）實行輕刑，取消酷刑。（3）實行罪刑法定，取消比附。在技術層面上，新刑律具有簡約化傾向，律文概括性增強，不再像《大清律例》那樣對特殊具體的問題也熱衷於進行明文調整。

上述變化使得清末對同性性犯罪的懲治明顯異於以前。這又可以分為兩個層次，（1）自光緒三十一年刪減條例到宣統二年（1910）頒行《大清現行刑律》，所有變化都體現在了司法實踐當中，在刑名等方面參考和吸收了一些西方的刑法學說。但為了適應現實，總的來講並未突破以唐律為代表的傳統法典模式。（2）從光緒三十三年（1907）編定《大清刑律草案》到宣統二年頒布《欽定大清刑律》，這一過程遠效德法，近取日本，採納了西方的刑法理論和立法技術，使得法律面貌全變。本來是準備於宣統四年（1912）施行，但宣統三年（1911）爆發了辛亥革命，從而未行於清。不過民國建立，將其中與新國體有

〔註759〕 《刑部比照加減成案》卷二十八。
〔註760〕 《擬請編定現行刑律以立推行新律基礎摺》，見《大清現行刑律案語》。

牴觸之各章條進行刪修後即予接納，從而此律實際的施行並未延遲。

在前一層次的改革當中，有關同性性犯罪的條例被大量消減，對其法理上的認識也發生了一些改變。

1. 光緒三十一年刪例，共刪 340 餘條，其中包括《刑律賊盜‧恐嚇取財》煙匪條和《刑律犯姦‧犯姦》喎嚕條。這兩種犯罪現象已不存在，相關「舊例久經停止而例內仍行存載」，故刪。〔註 761〕

2. 宣統元年八月，沈家本等編定完成了《大清現行刑律》草案。

（1）原《大清律例‧刑律犯姦‧犯姦》惡徒夥眾條刪去，沈家本等按：「此條係康熙年間定例。前數層均言強行雞姦及和同雞姦之罪，此次修改本門例條，已將此條逐層剔出，分別歸併，以省煩瑣。至例末指稱誣害一層，亦有誣告本律，均毋庸另設專例，擬即刪除。」此條內容有的被歸附在了有關異性性犯罪的條例之下：「凡職官及軍民姦職官妻者⋯⋯如男子和同雞姦者，亦照此例辦理〔註 762〕。」；「輪姦良人婦女已成之案⋯⋯其有惡徒夥眾將良人子弟搶去強行雞姦者，亦照此例〔註 763〕分別治罪。」而有關姦淫幼童的內容則與有關姦淫幼女及姦淫幼女幼童未成的內容合為了一例，即：「強姦十二歲以下幼女幼童因而致死，及將未至十歲之幼女幼童誘去強行姦污者，絞決。其強姦十二歲以下十歲以上幼女幼童者，擬絞監候。和姦者，仍照雖和同強論律，亦擬絞監候。若強姦十二歲以下幼女幼童未成審有確據者，發煙瘴地方安置。」

（2）原律《刑律犯姦‧犯姦》強姦殺死婦女及良家子弟條改為：「凡強姦殺死良家子弟者，照強姦殺死婦女例問擬。其傷人未死及強姦未成並未傷人者，亦照強姦婦女例治罪。若婦女及良家子弟有先經和姦後因別故拒絕致將被姦之人殺死者，俱仍照謀故鬥毆本律定擬。」

（3）原律《刑律犯姦‧買良為娼》京城內外拿獲窩娼並開設軟棚條刪去，沈家本等按：「此條係嘉慶十六年定例，現在京師娼寮均經上捐，此項租給房屋之家業經奏准免其治罪。此例應即刪除。」

（4）原律《刑律賊盜‧強盜》洋盜條、《刑律人命‧殺死姦夫》男子拒姦殺人條、《刑律犯姦‧買良為娼》買良為娼為優條中的懲罰力度有所減輕，如

〔註 761〕見《刪除律例》。
〔註 762〕處十等罰，即罰銀十五兩。
〔註 763〕輪姦良人婦女例。

「杖一百，徒三年」、「杖一百，流三千里」分別被改為了「徒二年半」、「徒三年」〔註764〕，這與刑律草案整體的輕刑化方針是相一致的。

上述修刪移並屬於技術性的改動，變化稱不上明顯。

3. 憲政編查館隨後奉旨對《大清現行刑律》草案進行了核議，變動頗大。

（1）原案《賊盜‧強盜》洋盜條刪去了「被脅雞姦」四字，從而不再涉及同性性犯罪。按語：「被脅雞姦與被脅服役不同，未便一體科罪。」

（2）原案《人命‧殺死姦夫》男子拒姦殺人條刪去，按語：「男子拒姦殺人分別治罪之例，必當場證供、死者生供、屍親供認三項兼備，又必分別是否登時及兇犯、死者年齡，自為慎防誣陷起見。惟兇犯年止十五歲上下而死者長於兇犯十歲，則其強弱不敵已可概見，拒姦而殺，事理所無。死者生供當命在呼吸之時，亦未必甘被惡名而死。竊謂此等案件全在問官細心推鞫，不在多立條文。溯查康熙年間凡雞姦之案，有照以穢物灌人口鼻問擬者，有照以他物置人孔竅定擬者，良由男女不同，故不以姦情論。自定拒姦殺人之例，於是轉輾比附，案牘益繁而法理浸失。現值刪減科條之際，此例擬請刪除。」

（3）原案《犯姦‧犯姦》強姦和姦幼女幼童、強姦殺死良家子弟、輪姦良人婦女條中涉及同性性犯罪的內容全部刪去，成為了三條只涉及異性性犯罪的條例，另外再立一條，即：「惡徒雞姦十二歲以下幼童者，酌量情形，比依強姦幼女、輪姦婦女各本例分別治罪。」按語：「唐律姦罪各條皆指對於婦女言之，並未牽及男子。良以男子與婦女不同，不成為姦也。明律犯姦析為一門，國朝因之，益以見維持婦女之風紀。惟以上三例男女並列，似乖本旨。如謂淫惡之徒每有攫取幼童，肆行背於人道之行為者，理宜重懲，不妨另纂一例。即以情節大致相類，非單純數語所能賅載。以簡馭繁，比依婦女則可，與婦女並舉則不可。總之科擬雖同，名義要自有別也。又第二、第三兩條俱言良家子弟，『子弟』云者，乃有父兄者之統稱，以此為治罪之準的，範圍過廣。查各國刑律，將幼童為猥褻行為俱以十二歲為斷，略與第一條同。蓋因過此年齡，雖未達成年，體力漸壯，足以自行保衛，可免強暴之污辱。擬請將良家子弟改為十二歲以下幼童，析出作為通例。則非幼童即不得援引，庶可杜誣陷之風。」在這段按語當中，「男子與婦女不同，不成為姦也」的意思是：「姦」只能發生在男女異性之間，男男同性之間的雞姦不能以它來定義，並沒有與強姦婦女相對應的強姦男子的罪行。

〔註764〕《大清現行刑律案語》。

（4）原案《犯姦·買良為娼》買良為娼為優條刪去「若婦女男子自行起意為娼為優賣姦者，照軍民相姦例治罪，宿娼狎優之人處六等罰」這句話。按：「娼優業經弛禁，其自行起意為娼為優一層出於本人之自願，無需治罪，應請節刪。」〔註765〕

4. 依照憲政編查館的核議及法院編制法等新章，沈家本等對刑律草案進行了修刪，定稿後於宣統二年四月欽定頒行。《大清現行刑律》成為了中國傳統法典當中的最後一部。

在對同性性犯罪的認識上，《大清現行刑律》顯得粗疏混亂。第一，「過此年齡，可免強暴之污辱」的意思是：十二歲以上的男子有能力免遭強行雞姦，這明顯不符合實際情況。第二，該刑律對於雞姦幼童的規定表明它認為雞姦（陰莖對肛門）和姦淫（陰莖對陰道）的性質是一樣的，而「男子與婦女不同，不成為姦也」則表明該刑律認為雞姦和姦淫的性質不同。按：當時立法者的真實想法是雞姦不同於姦淫而應屬於猥褻，但「猥褻」作為一個新的法律概念在《人清現行刑律》的律文中未能出現，結果該刑律有關同性性犯罪的規定前後失據，既難以就前（《大清律例》）也難以就後（《欽定大清刑律》），內部存在矛盾，過渡不嚴謹。

在後一層次的改革當中，同性性犯罪與異性性犯罪被明確地做了性質上的區分。

1. 光緒三十三年，沈家本等編定完成了《大清刑律草案》。

（1）草案第二編分則·第二十三章關於姦非及重婚之罪·第二百七十二條規定：「凡對未滿十二歲之男女為猥褻之行為者，處三等〔註766〕以下有期徒刑或三百圓以下三十圓以上罰金。若用暴行脅迫或用藥及催眠術並其餘方法，至使不能抗拒而犯前項之罪者，處二等〔註767〕或三等有期徒刑或五百圓以下一百圓以上罰金。」

（2）第二編·第二十三章·第二百七十三條：「凡對十二歲以上男女用暴行脅迫或用藥及催眠術並其餘方法，至使不能抗拒而為猥褻之行為者，處三等以下有期徒刑或三百圓以下五十圓以上罰金。」〔註768〕

2. 刑律草案編定後，各部院督撫對之進行了討論簽注，沈家本等據以重

〔註765〕《核訂現行刑律》。
〔註766〕五年未滿，三年以上。
〔註767〕十年未滿，五年以上。
〔註768〕《大清刑律草案》。

新修正，於宣統元年編出了《修正刑律草案》。其中有關同性性犯罪的條文基本同前，不過原案第二百七十二、二百七十三條被改為第二百八十三、二百八十四條，「處三等以下有期徒刑」被改為「處三等至五等〔註769〕有期徒刑」〔註770〕。

　　3. 憲政編查館於宣統二年對《修正刑律草案》進行了核訂，有關同性性犯罪的條文內容未改，只是更動了幾處文字。宣統二年底，《欽定大清刑律》正式頒布。

　　《欽定大清刑律》是一部大陸法系的資本主義性質的新型刑法，在中國法制史上具有里程碑的意義，對近代、當代刑事立法產生了深遠的影響。僅就同性性犯罪而言，我們會看到它在法理認識和具體處刑上與中國大陸1997年新刑法都是相近的。

　　1. 兩部法律都實行罪刑法定，都未將成人之間私下自願的同性性行為規定為罪。

　　2. 都將違背受害人意願的肛交行為定性為猥褻。《大清刑律草案》第二百七十二條的按語謂：「猥褻行為指違背風紀未成姦以前之行為而言，與第二百七十四條之姦淫〔註771〕、二百七十八條之犯姦〔註772〕不同。至雞姦一項，自唐迄明均無明文，即揆諸泰西各國刑法，雖有其例，亦不認為姦罪〔註773〕。故本案採用其意，賅於猥褻行為之內，而不與婦女並論。」這一觀點受到了一些部院督撫的反對，學部簽注：「現行律例於雞姦一項科罪至重，今草案賅之於猥褻行為之內，且申明猥褻行為指未成姦者而言。是犯此罪者，雖係行強仍以未成姦論，有是理乎？」江西巡撫簽注：「強行雞姦良人子弟定例科罪與婦女相等，蓋情形兇暴，不以男子而寬其罰。今強行雞姦已成者作為未成姦論，賅於穢褻行為，似未允協，應行酌改。」都察院簽注：「禮義廉恥之防，無〔論〕男女一也。今謂雞姦一項自唐迄明均無明文，賅於猥褻行為之內而不與婦女同論。是以女之失節為可惜，男被強姦為無傷，中國無此風俗也。」〔註774〕對

〔註769〕一年未滿，二月以上。
〔註770〕《修正刑律案語》。
〔註771〕強姦婦女。
〔註772〕和姦有夫之婦。
〔註773〕意即歐洲國家對雞姦進行刑處主要是出於宗教的考慮，認為它褻瀆了上帝，違背了自然秩序。
〔註774〕《刑律草案簽注》。

此，修訂法律大臣沈家本等並不謂然：「謹按：學部及兩湖、兩廣簽注謂雞姦應與姦淫同罰。然刑律所謂姦淫以男女之間為限，故草案不認為姦罪，〔可〕分別情節按本條或二百八十四條處罰。」〔註775〕

3. 在處刑上，如果受到強制猥褻者已非幼童，兩部法律都將最高刑定為5年有期徒刑。

不同之處：

1. 97 年新刑法中強制猥褻罪的受害者只能是婦女，男子不能成為強制猥褻的對象。也就是說，如果成年男子遭到了強行雞姦，按照新刑法雞姦者將會無罪。

2. 新刑法未將猥褻兒童的罪行明確區分為強制與和同，只是籠統地講可依照有關強制猥褻婦女罪的規定從重處罰。而大清刑律則做了區分，和同猥褻兒童罪相當於強制猥褻婦女罪，強制猥褻兒童罪則嚴重於強制猥褻婦女罪。

〔註775〕《修正刑律案語》。

圖 14 黃帝像

《歷代古人像贊》
紀昀《閱微草堂筆記》卷十二:「雜說稱孌童始黃帝。」自注:「錢詹事辛楣（錢大昕,乾嘉時期著名學者）如此說,辛楣能舉其書名,今忘之矣。」
軒轅黃帝是中華民族的人文初祖,多種社會事物的起始都被歸到了他的身上,男風同性戀也在其中。

圖 15 靈公郊迎圖

《孔子聖蹟圖》
原注:「孔子至衛,靈公喜而郊迎。聞孔子居魯得粟六萬,致粟亦如其數。夫靈公於孔子接遇以禮如此,於是孔子於衛有際可之仕矣。」

圖 16 習禮樹下圖

《聖蹟圖》
原注:「魯定公十五年丙午,孔子年五十七歲。去衛適曹,去曹適宋,與弟子習禮大樹下。宋司馬桓魋欲殺孔子,拔其樹。弟子曰:『可以去矣。』孔子曰:『天生德於予,桓魋其如予何!』與群弟子習禮於樹下,即此地也。」

圖 17 嬖人沮見圖

《孟子聖蹟圖》

圖 18　史魚以屍諫君

《孔門儒教列傳》卷三

圖 19　衛靈公與夫人

《六朝藝術‧顧愷之蕭繹繪畫長卷》

圖中衛靈公的夫人非常賢良仁智，正在稱讚蘧伯玉。所以，有人認為她是
南子之前靈公的另一位夫人，見振綺堂本《列女傳》卷之三梁端注。按：
這種可能性應不存在，圖中夫人應就是南子。或許她與彌子瑕也有矛盾，
薦稱蘧伯玉的目的是為了排斥彌子瑕。

圖 20　同車次乘圖

《聖蹟圖》

原注：「魯定公十五年丙午，孔子年五十七歲。去衛即蒲，月餘返衛，主
蘧伯玉家。靈公與夫人同車，使孔子為次乘，孔子曰：『吾未見好德如好
色者也。』去之。」

圖 21　楚文王與申侯

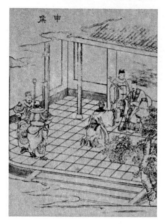

《繪圖情史》

圖 22　漢高祖像

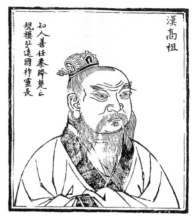

《歷代古人像贊》

圖 23　文帝夜夢圖

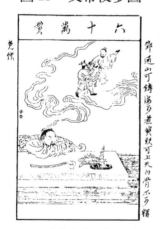

《博古葉子》

圖 24　漢文帝像

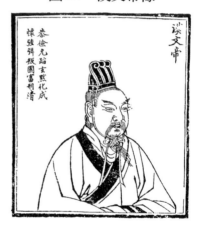

《歷代古人像贊》

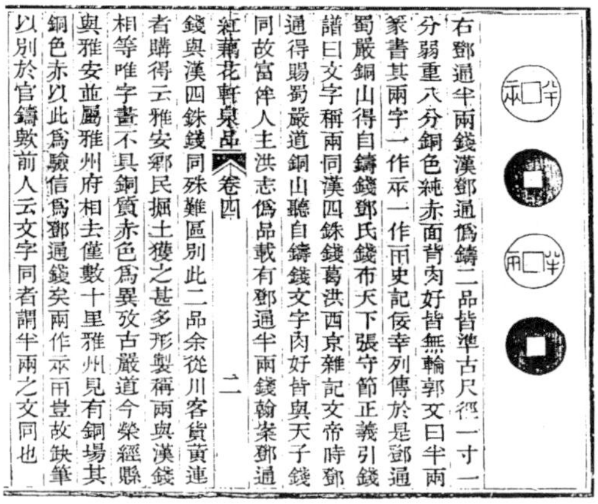

右鄧通半兩錢漢鄧通僞鑄二品皆準古尺徑一寸一
分弱重八分銅色純赤面背肉好皆無輪郭文曰半兩
篆書其兩字一作亦一作㒳史記佞幸列傳於是鄧通
蜀嚴銅山得自鑄錢鄧氏錢布天下張守節正義引錢
譜曰文字稱兩同漢四銖錢葛洪西京雜記文帝時鄧
通得賜蜀嚴道銅山聽自鑄錢文字肉好皆與天子錢
同故富侔人主洪志僞品載有鄧通半兩錢翰案鄧通
紅藕花軒泉品　卷四　二
錢與漢四銖錢同殊難區別此二品余從川客貨黃連
者購得云雅安鄉民掘土獲之甚多形製稱兩與漢錢
相等唯字畫不具銅質赤色爲異攷古嚴道今滎經縣
與雅安並屬雅州府相去僅數十里雅州見有銅場其
銅色赤以此爲驗信爲鄧通錢矣兩作亦㒳豈故鈌筆
以別於官鑄歟前人云文字同者謂半兩之文同也

圖 25　鄧通錢及
清人馬國翰的說明

《紅藕花軒泉品》卷四
鄧通錢與當時通行的天子四銖錢殊難區別，圖中之錢係四川當地出土，與官鑄略有不同，故可能是為鄧氏所鑄。

圖 26　漢武帝像

《三才圖會》人物二卷

圖 27　李夫人像

《百美新詠圖傳》

《漢書·卷九十七上·孝武李夫人傳》曾載:「孝
武李夫人,本以倡進。初,夫人兄延年性知音,
善歌舞,武帝愛之。每為新聲變曲,聞者莫不感
動。延年侍上起舞,歌曰:『北方有佳人,絕世而
獨立。一顧傾人城,再顧傾人國。寧不知傾城與
傾國,佳人難再得!』上歎息曰:『善!世豈有此
人乎?』平陽主因言延年有女弟,上乃召見之,
實妙麗善舞,由是得幸。」李夫人美麗如此,其
兄之容貌可知。

圖 28　李延年像

《中國歷代名人畫像彙編》,第 98 頁

圖 29　鉗徒相青圖

《博古葉子》

圖30　漢武帝與霍去病

《瑞世良英》卷之四

原注：「漢霍去病，年十八善騎射。六擊匈奴，拜
驃騎將軍。帝常欲以置第，去病曰：『匈奴未滅，
臣何以家為？』以功封冠軍侯，食邑萬七千七百
戶。」

圖31　漢成帝像

《中國歷代名人圖鑒》黑白圖，第131頁

圖32　市里微行圖

《帝鑒圖說》

圖33　董賢像

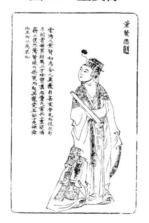

《無雙譜》

像贊《恐驚寐》：「雲陽舍人貌自工，年才二十為三
公。法堯禪舜尚不惜，何況斷褻枕席中。孝武當年
稱好色，思患預防殺鉤弋。雙一幸豎忘祖宗，欲綿
漢祚何由得。後人空罵新都賊。」

圖34　斷袖圖

《博古葉子》

圖中內侍在為哀帝斷袖，不當，應是
哀帝自斷其袖。

圖 35　遣幸謝相圖

《帝鑒圖說》

圖 36　京房與石顯

《列史碧血錄》卷一
京房是漢代易學大家，善講陰陽讖緯之說。他曾向元帝進言：「今陛下即位以來，日月失明，星辰逆行，山崩泉湧，地震石隕，水旱螟蟲，民人饑疫。陛下視今為治邪？亂邪？」帝問：「今為亂者誰哉？」房曰：「上最所信任，與圖事惟幄之中進退天下之士者是矣。」這顯然是在指謂石顯。顯等疾之，建言於帝，出其為魏郡太守。未過多久，京房即因石顯的誣告而被逮下獄，慘遭棄市。（見《漢書‧卷七十五‧京房傳》）

圖 37　蕭望之與宏（弘）恭、石顯

《列史碧血錄》卷一

圖 38　斷袖圖

《太上感應篇圖說》
此圖是用來解釋《太上感應篇》中「賞及非義」這句話，認為漢哀帝對董賢的賞賜就是屬於這種情況。圖中董賢在自斷其袖，不當。

圖39　嬖佞戮賢圖

《帝鑒圖說》

原注：「哀帝時，侍中董賢姿貌美麗，以和柔便辟得幸於上，貴震朝廷，常與上臥起。詔將作大匠為賢起大第，窮極技巧。賜武庫禁兵、尚方珍寶及東園秘器，無不備具。鄭崇諫上，上怒，下崇獄，竟死。」

圖40　霍光像

《歷代畫像傳》卷之三

圖41　孫壽像

《百美新詠圖傳》

圖42　樂舞圖

圖43　擁吻圖

《中國畫像石全集·河南漢畫像石》，第33頁
本畫像石1976年出土於河南方城，屬東漢。石之上層三人跽坐：一人吹塤，二人邊吹排簫邊搖鼗或擊拊。中層二男伎對舞，地上置一鼓、一酒樽。下層主人戴武冠，憑几欣賞。

《龍臥南陽》，第88頁
本畫像石收藏於南陽市漢畫館。圖中兩人均為男子，居右者身份高貴。

圖44　趙曼與馮萬金

《昭陽趣史》卷上

圖中趙曼與馮萬金在發生性事。《飛燕外傳》載：「趙后飛燕，父馮萬金。工理樂器，事江都王協律舍人。萬金編習樂聲亡章曲，任為繁手哀聲，自號凡靡之樂，聞者心動焉。江都王孫女姑蘇主嫁江都中尉趙曼。曼幸萬金，食不同器不飽。萬金得通趙主，主有娠。曼性暴妒，且早有私病，不近婦人。主恐，稱疾居王宮，一產二女，歸之萬金。長曰宜主，次曰合德。宜主長而纖便輕細，舉止翩然，人謂之飛燕。」飛燕與合德後來分別成為了漢成帝的皇后和昭儀。明末古杭豔豔生據此故事演義出了豔情小說《昭陽趣史》。按《飛燕外傳》舊題漢‧伶玄撰，實乃後人的依託之作，「純為小說家言，不可入之於史部」(《欽定四庫全書總目》卷一百四十三)。

圖45　沈約像

《中華各姓祖先像傳集》第3冊，第2436頁

圖46　魏太祖像

《歷代古人像贊》

圖47　陳文帝像

《中國歷代名人圖鑒》黑白圖，第223頁

圖48　「夫妻」初見

《男王后》

圖 49　小姑窺嫂　　圖 50　姑嫂通情　　圖 51　兄準配合

《摘錦奇音》卷之四　　《摘錦奇音》卷之四　　《男王后》

圖 52　阮籍像　　　　圖 53　唐玄宗像

《中國歷代名人圖鑒》彩圖，第 5 頁　　《歷代古人像贊》

圖 54　便殿擊毬圖　　圖 55　承乾謀亂

《帝鑒圖說》　　《繪圖史鑒節要便讀》卷四

圖 56　允礽之印：皇太子寶

《清史圖典·康熙朝》，第 158 頁

允礽是清康熙帝之子，於康熙四十七年九月被廢黜。帝責其「暴戾淫亂，難出諸口」。又諭領侍衛內大臣等曰：「朕歷覽書史，時深警戒。從不令外間婦女出入宮掖，亦從不令狡好少年隨侍左右。守身至潔，毫無瑕玷。今皇太子所行若此，不勝憤懣。」言下之意，允礽身邊是有狡好美少年隨侍的，則沉溺於男色同性戀的活動是其見廢的原因之一。

按：除去皆好男色，允礽和早他千年的李承乾還有諸多可比之處。允礽是康熙帝和孝誠皇后所生的嫡長子，兩歲時被立為儲君。康熙對他厚愛有加，所以廢黜他時異常痛憤，「痛哭仆地，諸大臣扶起」，「涕泣不已，諸臣皆鳴咽。」（《清實錄》聖祖仁皇帝實錄卷之二百三十四）；李承乾是唐太宗與文德皇后所生的嫡長子，八歲時被立為儲君。太宗廢黜他時，也曾在長孫無忌、褚遂良等重臣面前「自投於床，無忌等爭前扶抱。又抽刀欲自刺，遂良奪刀以授晉王治（唐高宗）」（《資治通鑒·太宗貞觀十七年》）。另外，允礽得有狂疾，曾有威脅父皇安全的舉動；李承乾也是性情乖僻，曾經密謀害父。兩位皇太子在各方面都如此接近，真可謂社會政治史上交相呼應的別樣「雙璧」。

圖 57　《天地陰陽交歡大樂賦》

《敦煌寶藏》第十三輯第 121 冊伯 2539 號

圖 58　王義病中引諫

《隋煬帝豔史》第三十三回

圖 59　九龍帳

《繪圖史鑒節要便讀》卷四

圖 60　寵信伶人圖

《帝鑒圖說》

圖 61　張生煮海

《張生煮海》

圖 62　明武宗像

《中國歷代帝王名臣像真蹟》，
第 69 頁

圖 63　明英宗像

《中國歷代帝王名臣像真蹟》，第 63 頁
因土木之變，明英宗曾被蒙古也先俘往塞外，《皇明世說
新語》卷六載：「英宗在虜廷，與哈銘同寢。上晨起，謂
銘曰：『汝昨夜以一手壓我胸，我不動，俟汝醒乃下其
手。』」明英宗的所為和漢哀帝的斷袖有些相似之處。

圖 64　明神宗像

《中國歷代帝王名臣像真蹟》，第 75 頁

圖 65　明熹宗像

《中國歷代帝王名臣像真蹟》，第 79 頁

圖 66　萃雅樓

《十二樓》

圖 67　張居正像

《中國歷代名人畫像彙編》，第 248 頁

圖 68　張鳳翼像

《吳郡名賢畫像》

圖 69　偷歡被罵

《型世言》第三十回

圖70　潘文子契合鴛鴦冢

《石點頭》卷十四

本卷描寫了一對書生之間的生死依戀：晉陵潘章字文子，人稱小潘安，相貌異常標緻。湘潭王仲先和他同塾讀書，一見即傾心傾意，百計誘引之下兩人結成了斷袖之交。事漸彰聞，學塾中二人不能存身，便一同去了羅浮山隱居。不久同死同葬，「後人見那墓中生出連理大木，勢若合抱，常有比翼鳥棲於樹上。至今羅浮山中相傳有個鴛鴦冢、比翼鳥，乃王仲先、潘文子故事也」。按：《太平廣記》卷第三百八十九所收之《潘章》是此故事的原型，見本書第122頁。

圖71　翰林風

《秘戲圖考》卷三《花營錦陣》圖4

圖詠云：「座上香盈果滿車，誰家年少潤無瑕。為採薔薇顏色媚，賺來試折後庭花。半似含羞半推脫，不比尋常浪風月。回頭低喚快些兒，叮嚀休與他人說。」按：宋代歐陽修曾用「翰林風月三千首，吏部文章二百年」（《居士外集·卷第七·贈王介甫》）來稱歡唐代李白和杜甫的文學成就。明人截取首句的前3字，「翰林風」成為了一個同性戀詞彙，廣義上可指一般書生當中乃至社會上的同性戀，也可以用來指稱肛交。《花營錦陣》，明萬曆間佚名鐫。

圖72　蘭亭圖

《明清同性戀題材繪畫初探》

明萬曆間許光祚繪。此圖描繪了當時江南文人修禊遊觀的場景，注意左上兩人在飲交杯酒。

圖73　魏忠賢像

《檮杌閒評》

魏進忠的陽物後來被狗咬掉，便入宮做了太監，是為天啟年間權傾朝野的巨閹大奸魏忠賢。

圖 74 《宜春香質》
風集第一回

圖 75 《宜春香質》
風集第二回

圖 76 《宜春香質》
風集第三回

圖 77 《宜春香質》
風集第四回

圖 78 《宜春香質》
風集第五回

圖 79 《宜春香質》
花集第一回

圖 80 《宜春香質》
花集第二回

圖 81 《宜春香質》
花集第三回

圖 82 《宜春香質》
花集第四回

圖 83 《宜春香質》
花集第五回

圖 84 《宜春香質》
雪集第一回

圖 85 《宜春香質》
雪集第二回

圖 86 《宜春香》雪集第三回

圖 87 《宜春香》雪集第四回

此圖版心題作雪集第四回，誤。

此圖版心題作雪集第三回，誤。

圖 88 《宜春香質》
月集第一回

圖 89 《宜春香質》
月集第一回

圖 90 《弁而釵》
情貞紀第一回

圖 91　《弁而釵》
情貞紀第四回

圖 92　《弁而釵》
情貞紀第四回

圖 93　《弁而釵》
情貞紀第五回

圖 94　《弁而釵》
情俠紀第一回

圖 95　《弁而釵》
情俠紀第二回

圖 96　《弁而釵》
情俠紀第三回

圖 97　《弁而釵》
情俠紀第三回

圖 98　《弁而釵》
情烈紀第一回

圖 99　《弁而釵》
情烈紀第二回

圖 100 《弁而釵》
情烈紀第三回

圖 101 《弁而釵》
情烈紀第四回

圖 102 《弁而釵》
情奇紀第一回

圖 103 《弁而釵》
情奇紀第二回

圖 104 《弁而釵》
情奇紀第三回

圖 105 《弁而釵》
情奇紀第五回

圖 106 《龍陽逸史》第一回

圖 107 《龍陽逸史》第二回

圖 108　《龍陽逸史》第三回　　　圖 109　《龍陽逸史》第四回

圖 110　《龍陽逸史》第五回　　　圖 111　《龍陽逸史》第六回

圖 112　《龍陽逸史》第七回　　　圖 113　《龍陽逸史》第八回

圖 114　《龍陽逸史》第九回　　　　圖 115　《龍陽逸史》第十回

圖 116　網巾圖

《三才圖會》衣服一卷
《中國歷代服飾史》第 291 頁：「網巾是一種用來束髮的黑色馬尾棕編織的網罩，男子成年時戴此物，可用做冠帽中的網巾襯。」在明代，男子戴上網巾則表示已為成人，不再是披髮少年。

圖 117　《龍陽逸史》第十一回　　　　圖 118　《龍陽逸史》第十二回

圖 119　《龍陽逸史》第十三回

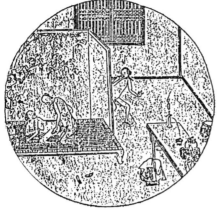

圖 120　《龍陽逸史》第十五回

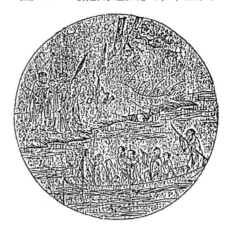

圖 121　《龍陽逸史》第十六回

圖 122　《龍陽逸史》第十七回

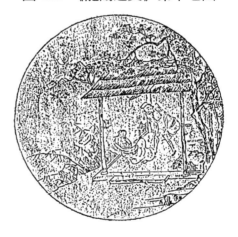

圖 123　《龍陽逸史》第十八回

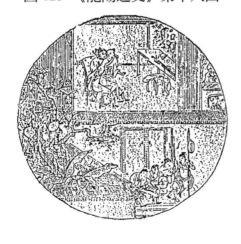

圖 124　《龍陽逸史》第十九回

圖 125 《龍陽逸史》第二十回 圖 126 《童婉爭奇》上卷

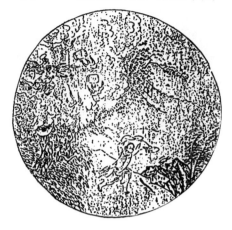  

《小說閒談四種》圖版，第 5 頁

圖 127 受私賄後庭說事 圖 128 書童像

《金瓶梅》第三十四回 《戴敦邦繪劉心武評金瓶梅人物譜》

圖 129
悄悄走在窗下，聽覷半日

圖 130
連忙推開小廝，走在床上睡著

《金瓶梅畫集》四百七十四

《金瓶梅畫集》四百八十
平安把事情告訴了潘金蓮，金蓮指使丫鬟春梅
去書房查看。

圖 131　西門慶為男寵報仇

《金瓶梅》第三十五回
西門慶把不知天高地厚的平安痛打了
一頓。

圖 132　畫童哭躲溫葵軒

《金瓶梅》第七十六回
秀才溫葵軒在西門家做書啟西賓，難姦了使喚小
廝畫童，畫童哭躲之。西門慶得知此事，又知溫
葵軒暗中洩露了自己的秘密，乃將溫辭退。

圖 133　東門生、趙大里、金氏、麻氏

《繡榻野史》

圖 134　俞琬綸像

《吳郡名賢畫像》

圖 135　室居圖

《明刻傳奇圖像十種‧琵琶記》
圖 135 至 138 均對主僕之間的密切接觸有所描繪。

圖 136　眺遠圖

《明刻傳奇圖像十種‧董西廂記》

圖 137　路行圖

《明刻傳奇圖像十種·邯鄲夢》

圖 138　舟行圖

《吳騷合編》卷四

圖 139　色身救主

《型世言》第三十回
本回當中，無錫何知縣的門子張繼良恃寵為非，大壞衙門法紀。御史陳代巡要來常州府按察，為免遭劾，何知縣把張繼良送到按院去做門役。在張的蠱惑下，陳代巡不但沒有參糾何知縣，反而還舉薦了他。圖中左中右分別是何、張、陳三人。

圖 140　劉宗周像

《聖廟祀典圖考》卷五
理學大儒一般不會直接談論同性戀，這種情況下，晚明大儒劉宗周的觀點也就顯得比較突出。他所輯撰的《人譜類記》認為：「淫罪多端，男淫更大，行者污心，言者亦污口矣。養生家每言男淫損神，尤倍於女。況比頑童者，閨門必多醜聲，最宜防戒。」（卷下）其《人譜·記過格》則把「畜俊僕」即主僕同性戀與「好色、閨門、畜婢、挾妓、觀戲劇、作豔詞」並列為功過格中的「叢過」。就實際行動而言，在任都察院左都御史時，劉宗周曾於崇禎十五年（1642）上書皇帝，請求將京中私娼、小唱、戲子之流「徑行驅逐，不許潛住京師」（《劉蕺山集·卷五·申明巡城職掌疏》）。

圖 141　神庇不淫男色者

《聖帝寶訓像注》卷一

原注：「明·程珩，湖州人，平生以道學自命。窗友欲破其戒，以博一笑。初以男色試之，不動。又選一美伶使挑之，珩怒曰：『禽獸至賤，尚不男與男交。我戴天履地之人，豈禽獸之不若乎！』知為窗友戲弄，遂與絕交。後鄰居失火，空中有神曰：『勿犯避男色程家也。』須史四鄰俱毀，程家獨存。」

圖 142　和珅像

《清史圖典·嘉慶朝》，
第 29 頁

圖 143
乾隆帝觀荷撫琴圖

《清史圖典·乾隆朝》，
第 518 頁

圖 144
同治帝便裝像

《清史圖典·咸豐同治朝》，
第 292 頁

圖 145　《越縵堂日記》同治十三年十二月初五日

圖 146 十三旦之《新安驛》

《圖畫日報》第二百八十六號，清宣統二年四月二十
九日

十三旦即侯俊山，《伶史》卷一載有他與男色的一些
瓜葛：「侯俊山，幼時貌極嬌好，聰穎絕倫，雖大家
閨秀無其娟潔。十三歲即有聲於時，號曰十三旦。京
師顯貴見之，驚為僅有，大都顛倒迷離，忘其所以。
有斷袖癖者，則故飾美姬以餌俊山，冀遂所欲。顧夫
人已賠而俊山終不可得。」《清稗類鈔・優伶類》則
謂：「侯俊山，同光間在京聲震一時，穆宗殊璧之。」
《梵天廬叢錄》卷十四：「十三旦，亦花旦也。幼以
色藝獨絕，穆宗寵之，一時矜貴無比。」既是旦角又
得寵嬖，侯俊山與同治帝之間就有些不大清楚了。

圖 147 太監合影

《末代太監孫耀庭傳》圖版，第 6 頁
圖中右二是孫耀庭。

圖 148 未央生像

《肉蒲團》

圖 149 書笥像

《肉蒲團》

圖 150 未央生與書笥

《肉蒲團》

圖 151　未央生與書筒

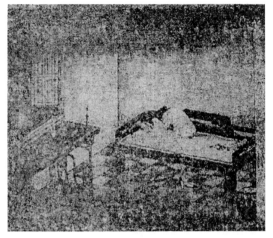

《肉蒲團》

圖 152　袁枚像

《中國歷代名人畫像譜》
第 2 冊，第 192 頁

圖 153　鄭板橋像

《清史圖典·乾隆朝》，第 459 頁

圖154　鄭板橋手書

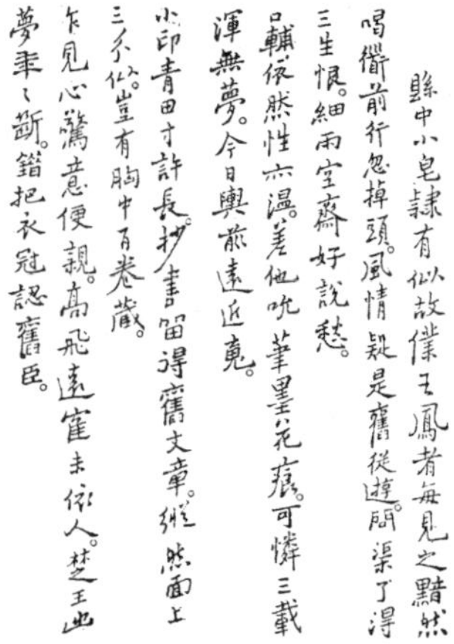

縣中小皂隸有似故僕王鳳者每見之黯然
唱衢前行忽掉頭風情猶是癢從遵丽渠丁得
三生恨細雨空齋好說慈
暇候然性六溫差他吮筆墨花痕可憐三載
渾無夢今日與燕迢近
小印青田寸書留得廣文章縱然面上
三杂似豆有胸中有卷軸然
乍見心驚意便親高飛遠崔主你人芝王也
夢率、斫錯把衣冠認舊臣

《鄭板橋全集·詩鈔》

圖155　金農像

《藝苑掇英》第十八期
羅聘繪，袁枚所詠即是此像。

圖156　伏窗窺秘戲羞上加羞

《滿清官場百怪錄》卷上
原注：「〔直隸某縣令夜自試場歸〕，至署，逕造妾所。
及戶外，聞內有男子笑語聲。伏窗窺之，則妻豬艾瑕，
並坐勸酬，狎昵之情難以言狀者，正其妾與孌童某也。
令大怒，呼僕眾至，並執之。」

圖157　一串珠騙來小兒子

《滿清官場百怪錄》卷下
原注：「某邑令性極貪酷，一日有新任某中丞過境，凤
著剛烈名，無敢干以私者。居民指陳令劣跡，列款許控。
中丞甚怒，欲窮治其事。日晡時獨坐公館，突一小僮揭
簾入，年約十五六，面目姣好若女子。與之語尤伶俐，
徘徊身畔，如小鳥依人。不覺心動，擁於懷而偎其頰。
中丞身有香珠一串，僮取視嘖嘖稱羨，因以贈之。明日
令稟見，中丞尚未有言，令即叩首，稱謝大人賞賜。中
丞駭甚，問所謝何賞？令以香珠呈上，云卑職兒子伺候
大人不周，乃蒙厚賞，敢不叩謝？中丞猝為所中，默無
一言。所收之稟遂不批示，蓋恐其有所挾持，一為人知
必有累盛名也。」

圖 158　脫朝靴當場驗纖足

《滿清官場百怪錄》卷下

原注：「清乾隆季年，京曹官狎優之風甚熾。有雛伶胡幺四者，安徽人，年十四五，色藝超群。自幼弓其足如女子，結束登場，頗形嫵媚。有貴州翰林某與之狎，未幾外放道員，胡辭班隨往。〔胡依靠翰林某而捐官致富，一日為母祝壽，廣招梨園，其師傅適在其中，乃〕當場詳言其戲旦、冒捐並當年各穢跡。眾有斥其造言污蔑者，其人云：『渠曾裹足，當場可驗。』同寅中有曾受胡凌侮之人，競前拉去其靴。則中定棉絮，蓮鈎纖削，雙行纏猶未去也。一堂譁然，〔翰林〕某匆匆命駕去。各官欲會銜通稟，胡竭貲行賄，某復力為調停，始准告病去其官。」

圖 159　頑童驂乘圖

《圖畫日報》第二百十二號，清宣統二年二月十四日

原注：「晚近以來，南風大競。名公巨卿談及餘桃風起，津津若有餘味焉，是亦人心風俗之憂也。京師有某公者，起行伍致身通顯，而雅好男風，時與某頑童比。日前坐馬車外出，竟使童驂乘，遊行街市，又同入某球房作球戲。旁觀者咸謂以童之麗質，何之不可，而必求媚於鬆鬆之叟，誠為可惜。然吾謂若輩所持，皆是金錢主義，袖有黃白物，欲如何便應如何也。」

圖 160　孫星衍像

《清史圖典・嘉慶朝》・第 176 頁

圖 161　洪亮吉像

《中國歷代名人畫像譜》第 2 冊，第 68 頁

圖 162 錢坫像

《清代學者象傳》第一集

圖 163 曹仁虎像

《清代學者象傳》第一集

圖 164 《漁家樂》冊頁之《讀》

《明清同性戀題材繪畫初探》
清乾隆間王振鵬繪。圖中中間兩位書生舉止親昵，
年長者的右手似在撫觸年少者的左膝。

圖 165 陽大夫

《六合內外瑣言》卷十六
福建書生胡僧傳喜好男色，在鄉塾中經常餌誘
學生。「有陽生者，未成童而絕麗。胡以計狎之，
涕而合，共被三年。陽生意如倦倦，胡矢以富
貴勿忘語。」後來陽生仕路順暢，官居巡按，
胡乃前往投靠。陽生對自己以前的經歷深以為
恥，他假意殷勤款待，晚間又將胡請入寢室。
胡復求合，陽佯應之。結果卻是令士卒捉胡在
床，「命取上方劍斬之，而寘名於盜」。

圖166　塾師可惡

《輿論時事報圖畫》之《圖畫新聞》清宣統元年九月二十九日

原注：「潮州澄屬峰下鄉林甲，現年六十二歲，素在本鄉設塾課徒。生徒十數人，中有一生年十五歲，貌頗可人，竟為該師所誘。久之各年長學生知悉，亦步其師後塵。輾轉輪流，倏將一載。昨該生忽成麻瘋之疾，母詰其故，生至是不能隱瞞。母遂至該塾，向甲及各年長之學生理較，將鳴諸官。旋有和事老出而善為調停，其事乃息。」

圖167　斯文掃地

《點石齋畫報》金集

原注：「秀水某甲，今春館於某大家，供給頗豐。主人有婢名喜春，貌頗韶秀。甲豔之，多方勾引。婢弗拒，紿今夜來相會，而潛以狀告於主人。是夕主人自臥婢榻，甲潛至榻畔，掀其帳，遍體撫摩。蓦觸主人勢，翹翹欲舉。主人便騰身而起，執問何人？甲知中婢計，遂哀告曰：『聞主人有斷袖癖，特來以後庭奉獻。』主人笑曰：『先生休矣，僕病未能也。』噫！無恥若此，師道之不尊也宜哉！」

圖168　淫奴子報

《圖像勸勸錄》利集

《閱微草堂筆記》卷六中，王蘭洲得知小童的實情後，「蹶起，推枕曰：『可畏哉！』急呼舟人鼓枻，一夜追及其母兄，以童還之，且贈以五十金。意不自安，復於愍忠寺禮佛懺悔，夢伽藍語曰：『汝作過改過在頃刻間，冥司尚未注籍，可無庸瀆世尊也。』」

圖169　王道士胡謅妒婦方

《夢影紅樓：旅順博物館藏全本紅樓夢》
本回當中，賈寶玉讓道士王一帖猜病。這
時，寶玉的貼身侍僕茗煙「手內點著一枝
夢甜香，寶玉命他坐在身旁，卻倚在他身
上。王一貼心有所動，便道：『我可猜著
了。想是哥兒如今有了房中的事情，要滋
助的藥，可是不是？』」王一貼之所以這樣
猜，一種可能是他看到寶玉與茗煙的親近
關係後，懷疑前者把後者收為了男寵，沉
溺於中，因而身體虛弱。

圖170　便宜小馬

《圖畫日報》第三百六十八號，清宣統二
年七月二十三日
原注：「顏觀察，近日仕途中紅人也。署中
有男僕名小馬者，丰姿綽約，顏以妾婦蓄
之。房闈之間，一任小馬出入。詎小馬見
財起意，於月前竊去貴重物品多件。顏不
予深究，仍令在署當差。吉林官場，一時
稱為奇事云。」

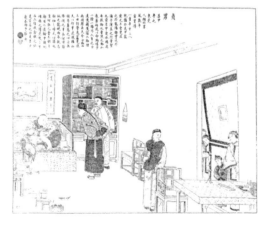

圖171　貞男

《吳友如畫寶・風俗志圖說上》
原注：「某甲，粵之東莞人，酷好男風。數
年前買得一童，年方二八，甲寵愛之不啻
漢哀之於董賢也。前月甲愛水竭流，奄然
物化。童哭之慟，遂以命殉。嗟乎，一陰
一陽乃人生之正道，雙飛雙宿亦物理之固
然。若夫捨正路而不由，別營兔窟。竟逆
天以行事，遂彼難姦。稍存羞惡之心，必
無降從之事。奈何恃餘桃之寵，靦面承
歡。忘斷袖之嫌，死心塌地。都因六道輪
中顛倒雌雄之譜，遂使三生石上結成禽獸
之緣。是宜名之曰貞男，庶幾忝附乎節
女。」

圖 172 成飆浪費繼業

《古本小說版畫圖錄》第 10 冊，圖版 693
《醋葫蘆》第十一回。

圖 173 後庭火

《圖畫日報》第四十七號，清宣統元年八
月十八日
原注：「廣東惠來有蔡姓，人呼為張天師
者，素有斷袖癖。嬖一狡童林某，頗相契
合。近因林別有所愛，與蔡之情稍覺冷
淡。蔡知而恨之，遂生毒心。上月下旬二
十八日之夜，適林在帝爺廟前納涼，偶然
睡去。蔡即用火油並硝礦引火之物，埋林
身傍。久之不發，上前吹動，則轟然一身，
火發焰沖。林受重傷，蔡亦與焉。」

圖 174 廚役圖奸幼童

《輿論時事報圖畫》之《圖畫新聞》清宣統元年十月十二日
原注：「天津河北寶成棧空房，近有某署廚役四人，攜二孌童
至內，意欲雞姦。被一局四區崗警查見，向前盤問，竟被凶
毆。當經巡警扭獲二名，送入警署訊究云。」

圖 175 放睡

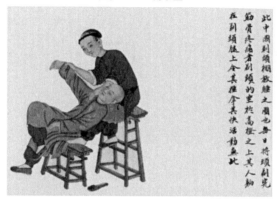

《北京民間生活彩圖》

原注:「此中國剃頭棚放睡之圖也。每日將頭剃完,筋骨疼痛者,剃頭的坐於高凳之上,其人躺在剃頭腿上,令其捶拿,其快活無比。」

圖 176 曾國荃像　　圖 177 楊秀清像　圖 178 韋昌輝像

《凌煙圖畫‧平定粵匪功臣圖》

《掃蕩粵逆演義》

《洪秀全演義》

圖 179 李開芳投降圖

《輿論時事報圖畫》之《國朝名人政績圖》清宣統元年十二月二十六日

原注:「咸豐初年,粵逆洪秀全遣悍賊李開方(芳)北犯,據直隸之高唐州。僧王引運河水灌之,李逆勢蹙,遞稟乞降。僧王允許,李身穿月白綢短襖紅綢褲,攜兩賊童各穿大紅繡花衣褲紅鞋,年約十六七,美如女子,左右揮扇隨李直入帳中。李稱如能寬貸其罰,願說金陵諸賊來降。僧王知其心叵測,立將李賊與八賊目解至京師,凌遲處死。」

圖 180　林鳳祥被擒圖

《輿論時事報圖畫》之《國朝名人政績圖》清宣統元年十二月二十五日

林鳳祥也是太平天國北伐軍首領，原注：「粵逆洪秀全既陷金陵，遣其悍賊林鳳翔〔祥〕等北犯畿輔。科爾沁郡王僧格林沁奉朝命統兵會剿。賊踞連鎮堅守，僧邸以咸豐五年正月十九日攻克之。賊酋林鳳翔方在窟室中，挾二美人（應為男子）宴飲歡呼。已將長髮薙去，思乘間潛逃。乃就而擒之，與其黨十一人一并解京置之法。」

圖 181　鐵玉鋼（剛）像

《掃蕩粵逆演義》

據《掃蕩粵逆演義》第六回所寫，太平軍將領鐵玉剛在鎮江掠獲了美貌書生黃菊生，讓他掌理往來函札。「每日候落了差使，便召菊生進內對坐飲酒，終日不離左右。菊生又好歌詞，玉剛越喜，其情愈深愈密。竟與菊生同榻共枕，交接成趣，像夫婦一般知己知心。菊生自此豐衣足食，漸生驕態。玉剛百計趨奉，加意逢迎。」後來黃菊生被東王楊秀清召去，封為恩賞丞相。他與女丞相傅善祥相愛，二人乘間逃離了南京。

圖 182　王（黃）菊生像

《掃蕩粵逆演義》

圖 183　老魯像

《蟫史》

圖184　十潮童像

《蜃史》

圖185　老龍、老段像

《蜃史》

圖186　酈天龍像

《蜃史》
賊寇酈天龍做亂，自稱廣州王。
「有酈天龍之妖童渠灌兒者，年
十六，為天龍所狎。其父兄皆被
害，忍而遭淫，實未嘗須臾忘報
也。」（卷之二）後官軍來攻，灌
兒做內應將天龍擒獲。

圖187　渠灌兒像

《蜃史》

圖188　梅颯彩、嚴多稼像

《蜃史》
梅、嚴二人是福建海寇，據海島為亂。後兩人
因爭孌童而內訌，互不統屬，不相倚援，致被
官軍分別擊敗。嚴多稼敗後曾言：「閩人嗜男
寵，不及北人之兼收。」（卷之十七）

圖189　原子充像

《蜃史》
原子充曾是嚴多稼的男寵，卻給官軍
做內應，通風報信。多稼敗後罵子充不
忠，官軍乃「用貫耳箭之半插其臀孔」
（卷之十七），來為子充雪辱。

圖 190　斛斯貴像

《蟬史》

圖 191　女公子忽（好）效男妝

《滿清官場百怪錄》卷上
原注：「哥二爺者，某總督之次女也。總督有長女某，愛之甚，既長猶作男子裝，時出行市。隨父至申，常同觀劇，並招小旦至所居串戲。後適人，以不能遂意，仍返督署。哥二爺及笄後，亦不改裝，且更恣肆。」

圖 192　同窗友認假作真

《二刻拍案驚奇》卷之十七
綿竹聞俊卿男裝入學讀書，與杜子中同一齋舍，相處異常親厚。「杜子中見聞俊卿意思又好，丰姿又妙，常對他道：『我與兄兩人可惜多做了男子。我若為女，必當嫁兄；兄若為女，我必當娶兄。』」後來子中看出了實情，乃娶俊卿為妻。

圖 193　商三官

《聊齋誌異圖詠》卷十四

圖 194　兩無意割肚牽腸

《人間樂》第六回

圖 195　打連湘（廂）

《北京民間生活彩圖》
原注：「此中國打連湘之圖也。其
人乃戲班優扮成女子，手拿竹板
彩扇，用竹竿一枝挖小孔按銅錢
數個，名為霸王鞭。在手中飛舞，
或竹板上獨立，口唱歌詞，名曰打
連湘。」

圖 196　喬妝怪劇

《輿論時事報圖畫》之《圖畫新聞》清宣統三年正月二十一
日
原注：「江西樟樹鎮，每歲新正多有瑞州人，年或二十餘或三
十餘，甚至有四十餘者，男作女裝，塗脂抹粉，沿街演唱花
鼓戲。所唱之曲均係淫詞，其一種醜態，足令觀者解頤。合
計通鎮不下數十班，亦社會之惡習也。」

圖 197　邪教惑人

《輿論時事報圖畫》之《圖畫新聞》清宣統元年五月二十一日

原注:「福建汀州地方有夫人教者,以巫男扮女裝,鑼鼓喧嗔,登壇說法,醜態萬端。男女老少觀者如堵,極為風化所關。當此舉行憲政時代,尚迷信神權如是,有地方之責者,宜何如禁絕之耶?」

圖 198　天魔舞

《輿論時事報圖畫》之《圖畫新聞》清宣統元年九月十九日

原注:「廣東興寧三聖宮,每逢中秋某日,為巫教聚集,同流銷會之期。是晚搭一高枱,男扮女裝,作天魔之舞,俗謂之曰奉朝。一時人海人山,塗為之塞。巡警正局因恐流品混雜,難免滋生事端,刻已擬嚴行禁止矣。」

圖 199　悔作男兒

《吳友如畫寶·古今談叢圖下》

原注:「揚城某甲,髫年玉貌,楚楚可憐。酒地花天,時相徵逐,不數年家產蕩盡。計無所出,乃與蟻媒商串,易弁而釵,錯雜妖姬隊裏,為人侑酒。足下雙翹,則削木為之,如戲旦之有蹻者。嫋娜娉婷,見者幾訝姮娥仙子謫出廣寒。一曲琵琶,紅綃無數。彼欲向桃源深處真個銷魂者,甲必多方以規避之,群益歎其聲價之高。近忽為同院姊妹花識破,不知龜奴鴇子作何調停耳。」

圖200 鴛譜鐫新

《點石齋畫報》卯集

原注:「某甲者九江人,年才二十許,娟好若處女,與同里某乙為斷袖交。二人皆不事生產,日以飲食遊戲相徵逐。金盡床頭,愁城坐困。適有何姓者欲娶婦,乙與甲謀,詭為弟也姊者,囑媒嫗說合,得財禮五十千。喬裝遣嫁,而藏巾於箱,將於合卺後乘間賺脫。不料日間耳目眾多,無從改裝。一更之後新郎乘醉入溫柔鄉,甲無計,就之以背。而何非所好也,事遂決裂。」

圖201 男妾

《聊齋誌異圖詠》卷十三

圖202 人妖

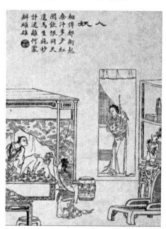

《聊齋誌異圖詠》卷十三

圖203 特別怪象

《北京白話畫圖日報》第二百四十九號,清宣統元年五月二十六日

原注:「二十二日晌午,友人在東交民巷臺基廠口兒見一輛人力車拉的那個坐兒,擦一臉怪粉,前頭留著齊眉穗兒,頭頂上插著一大堆白花兒。遠瞧正是一個混事的,及至近前一看,敢情是個男子。嘿,這才叫軟骨頭哪。」

圖 204　男子纏足

《民權畫報》民國元年（1912）八月初九日

圖 205　念秧一

《聊齋誌異圖詠》卷十五

圖 206　念秧二

《聊齋誌異圖詠》卷十五

圖 207　余述祖像

《蟬史》

圖 208　解魚像

《蟬史》

圖209　玉兔奔

《六合內外瑣言》卷一

蜀人明月琪為京師名優，江南書生詹余尹一見而傾心戀慕，累觀其劇，如醉如癡。月琪深受感動，遂乃以身事之，且又資佐攻讀。詹生應試報捷，五年後官任河南嵩縣知縣。琪赴嵩興會，又與別曰：「大千界，一優場也。君功名中人，當可遊衍。僕不列四民，無廁身處。聞嵩少多仙人，將尋我契矣。」揮手而去。三年後復夢會詹生，云：「僕前生搗藥人耳，清虛府中常奉清光矣。」詹生泣持之，聞雞惝怳而已。

圖210　故參軍

《六合內外瑣言》卷十三

山璞字守荊，南宮人。應試不第，四處浪遊。在湖南衡陽見女道士李玉樞而悅之，「玉樞頗禮防，而守荊益放誕。一夕乘不意測其幽處，則小男也」。原來玉樞曾遭遇家難，是易裝入道。守荊乃令復著男裝，「詭云李氏季弟，負笈從其遊者。紅蓮綠渚，爰定其情。後玉樞歸南宮，遂冒〔姓〕山氏」。而李玉樞實乃唐代多情多才的女道士魚玄機的轉世。

圖211　三郎一妹

《六合內外瑣言》卷十三

在四川酉陽，善於幻術者能「以術致男女恣淫褻」。童子雷二郎一日獨自行路，被幻者施咒，隨入林中。幻者欲狎褻之，且「出其所掠男女數人以示寵異」。二郎曾習銅盤吐納之術，乃「託疾三日，乘間吞男女二人竄跡」。在擺脫了幻師的追殺後，他讓兩男女歌舞娛人，藉以獲利。

圖212　俠女

《聊齋誌異圖詠》卷二

金陵顧生與鄰女有私，又與一美貌少年往來昵甚。少年亦有意於女，屢行無禮舉動。一天晚上，生與女將要歡會，少年竟突入驚擾。女甚怒，少年驚走。此女乃「以匕首望空拋擲，俄一物墮地作響，則一白狐身首異處矣。女曰：『此君之孌童也，我固恕之，奈渠定不欲生何？』」故事作者蒲松齡評論道：「人必室有俠女，而後可以畜孌童也。不然，爾愛其艾豭，彼愛爾妻豬矣。」（《聊齋誌異》卷二）

圖213　短兵

《六合內外瑣言》卷六

有任公子者，好房中術，名傳娼樓。某道士「悅其容首，將狎昵焉。道士云：『工斯術者，視其身如女流，虛而善受，乃體完固，血流通。不然，立見其短折耳。』公子懼，為道士所乘。……公子拜謝去，試其術於青樓，旬日之間斃兩婦、病四姬矣」。後公子與一胡氏女子交，結果戰敗而亡。道士「痛公子之色亡，百計求與女會」，一戰而勝之。復會蕭氏女，卻是敗在了她的身下，「墮床下殞，露其尾」。原來這四人「皆狐也。夫生類日繁，自相殘賊，狐也豈有幸歟？」

圖214　封三娘

《聊齋誌異圖詠》卷八

圖215　二韶

《六合內外瑣言》卷八

太原田君好男色，「視豔妾皆非人，蓄妖童為厭子」。他曾喜歡兩位美女，但不能與交接，險些死於二女之手。又嬖愛一美男，名白郎，將他收為門子。白郎恃寵而驕，在田君衙署甚擅威福。一日「以醉飽獨居，忽蟬蛻，衣履在地而失其俊軀」，田君哀慟愈常。原來二女是兩個狐怪，白郎是一狼怪。最後二女轉生為娼妓，白郎則被某判官現形後斬首，化為煙縷。

圖216 連尾生像

《蟬史》

圖217 連珠兒像

《蟬史》
連珠兒者，「本姓陳，其翁以貪墨敗。珠兒十五歲，浪遊入粵，習時俗謳調」（卷之十七）。後泛海投入賊島，為海寇梅颯彩所嬖。先前他已與連尾生有交，深知合歡妙趣。經過他的稱揚，梅颯彩將連尾生請至島中，珠兒復與之交接綢繆。梅、連敗後，珠兒表示：「仙父既亡，豈宜復潤塵世，請以他生逐連氏矣。」（卷之十八）乃赴海投水死。

圖218 登木歌狸首者

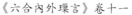

《六合內外瑣言》卷十一
原胐秀才，淇縣人，與隱士赤鱓丈人（實際是一魚精）善。丈人為買奴婢各一，奴名趁兒，婢名小銀，均清秀可喜，能識字詠詩。本來原生「孤子如無男女之慾者」，自得二人後卻是「放蕩無行，如堤衝馬逸。於是男女當夕，無所猜忌」。一日，生偶見「小銀方與野童狎，大怒，將縛之。小銀裸而出，自沉於淇水，趁兒號亦隨之」。其實兩小兒是一對蟾蜍精，原生有一祖姑通法術，後將二蟾精從水中釣出。

圖219 余半鶴

《六合內外瑣言》卷十七
屈彪為三閭大夫屈原之後，因故得罪了成都青城山幻士余半鶴。半鶴有一嬖童賈小將，二人合謀誣害屈彪。彪得虎精之助而幸免於難，半鶴戰敗顯形，飛入雲中，原來是一鶴精。

圖220 幻女誘童

《圖像勸勸錄》利集
《閱微草堂筆記》卷九：「黃圖公言：嘗夏夜散步村外，聞秫田中有呻吟聲。尋聲往視，乃一童子裸體臥。詢其所苦，言薄暮過此，遇垂髫女招與語。悅其韶秀，就與調謔。女邀到家小坐，笑言既洽，弛衣登榻。比擁之就枕，則女忽變形為男子，狀貌猙獰，橫施強暴，怖不敢拒，竟受其污。蹂躪楚毒，至於暈絕，久而漸蘇，則身臥荒煙蔓草間。蓋魅悅此童之色，幻女形以誘之也。見利而趨，反為利餌，其自及也宜矣。」

圖 221
梅子玉、徐子雲像

《品花寶鑒》

圖 222
杜琴言、袁寶珠像

《品花寶鑒》

圖 223
蘇蕙芳、陸素蘭像

《品花寶鑒》

圖 224　侯太史、華公子像

《品花寶鑒》

圖 225　《品花寶鑒》

圖 226　煙榻男風

《明清同性戀題材繪畫初探》
這是一件絹本摺扇畫，畫面右側透過一個月洞窗，表現一位中年人與其孌
童和衣共臥於煙榻之上，孌童左手放在兩人身體的夾縫裏。室外有一個僕
人正送來煙具，僕人身後、榻前榻後，活躍著四個蓬頭垢面、骨瘦如柴的
贏鬼。此圖應是創作於 19 世紀前中期，勸誡時人勿近鴉片與男色。

圖 227　臣先嘗之

此謎謎底是用圖畫表示，比較獨特。
按《禮記・曲禮下》：「君有疾飲藥，臣先嘗之。」

圖 228　褻狎沙彌圖

《太上感應篇圖說》
此圖是用來解釋《太上感應篇》中「見他色美，起心私之」這句話。原注：「晉江王武以文名諸生間。攜酒飲承天寺，入藏經堂，見少年沙彌某端坐閱經，強令飲酒。沙彌不從，復摟抱調弄之。歸家三日，忽掌口自罵。家人不知所謂，齧舌半日而死。」

圖 229　祁天宗受罰圖

《太上感應篇圖說》

圖 230　黃九郎

《聊齋誌異圖詠》卷五苕溪何子蕭素有龍陽之好，與一狐變美男黃九郎相私昵，因而氣衰病故。某巡撫亦惑於九郎之色，「自得九郎，動息不相離。侍妾十餘，視同塵土」（《聊齋誌異》卷三）。半年後撫公病死。

圖 231
《大清律例》卷三十三

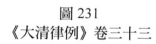

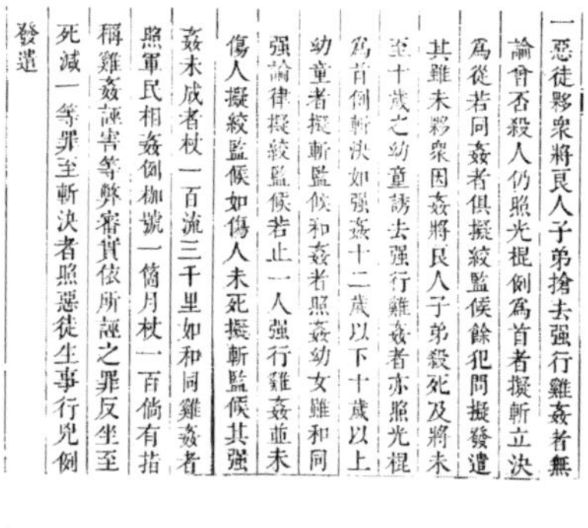

一惡徒夥衆將良人子弟搶去強行雞姦者無論曾否殺人仍照光棍例爲首者擬斬立決爲從若同姦者俱擬絞監候餘犯問擬發遣
其雛未夥衆因姦將良人子弟殺死及將未至十歲之幼童誘去強姦十二歲以下十歲以上幼童倒斬決如強姦十二歲以上幼童和同強詐律擬絞監候若止一人強行雞姦並未傷人擬絞監候和姦者照軍民相姦例枷號一個月杖一百姦未成者杖一百流三千里如和同雞姦者照軍民相姦例加一等枷號二個月杖一百倘有挾仇誣陷誤毆等弊審其誣詐之罪反坐至死減一等罪坐斷決者照邊遠徒生事行兇倒發遣